Wo ist der rote Faden

Jens Wendland

Wo ist der rote Faden

Abriss eines deutschen Journalisten-Lebens

Bibliografische Information der Deutschen Nationalbibliothek

Die Deutsche Nationalbibliothek verzeichnet diese Publikation in der Deutschen Nationalbibliografie; detaillierte bibliographische Daten sind im Internet über http://dnb.d-nb.de abrufbar.

1. Aufl. - Göttingen: Cuvillier, 2024

© CUVILLIER VERLAG, Göttingen 2024

Nonnenstieg 8, 37075 Göttingen

Telefon: 0551-54724-0

Telefax: 0551-54724-21

www.cuvillier.de

1. Auflage, 2024

Gedruckt auf umweltfreundlichem, säurefreiem Papier aus nachhaltiger Forstwirtschaft.

ISBN 978-3-7369-7963-5

eISBN 978-3-7369-6963-6

Inhalt

Ich erinnere mich an die Jahre des lebendigen Dialogs, an die Zeiten freundschaftlicher Gespräche in großer Offenheit und Wahrhaftigkeit. Diese Jahre sind vorüber, und ich möchte allen wünschen, dass sie als anständige Menschen gesund bleiben, egal, wie ernst die Situation werden mag.

Post eines jungen russischen Medien-Wissenschaftlers aus Moskau am 24. Februar 2022, dem Tag der russischen Invasion der Ukraine, an seine Facebook-Freunde

Talkshows über die Zukunft des Journalismus auf hochrangigen Podien oder an der Basis Runder Tische sind wie ihre politischen Verwandten meist Muster ohne Erkenntnis. Versammelt werden zu einer Art Rollenspiel die üblichen Verdächtigen. Sie vertreiben meist abgenutzte Stereotypen: der Bedenkenträger aus dem Publizisten-Stand predigt Demut, die der einst zur vierten Gewalt überhöhte Journalismus heute aufbringen müsse, um sein Publikum überhaupt noch zu erreichen. Der Unternehmer, der den Medienmarkt der digitalen Zukunft im Blick und deswegen schon viele Zeitungstitel verkauft oder Redaktionsetats dezimiert hat, behauptet, guter Journalismus setze sich immer durch. Der Politiker meldet sich zu Wort, wenn sich populistische Ansagen image-steigernd vertreiben lassen. Der Wissenschaftler liefert die statistisch unterfütterten Nahrungsergänzungsmittel zum Phrasen-Salat. Gelegentlich werde ich als Relikt längst vergangener Medien-Zeiten dazu geladen – Fossil einer Ära, in der von Leitmedien und gesellschaftlicher Integration durch Zeitung und Rundfunk unbestritten die Rede war. Meine Teilnahme soll entlastend wirken. Der Moderator fragt den Kollegen aus der Kohorte Abendsonne, ob er noch einmal den Beruf des Journalisten wählen würde. Die scheinbar rhetorische Frage ist auf Zustimmung getrimmt und ja, ein positives Bekenntnis geht leicht über die Lippen – allerdings versehen mit einer fundamentalen Einschränkung: der Beruf, wie ich ihn ausüben, ja leben durfte, existiert nicht mehr. Am Morgen nach einer dieser Diskussionen ruft mich ein Kollege an und meint, ich solle mich doch bitte schriftlich erklären. Das Telefonat war der Auslöser, sich am „Entwicklungsroman" eines deutschen Journalisten zu versuchen.

Bei einer medialen Nabelschau ist es nicht geblieben. Schnell geriet die Erzählung über die Grenzen des Metiers. Die permanent beschworene „Zeitenwende", die Bundeskanzler Scholz drei Tage nach dem Beginn von „Putins Krieg" beim Namen genannt hat, macht vor keiner Biografie und keinem beruflichen Milieu halt. Putins Krieg ist „nur" der dramatische Höhepunkt einer langen Entwicklung. Das Leben wird tagtäglich, schleichend und gründlich zugleich, veränderlich. Was gesichert schien, gerät ins Wanken; Rollen wechseln oder verschwinden. Angesichts wachsender globaler Erschütterungen und aggressiver Verwerfungen, einem Krieg vor Westeuropas Haustür kommt mir meine biografische Vergangenheit frei nach Heinrich Heine wie ein Märchen aus uralten Zeiten vor. Bis vor wenigen Jahren, vor den Wendemarken „Corona" und „Putins Krieg", verlief alles in überschaubaren Bahnen. Das durch die Wiedervereinigung gestärkte Deutschland näherte sich gefühlt einem ewigen Frieden. Wir wähnten uns geschützt und geschätzt - auch gefürchtet als bedeutendes Land mitten in Europa. Jeder hatte seinen Platz in seiner Gesellschaft. Uns selbst genug waren wir schon lange. Seit dem Aufschwung der bundesdeutschen Leistungsgesellschaft, ungefähr seit Mitte des vergangenen Jahrhunderts, waren Fragen nach Ziel und Sinn persönlich gemünzt. Es ging nicht vordringlich ums gesellschaftliche Große und Ganze, sondern um Befindlichkeiten und Ansprüche, meist um die Karriere, nachrangig um Haus und Hof, Frau und Kind. An einem Wendepunkt meines Journalisten-Daseins hat der Publizist Jürgen Eick seine Schlüsselfrage auch so gemeint, als er mich im Vorstellungs-Gespräch bei der Frankfurter Allgemeinen Zeitung fragte: Wo ist der rote Faden?

Die Frankfurter Allgemeine, eigentlich zu klein für einen eigenen Fernseh-Auftritt, aber unnachahmlich fein in ihrem publizistischen Anspruch und durchdrungen von der verlegerischen Mission eines prominenten Leitmediums, wollte sich 1984 in den ebenso unaufhaltsamen Aufschwung wie unheimlichen Aufwand des neuen Privatfernsehens stürzen. Das ehrgeizige Projekt mit dem Titel Tele FAZ riss das ehrwürdige Blatt in ein Abenteuer. Man hatte schöne Baupläne von repräsentativen Fernsehstudios in der Schublade, aber nur schemenhaft ein Programm- und Produktionskonzept vor Augen. Man suchte einen Programmchef - möglichst einen, der Zeitung gelernt hatte und gleichzeitig im Rundfunk bewandert war. Der Chef vom Dienst der FAZ, in Fachkreisen bekannt geworden durch sein Engagement für die verlegerische kommerzielle Nutzung der sogenannten Neuen Medien, war zum Generalbevollmächtigten der Funk-Sparte avanciert und verfiel zusammen mit den fünf Herausgebern - einer von ihnen war Jürgen Eick - auf einen Bekannten.

Ich war dem Hause verbunden, weil ich Mitte der Sechzigerjahre neben dem Jurastudium bereits „frei" im Feuilleton als Musik-, Ballett- und

Theaterkritiker gearbeitet, bei der FAZ nach Probeläufen in Lokalzeitungen erst wirklich zu lernen begonnen hatte. Es war mir gelungen, mit einem spontan eingereichten Artikel, einem Einspalter über den missglückten Europa-Start eines US-amerikanischen Musicals, ein Hausverbot der städtischen Bühnen im westfälischen Münster zu erwirken. Das war ein gelungener, wenn auch unfreiwilliger Einstieg ins überregionale Feuilleton. Ein Jahrzehnt später begann ich, neben meiner Arbeit als Kritiker in verschiedenen Zeitungen, vor allem als Kulturredakteur beim Hessischen Rundfunk die rasante Medienentwicklung zu verfolgen. Als Abgesandter des öffentlich-rechtlichen Rundfunks begegnete ich immer häufiger dem Technik-affinen Chef vom Dienst der FAZ, Dietrich Ratzke, damals auf medienpolitischen Foren Kontrahent aus dem Lager der Zeitungsverleger. Daraus entwickelte sich eine Freundschaft, die manchem Versagen von Konzepten und Geschäftsmodellen zum Trotz ein Leben gehalten hat.

Ressortleiter der FAZ mussten vor ihrer Berufung eine sogenannte Herausgeber-Runde absolvieren. Das waren, da sich die fünf Herren der publizistischen Artusrunde und der Vorstands-Vorsitzende des Verlages in der Regel vorher ihr Bild gemacht hatten, meist höflich gehaltene Pflichtbesuche, bei denen man aber noch stolpern konnte. Da ich aus dem Feuilleton stammte, war das Gespräch mit Joachim Fest eine kultivierte Formsache, dem zuständigen Herausgeber Bruno Dechamps und dem Verlagschef Hans Wolfgang Pfeiffer schon ein persönliches Anliegen, weil Sie meinem Patenonkel, dem langjährigen Korrespondenten der Zeitung Hans-Jürgen Krüger freundschaftlich verbunden waren. Die beiden politischen Herausgeber Johann Georg Reißmüller und Fritz Ullrich Fack gingen zur Sache auf Distanz, fragten sich und ausdrücklich mich, warum ein im öffentlich-rechtlichen Rundfunk etablierter, dort auskömmlich gestellter, längst unkündbarer Kollege mit Pensionsanspruch mitten in einer Anstalts-Karriere diesen riskanten Wechsel wagen wollte. Beide Herausgeber gaben unumwunden zu, dass sie mit den Neuen Medien wenig am Hut hatten, ja mit einem Engagement auf diesem unseriösen, publizistisch verminten Gelände den journalistischen Kern der Zeitung bedroht sahen und sich eher notgedrungen einem vermeintlichen Zeitgeist beugten. Reißmüller, der in seinem Gebaren permanent dem Titel von Grabbes Schauspiel „Scherz, Satire, Ironie und tiefere Bedeutung" nacheiferte, hatte nach meiner Wahl zum Chef der Tele-FAZ einen besonders destruktiven Scherz bereit. Bei einer der vielen spontanen Flur-Feten nach Redaktionsschluss meinte er, ob ich ihm als Mann der Neuen Medien nicht helfen könne, den ganzen Computerkram aus den Redaktionsstuben zum Fenster hinauszuwerfen. Er meinte das mindestens halb im Ernst.

Jürgen Eick, Herausgeber des Wirtschaftsteils, war den Neuen Medien gegenüber offen. So konservativ er die publizistische Kompetenz der gedruckten FAZ hochhielt, war er doch überzeugt, dass der neue private Fernsehmarkt wachsen und sich zum Geschäft mausern würde. Bei Bewerbungsgesprächen interessierte ihn vor allem die Persönlichkeit eines neuen Mitarbeiters - seine Haltung, Einstellung und Professionalität. Jürgen Eicks Direktheit war berüchtigt, seine grundsätzlich kollegiale, positive Einstellung kompensierte die manchmal schroffe patriarchalische Ansprache. Er war so etwas wie der Prof. Sauerbruch des Journalistenstandes. Er war auch, wie man so schön sagt, kein Kind von Traurigkeit. Sein Herausgeber-Büro in dem schmucklosen sechsstöckigen Zweckbau der FAZ an der Mainzer

Landstraße glich eher einer Zelle, die mit ihrem schweren Mobiliar noch beengter wirkte. Besucher hatten direkten Zugang neben dem Sekretariat, was auch einen kleinen Getränke-Handel mittels des Büroboten vorbei am strengen „Vorzimmer" erlaubte.

Wo ist der rote Faden – eine Ausflucht in klassische Lehr- und Wanderjahre

Jürgen Eick empfing mich herzlich: Er freue sich, dass ich zur FAZ kommen wolle, den Weg aus dem Feuilleton, der in der Wertschätzung von Wirtschaftsjournalisten eher verschwommenen Seite des Journalismus in eine offene Medienwirklichkeit gefunden hätte. Das war ihm einen Henkel Piccolo wert. Die Gläser waren gefüllt, Eick zögerte, zog verstohlen meinen Lebenslauf hervor und fragte: Es sei spannend, wo ich schon überall unterwegs gewesen sei, aber: wo ist der rote Faden? Und er hatte recht, gerade jetzt, vor dem waghalsigen Sprung in das unbefestigte Feld der Neuen Medien, die Frage nach Sinn und Weg, nach dem persönlichen Motiv zu stellen. Ich war auf die Frage nach einem inneren „Leitfaden" nicht gefasst, war froh, dass mir überhaupt eine Antwort einfiel und antwortete selbst mit der Frage, ob er Goethes „Wilhelm Meisters Lehr- und Wanderjahre" kenne. Den Weg dieser Figur würde ich im bescheidenen bürgerlichen Ausmaß verfolgen, der Ausgang sei offen. Ich hoffte, zumal in der Goethe-Stadt Frankfurt, auf eine beifällige Reaktion. Eick fand meine Entgegnung eher frech, aber listig, jedenfalls stieß er auf die elektronische FAZ-Zukunft mit der Bemerkung an, dass ich für das anstehende Abenteuer gerüstet sei.

Mit der spontanen Goethe-Ausleihe lag ich zwar nicht daneben, sie war aber hochfahrend und abwehrend in der Hoffnung, mit Verweis auf einen Klassiker einer komplizierten Erörterung zu entkommen. Eine Ausrede war es nicht, weil das Umtriebige, zuweilen sprunghafte, instinktive und Spekulative schon die Ausbildung beeinflusst hatte. „Lehr- und Wanderjahre" erweist sich im Nachhinein als Klammer, ja als Strick- und Denkmuster entscheidender, mehrfach abrupt wechselnder Ereignisse und Entschlüsse. Meinen Werdegang als ausgeklügelten Masterplan mit Karriere-Absichten einzustufen, wäre angesichts des mehrfachem spontanen Spur- und Stationen-Wechsels verfehlt. Die Suche nach einem roten Faden hielt ich für überflüssig. Ich ließ mich in den Beruf treiben, fand es Zeit meines Lebens unnütz, die Arbeit vielleicht sogar in einem Tagebuch zu verewigen. Zu schreiben hatte ich laufend genug für Andere. Vermutlich in einem Anfall von Archivierungs-Zwang habe ich das, was ich publiziert habe, einfach nach Datum abgelegt. Da ich wegen der Flüchtigkeit des Journalisten-Berufs niemals enzyklopädische Absichten hegte, erschien mir die Frage von Jürgen Eick eher wie ein nachträglich eingerammter Wegweiser, der sich allerdings im Unterbewusstsein verankerte.

Ohne ausgeprägte besondere Begabungen verfügte ich zum Beginn des Studiums über ein solides Halbwissen. Klassik in Wort und Musik waren mein Halt. Frühe Leseeindrücke habe ich vergessen, erinnere mich nur, dass mir der Import der US-amerikanischen Donald-Duck-Hefte mit der Figur des kapitalistischen Archetypus Dagobert mächtig imponierte. Die in den 50er-Jahren massenhaft vertriebenen Landser-Hefte, in denen Obergefreite im Nachhinein den Zweiten Weltkrieg heldenhaft durchstehen, habe ich verachtet. Als erste mitreißende Lektüre setzte sich der schwülstige „Kampf um Rom" von Felix Dahn im Kopf fest. Wie viele meiner Generation habe ich den ausladenden Schmöker förmlich verschlungen. Das war ein historischer Abdruck der heute beschworenen „Zeitenwende". Der „Schinken" über Glanz und Elend, Aufstieg und Untergang von Weltreichen war das Weihnachtsgeschenk eines Nachbarn, der sich nach dem Krieg aus

Österreich in das viele Nazis rettende Beamtentum der Bundesrepublik geflüchtet hatte. Der selbst im sogenannten „Dünndruck" imposante Wälzer sollte den strebsamen Schüler anspornen. Wenn ich mich am Wochenende zum Rudertraining an den hannoverschen Maschsee aufmachte, begegnete mir oft der Oberbaurat im Hausflur mit der Mahnung: auch der Sonnabendnachmittag ist dem Studium zu widmen. Der Nachbar gehörte mit seiner körperlich mächtigen Statur in die Galerie meiner Vorbilder. Personen, an die man sich erinnert, mutieren ohnehin leicht zur monströsen Erscheinung, oder aber: „Wenn man sich erinnern will, was uns in der frühsten Zeit der Jugend begegnet ist, so kommt man oft in den Fall, dasjenige, was wir von andern gehört, mit dem zu verwechseln, was wir wirklich aus eigener Anschauung besitzen." So steht es in Goethes „Dichtung und Wahrheit".

Lexikon-Wissen war mir lange fremd, später wurde es unverzichtbar, es füllte Lücken. Dass für die Erzählung oft Wikipedia herangezogen wird, insoweit einen besonderen Platz einnimmt, erklärt sich aus seinem Charakter. Wikipedia, das „umfangreichste Lexikon der Welt und die größte gemeinschaftlich erstellte Sammlung Freien Wissens in annähernd 300 Sprachen", so die Selbstanzeige, siedelt zwischen dem in Folianten gepackten geballten statischen Wissen des Bildungsbürgertums und dem Fluss eines ausufernden Informations-Geschehens im Internet. „Die Wikipedia ist heute so was wie das gallische Dorf in Digitalien", charakterisierte die Süddeutsche Zeitung das „Lexikon" zu seinem zwanzigjährigen Jubiläum. Das stetig wachsende, ausufernde Kompendium der digitalen Zeit versucht, komplizierteste Sachverhalte auf einen einfachen Nenner und damit „an den Mann" zu bringen – selbst im Zeitalter von „Fakes" Wahrhaftigkeit zu versuchen, was etwa Wladimir Putin angesichts der ungeschminkten Benennung seiner „militärischen Spezialoperation" als Krieg gegen die Ukraine dazu provozierte, Wikipedia aus dem russischen Internet zu verbannen. Oft haben mich Studierende zweifelnd gefragt, wie sie es mit Wikipedia in ihrer wissenschaftlichen Arbeit halten sollen. Für mich bildet die Plattform in ihrer vertrauten Lesbarkeit nach „altem" literarischen Muster eine Art Suchmaschine, offen im Zugang und von immensem Umfang: dann verlässlich, wenn man sich davon nicht abhängig macht. Mein Text versteht sich auch nach Wikipedia, als „Entwicklungsroman",

in dem die geistig-seelische Entwicklung einer Hauptfigur in ihrer Auseinandersetzung mit sich selbst und mit der Umwelt dargestellt wird. Zentral ist dabei ein „fiktiv-biografisches Erzählen", das ... entweder die harmonische Auflösung von (Identitäts-)Konflikten, die Desillusionierung des naiven Protagonisten oder die Illustration ... zum Ziel haben kann.

Die Grenzen zwischen Erinnerung, und Erkenntnis sind fließend. Neben den, wie man heute sagt: „fakes", die wie aus dem Nichts Lebensläufe begründen, anreichern, harmonisch abrunden oder in einem freundlichen Licht erscheinen lassen, täuschen immer mehr Medien-Erinnerungen. So wird aus Dichtung „Wahrheit". Der Psychologe Oskar B. Scholz klassifiziert solche Pseudo-Erinnerungen listig als "erfolgreich eingeredete, aber nicht erlebte Ereignisse" oder "erfolgreich ausgeredete, jedoch tatsächliche Ereignisse." Wer zudem glaubt, die Weisheit des Alters biete die Chance für ungeschminkte Erinnerungen, unterliegt einer besonders starken Illusion. Schon hier drängt sich als Triebkraft zwischen Erinnern und Vergessen ein Schlüsselbegriff der neueren deutschen Geschichte auf: Verdrängung.

Von Verdrängung geprägt war mein verquerer Start ins Leben. Das eigene Erinnerungsvermögen reicht bis ins dritte Lebensjahr. Ich sitze beim kargen Frühstück auf einer kleinen Bank in einer kleinen kahlen Bauernstube, der westfälischen Herberge meiner Großeltern nach ihrer Vertreibung aus Schlesien – das ist eines der wenigen Bilder, die hängen geblieben sind. Feste Bezugsgrößen, vertraute Milieus fehlten in der armseligen Flüchtlingsbleibe. Eine frühe Fixierung auf Personen war die prägende Folge. „Vorbilder" setzten sich fest, versprachen Geleit, boten nicht selten Halt. An wichtigen Stationen meines Lebens stehen hinter Ereignissen einfach Namen. Vor ehrfurchtgebietenden Institutionen hatte ich wenig Angst oder geringen Respekt, vor charismatischen Autoritäten schon, im Ausnahmefall vor Politikern - in den letzten zwei Jahrzehnten ebenso stetig abnehmend wie vor dem eigenen Berufsstand. Natürlich hat mir Prominenz imponiert, manchmal Ehrfurcht eingeflößt - etwa, als wir Kinder zu Zeiten der amerikanischen Besatzung einen Blick auf den obersten amerikanischen Besatzer, den vorbeifahrenden General Eisenhower erhaschen konnten. Fasziniert hat mich bei dieser Gelegenheit, dass die Besatzungs-Soldaten ihr Plastikgeschirr nach dem Essen einfach in den Müll warfen. Die Begegnung mit dem großen Max Schmeling, der als Ehrengast ein Boxturnier in der Kleinstadt Neustadt am Rübenberge besuchte, hat sich eingeprägt, weil Schmeling den kleinen Bengel belustigt auf den Arm nahm und dieser ihn aufgrund seiner Lektüre von Max und Moritz mit Max und Schmeling begrüßte. Persönlichkeiten finden in dieser Erzählung ihren Platz, wenn sie nach Bedeutung und Wirkung einmalig waren, wenn sie etwas „Besonderes" leisteten - nicht nur im positiven Sinn. Persönliches ist in der Regel nicht ausgeklammert, soweit das Private das Berufliche bestimmt hat oder umgekehrt. Das Private richtete sich weitgehend nach der Arbeit. Journalismus war eine besondere Probe auf die Weisheit, nach der es gefährlich ist, sein Hobby zum Beruf zu machen. Journalismus frisst Leben. Das Leitmotiv der späteren Anspruchsgesellschaft „life- and work-balance" war weitgehend unbekannt, die Steigerung zu „life- and life-balance" utopisch. Heute wird gemahnt, dass wir möglichst vermeiden sollten, dem „Beruf einen so großen Teil unseres Lebens" zu überlassen – ein ungewollt prophetischer Appell angesichts des bisher nicht kalkulierten, geschweige denn finanzierten Eindringens von künstlicher Intelligenz nicht nur in die Arbeitswelt, mit der Folge unabsehbarer sozialer Verluste.

Namen waren und sind in der Mehrheit Schall und Rauch. Viele haben sich im Gedächtnis verflüchtigt. Ich bin überzeugt, dass Geschichte durch gesellschaftliche Prozesse entsteht, vom Einzelnen allerdings getragen, befördert, ausgelöst oder behindert, im Katastrophenfall zerstört wird. Die Medien treiben die Personalisierung allen Geschehens immer blinder voran, um überhaupt noch das Publikum wirksam zu reizen. „Putins Krieg" gegen die Ukraine ist eine solche sich aufdrängende Verkürzung der beschworenen umfassenden „Zeitenwende." Getrieben von der Entwicklung zum lesbaren, rhetorisch verflachten Lesestoff soll kompensiert werden, wie steigend hilflos man hinter dem Geschehen, seinen Ursachen und Prozessen hinterher schreibt oder sendet und damit immer mehr Reizen und Reflexen Vorschub leistet.

Mein Lebenslauf erklärt sich aus dem jeweiligen Zustand des Maschinenraums der bürgerlichen Gesellschaft, spielt auf einer mittleren Ebene. Mit der Zeit bin ich zum Vorarbeiter avanciert, versehen mit Funktionsbezeichnungen wie Chefredakteur oder Programmdirektor. Ich war nie Person der Zeitgeschichte. Großen „Namen" habe ich, wie es der Beruf des Journalisten mit sich bringt, zugewinkt, sie begleitet, mit Ihnen gesprochen, über sie auftragsgemäß geschrieben. Für den Journalisten war der Weg zum Sonnendeck oft kurz, man wurde aus aktuellem Anlass in die Szene katapultiert. Die Prominenz braucht und benutzt ihre Boten, hält sie im doppelten Sinn aus. Man musste nur wissen, dass man nicht dazu gehörte. Das ist mir in einer komischen Begegnung der dritten Art bewusst geworden: Der Musikchef des ZDF hatte mich engagiert, für die Sendereihe „Junge Künstler musizieren" kleine Porträts vor deren großen Auftritten im Konzertsaal in Form einer Homestory zu produzieren. Also lauerte ich eines Morgens im Oktober 1974 mit einem Kamerateam am Flughafen Düsseldorf auf die Ankunft eines jungen Virtuosen. Das Kamerateam stürmte auf der Suche nach dem Musiker an den ersten ankommenden Fluggästen vorbei, so auch an Romy Schneider, die völlig verdutzt und möglicherweise zum ersten Mal erlebte, dass eine Kamera nicht auf sie gerichtet war – sie nahm es sichtlich mit Humor und bestand auf einem gemeinsamen Foto. "Sie gefallen mir. Sie gefallen mir sehr – wie Romy Schneider mit diesen Worten eine ganze Nation in Aufregung versetzte" schrieb die Illustrierte STERN über Romy Schneiders Auftritt am selben Tag in Dietmar Schönherrs Sendung „je später der Abend" – der ersten Talkshow des deutschen Fernsehens. Ihre Flirt-Attacke galt dem Bankräuber Burckhard Driest.

Ich bin zwar nicht auf Tauchstation zur Gesellschaft gegangen, aber mittendrin war ich nicht gerne. Mir gefiel der Status des Beobachters, was meine Berufswahl insgeheim befördert hat. Ich fühlte mich in der Regel als Zaungast. „In einer solchen Nebenrolle kommt aber zum Ausdruck, wie noch der Ungeladene, der einen distanzierten Blick vom Seitenaus auf das Geschehen werfen möchte, Teil dieses Geschehens selbst ist, sosehr er auch Abstand halten mag, sosehr er vielleicht sogar unerwünscht ist." Die Charakterisierung aus der Internet-Plattform „Aktion Zaungast" taugt zur Verortung des Journalisten-Berufs. Und „Zaungast" war ich beruflich auf zweierlei Weise. Als Publizist habe ich aufgezeichnet, was andere erlebt haben, danach als Medienwissenschaftler analysiert, was Journalisten verfasst haben.

Verlogene Dichtung und bittere Wahrheit - der Start ins Leben

„Ungeladen", „unerwünscht:" Von beidem wurde meine Geburt bestimmt. Über meinen Lebensbeginn sind zwei unterschiedliche Geschichten zu erzählen. Vor dem Schicksal eines Kaspar Hauser im „Westentaschen"- Format hat mich angeblich die Deutsche Reichsbahn bewahrt, gepaart mit mehrfachem Überlebens-Glück. So jedenfalls hörten sich die bruchstückhaften Mitteilungen der Eltern an. Nach ihrer Legende hatten sich an meiner Wiege in Pommern ganze Scharen von Schutzengeln versammelt, weshalb das Abendgebet „Vierzehn Englein um mich steh'n" aus der Märchenoper „Hänsel und Gretel" im Ranking meiner musikalischen „Ohrwürmer" bis heute einen vorderen Platz einnimmt. Humperdincks Märchenoper bot auch den ersten Anlass für ein seit der Kindheit entwickeltes kulturell bestimmtes Mitteilungs-Bedürfnis. Gleich zweimal hintereinander zu Weihnachten hatte die Mutter Eintrittskarten für eine Aufführung von „Hänsel und Gretel" besorgt. Wir fuhren mit Dela's Reisedienst im Bus von Neustadt am Rübenberge zum Staatstheater nach Hannover. Weil ich die Inszenierung kannte, hielt es mich beim zweiten Besuch nicht mehr im Sessel; ich rief vor der befreienden Explosion des Hexenhauses von der Mitte des Ranges laut in das Opernhaus „gleich knallt's." Besonders das Kasperltheater gefiel mir früh. Mit einer zusammenklappbaren „Bühne" bespielte ich mehrere Jahre den Neustädter Kindergarten. Ich zitierte gerne Gedichte, vorzugsweise Sprichworte in unterschiedlichsten, nicht immer passenden Lebenslagen. Bei der goldenen Hochzeit meiner Großeltern, inmitten einer riesigen Sippe, war ich neidisch auf Cousinen und Vettern, die zu diesem Anlass verfasste, schmalzige Gedichte zu Ehren des Jubelpaares in epischer Breite deklamierten. Der älteste Bruder fungierte als Souffleur mit Hilfe einer ellenlangen Papierrolle, auf der die lyrischen Ergüsse festgehalten waren. Die Eltern wollten meine Schwester und mich vor dieser gequälten Litanei bewahren. Ich fühlte mich zurückgesetzt, trat ungeniert vor, deklamierte gänzlich verfehlt Theodor Storms „Von draus vom Walde komm' ich her" und hatte die Lacher auf meiner Seite. Mich faszinierten Menschen, wenn sie etwas oder einfach sich selbst inszenierten – im Alltag, in aller Öffentlichkeit. Mein täglicher Weg zur Grundschule ging über den Marktplatz von Neustadt. Auf dem Wochenmarkt trat ein dicker Mann als „billiger Jakob" in einem ausgebeulten speckigen schwarzen Anzug mit glänzendem Zylinder auf – eine raumfressende Figur wie einer Erzählung von Heinrich Böll entsprungen. Er verhökerte ein Sammelsurium an Haushaltswaren vom Lockenwickler bis zur Schuhwichse. Er lockte das Publikum, indem er in durchdringendem Falsett Dinge des täglichen Lebens anpries und weitere Artikel zum selben Preis drauflegte. Das Spektakel bannte mich einmal dermaßen, dass ich gerade zur letzten Schulstunde in der Klasse eintraf, was meinen Eltern eine Aufforderung zum Gespräch mit der Klassenlehrerin eintrug.

Meine Eltern tischten über meine Geburt und die ersten beiden Lebensjahre ein Ammenmärchen auf, das unwirklich, ja märchenhaft, aber stimmig schien, erstaunliche fünfundsiebzig Jahre lang gehalten hat und durchaus das dramaturgische Niveau von „Hänsel und Gretel" erreichte, Ihr Märchen ging so: In Norwegen gezeugt in einer Beziehung ohne Trauschein wurde meine Mutter zur Entbindung von Norwegen nach Pommern in ein Heim des „Lebensborn" ausgeflogen, kehrte Wochen nach meiner vorösterlichen Geburt alleine nach Oslo zurück - angeblich, weil der Sohn nicht transportfähig war und nach überstandener Infektion mit einer zufällig vor Ort befindlichen norwegischen Krankenschwester nachkommen sollte. Die Infektion war hartnäckig, die Krankenschwester stürzte, ohne den Knaben mitnehmen zu können, mit dem Flugzeug kurz vor Oslo ab. Ein erneuter Versuch der Familien-Zusammenführung scheiterte, weil das Heim vor nahenden sowjetischen Truppen aufgelöst und auf einen Treck geschickt worden war. Die Mutter, ein Jahr nach Kriegsende 1946 mit ihrem Mann auf einem „Seelenverkäufer" aus der norwegischen Kriegsgefangenschaft nach Deutschland zurückverfrachtet, spürte, unterstützt von einer Freundin, den ziemlich verwahrlosten Sohn im selben Jahr in einem Kloster in Bayern auf. Dass das Kind nicht in den Millionen Kennziffern des Suchdienstes des Roten Kreuzes unterging – ein Dienst, der Abend für Abend die Namen verschollener Menschen eintönig und zugleich beklemmend im Radio verbreitete – ist nach dieser Kolportage der systematischen mütterlichen Suche, der selbstlosen Hilfe einer Freundin und den Transportpapieren der deutschen Reichsbahn zu verdanken. Das klang abenteuerlich, aber plausibel: Untergang und Fluchten des „Dritten Reichs" wurden, soweit sie in der Regie öffentlicher Einrichtungen und Organisationen stattfanden, bis zum bitteren Ende von Formularen begleitet. Die eher nichtssagende Ortschaft Ottbergen im Westfälischen hatte demzufolge für Flüchtlingstrecks als Eisenbahn-Knotenpunkt denselben Stellenwert wie der Suchdienst des Roten Kreuzes. Jeder Transport, der hier passierte, wurde registriert, der Bestimmungsort vermerkt. So wurde ich scheinbar aufgefunden, ins Dorf Bruchhausen geholt zur Familie, die bei einem befreundeten Pfarrer untergekommen war. Die elterliche Überlieferung war von einem viel zu glatten Happy End gekrönt. Das Ganze war beinahe filmreif, beschäftigte mich indes wenig, berührte mich kaum, weil eine komplette leibhaftige Familie mit Vater, Mutter, Großeltern, einer Schwester existierte. Ich fühlte mich aufgehoben. Es gab keinen Anlass, nachzufragen. Die Adresse des Geburtsorts, ein Heim des Lebensborn e.V. sagte mir über viele Jahrzehnte nichts. Sie war mir fremd, entrückt wie ein entfernter Planet. Der Geburtsort wurde mir später zuwider, weil „Lebensborn" lange Zeit, provoziert durch Filmkitsch und Boulevard, fälschlicherweise im Ruf eines SS-Bordells zur Zeugung und Züchtung arischen Nachwuchses stand. Diese schmierige, sensationsheischende Geschichts-Klitterung hat sich lange gehalten. Die NS-Zeit wurde auch im Falle Lebensborn spät aufgearbeitet. Georg Lilienthals erste grundlegende Abhandlung: "Der Lebensborn e.V.' – Ein Instrument nationalsozialistischer Rassenpolitik" ist 1985 erschienen.

Lebensborn e.V. und ein fürchterlicher leiblicher Vater

So habe ich mir meine Geschichte aus Bruchstücken zusammengereimt, erzählt wurde sie zu Hause nicht, ab und zu eher beiläufig als originelle, leicht romantisch angehauchte Episode abenteuerlicher Kriegswirren erwähnt – das war üblich: in den bürgerlichen Haushalten der Bundesrepublik wurden Untiefen aus der Zeit des Nationalsozialismus im Großen wie Kleinen vermieden, höchstens zu Anekdoten, mit starrem Blick auf diverse Fotoalben zurechtgestutzt. In der Mehrzahl waren Familienerzählung und Geschichtswissen getrennte Welten. Dass nicht nur dritte Personen, Andere, Nazis waren, sondern auch Verwandte, Freunde, war unvorstellbar

Meine Mutter hatte für jedes Kind ein kleines Album komponiert, in dem Bilder in oft manipulierter Abfolge aneinandergereiht und auf die unverfänglichen Momente harmonischen Miteinanders beschränkt waren. So waren Schnappschüsse von Mutter und Kind selbstverständlich nicht als Belege meiner „SS-Taufe" am 10. Juli 1944 ausgewiesen - einem „Namensweihe" genannten spießigen Ritual mit Uniformen und Schwertern. Erst im Juli 1946 wurde ich christlich getauft. Nur der Eintrag ins Kirchenregister bezeugte mangels von der SS vernichteter oder verlorener Papiere meine Existenz „amtlich". So durfte ich mir mit Schnappschüssen aus Fotoalben einen geschönten Reim machen: Mutter und Kind im frühlingshaft blühenden Garten der imposanten Villa des Kinderheims im pommerschen Bad Polzin, die lachende hübsche norwegische Krankenschwester, der sympathisch wirkende behandelnde Arzt. Das sogenannte „Mutter-Kind-Heim Pommern" in Bad Polzin wurde 1938 eröffnet. Die Stadtverwaltung hatte Hitler das Kurhaus Luisenbad geschenkt.

Kurz nach dem Beitritt Polens zur EU 2004, habe ich zusammen mit meiner Frau meine Geburtsstätte, das mittlerweile als Sanatorium betriebene und entsprechend modernisierte Heim das erste Mal besucht. Angesprochen auf unseren Besuch des Heims, erinnerte sich meine Mutter beinahe wehmütig, wie landschaftlich schön dieses Pommern war.

Der Besuch in Bad Polzin rundete so lange die Erzählung über meine Herkunft ab, bis mir die schlechte Gewohnheit eines mäßigen Fernsehkonsums den Zugang zu einer anderen, wahren wie bitteren Geschichte verschaffte: das Zappen durch Fernsehprogramme vor dem Schlafengehen. Im September 2019 übernahm das Bayerische Fernsehen eine Dokumentation des Österreichischen Rundfunks mit dem Titel: „Lebensborn – Die vergessenen Opfer". Ich blieb an dieser Dokumentation hängen, fand die Darstellung der Schicksale der Lebensborn-Kinder nüchtern und wahrhaftig, die Auskünfte von Wissenschaftlern so authentisch und verbindlich, dass ich mir vornahm, nach möglichen Zeugnissen des eigenen Aufenthalts in Bad Polzin zu fragen. Meine Eltern hatten zeitlebens, wie das Gros ihrer Volksgenossen, die Vergangenheit verdrängt, aber meinen Vater quälten mit zunehmendem Alter Erinnerungen an den Krieg. Bei einer familiären Geburtstagsfeier zu seinem fünfundachtzigsten Geburtstag hielt er aus dem Stegreif eine kleine, für seine Verhältnisse emotional aufgeladene Rede, in der Bruchstücke seiner dramatischen Erlebnisse des Kriegsendes in Oslo zum Vorschein kamen. Ich wurde mit keinem Wort erwähnt. Zurecht, denn das schöne Märchen über meine Herkunft platzte, als die Wissenschafts-Journalistin Dorothee Schmitz-Köster, die sich dem Thema Lebensborn forschend verschrieben hat, auf meine Anfrage zu besagter Fernseh-Dokumentation antwortete:

„Ich habe in meinem Archiv nachgeschaut, ob ich Ihren Namen bzw. den Ihrer Mutter in den Dokumenten finde, die ich im Archiv des Internationalen Roten Kreuzes in Bad Arolsen, jetzt Arolsen Archives, kopiert habe. - Tatsächlich habe ich Sie in zwei Dokumenten gefunden. Es sind Listen mit Namen von Kindern, die eine ist überschrieben mit "Liste sämtlicher Kinder, die sich bei Übernahme im Heim befanden", die andere mit "Lebensbornliste ohne Begleitschreiben". D.h. es sind Auflistungen der Kinder, die sich am Ende des Krieges im Lebensborn-Heim in Steinhöring, Oberbayern befanden.

Auf der ersten Liste (vom Mai 1946, erstellt von der UNRRA) stehen 162 Namen, bei 28 Kindern erscheint als Geburtsort Bad Polzin, einer davon sind Sie. Auf der zweiten mit 98 Namen befinden sich 18 Kinder aus Bad Polzin, darunter ebenfalls Sie. Das bestätigt meine Vermutung, die ich am Telefon äußerte: Es hat einen Kindertransport aus Bad Polzin nach Steinhöring gegeben. Die zweite Liste trägt leider kein Datum, es geht auch nicht daraus hervor, wer sie erstellt hat - Und nun kommt eine Überraschung: Bei beiden Einträgen zu Ihrem Namen steht unter dem Namen Ihrer Mutter der Name: Hans Adolf Prützmann. Beide Listen legen nah, dass es sich dabei um "die Eltern" - und damit bei H.A. Prützmann um den Kindesvater handelt. Ich weiß nicht, ob Ihnen der Name Prützmann etwas sagt - man findet ihn bei Wikipedia, und dieser Eintrag ist erschütternd."

So mutierte die rührselige Mär vom beinahe verlorenen Sohn, schlagartig zu einer üblen Episode aus dem Zentrum nationalsozialistischen Rassenwahns. Dank der Zufallsfunde bin ich als Lebensborn-Kind doch noch in den Archiven des Internationalen Roten Kreuzes gelandet und identifiziert worden.

SS-Vasall bis zum bitteren Ende

Mein mutmaßlich leiblicher Vater war einer der auserwählten Mordgesellen Heinrich Himmlers in den obersten Rängen der SS: Hans Adolf Prützmann – Obergruppenführer der SS, General der Polizei und der Waffen-SS. Mir kam die Mitteilung lange Zeit unwirklich vor, sie sickerte über Wochen und Monate langsam ins Bewusstsein. Die schreckliche Wahrheit hat sich nach akribischen Recherchen, bei der mich viele Betroffene des Lebensborns unterstützt haben, aus einer Kette von Indizien, zeitgeschichtlichen Zeugnissen und einem brieflichen Eingeständnis bestätigt. Zuletzt haben Dokumente aus dem Dienstkalender Heinrich Himmlers geholfen, den Weg des Mord-Funktionärs Prützmann zu verfolgen. Er war einer der prominenten Naziverbrecher, eine Art Paladin des „Reichsführers SS" Himmler, der sich als Begründer des Lebensborns herausnahm, neben seiner treudeutschen Ehe unehelichen arischen Nachwuchs zu zeugen und seine SS-Garde zu drängen, ihm auch darin nachzueifern. Himmler war 1935 Ehrengast bei Prützmanns norddeutscher Trauung. Das offizielle Hochzeitsfoto ist in seiner Anordnung aus steifer, protokollarisch gesetzter erster Reihe mit dem Ehepaar Himmler neben dem Brautpaar, in seiner Mischung aus altem Landadel und neuer „schneidiger" Elite Abbild eines bürgerlich ausstaffierten Übergangs in den Nationalsozialismus. Der blindlings ergebene SS-Obergruppenführer Prützmann folgte seinem Gönner Himmler in allem, war ein Protagonist der „Banalität des Bösen", wie es Hannah Arendt charakterisiert hat. Seine Karriere ist eng mit dem Überfall auf die Sowjetunion, der Unterdrückung der ukrainischen Zivilbevölkerung und des organisierten Völkermords der Nazis verknüpft. Er war einer der ersten „Höheren SS- und Polizeiführer", blieb bis zu seinem

Selbstmord nach seiner Ergreifung durch britische Soldaten Himmler und der SS treu. Er sollte zum Kriegsende noch den Balkan verteidigen. Prützmann „erdiente" sich als einer der Verwalter massenhaften Mordens den Ruf, in der Ukraine, in Nordrussland die Vernichtung der jüdischen Bevölkerung betrieben und die Region dermaßen von Partisanen gesäubert zu haben, dass, so ist zu lesen, kein Stein auf dem anderen blieb. Überliefert ist seine Antwort auf die Frage eines Untergebenen nach dem Schicksal baltischer Juden zu Beginn der systematischen Vernichtungs-Aktionen im August 1941: „Nicht so, wie Sie meinen – die sollen ins Jenseits befördert werden." In der SS - „Kameradschaft" nimmt Prützmann ausweislich der Dokumentation von Himmlers Dienstkalenders einen festen Platz ein. Er ist auf sein Geheiß zur Stelle, wenn es gilt, „kreativ" zu werden, er funktioniert geräuschlos und effektiv. Er ist nach dem Urteil seiner Umwelt kultiviert, ein talentierter Organisator, wird von seinen Untergebenen gefürchtet. Prützmann wäre eine ideale Nach-„Besetzung" für Paul Celans „Todesfuge." Er hatte in Russland von August bis Oktober 1942 den Tod von mehr als 360.000 Menschen zu verantworten. Die Chronik der Massaker dokumentiert sein mörderisches Wirken an vielen Orten, hauptsächlich in der Ukraine. So wurden im südlich gelegenen Hirka Polonka im August 1942 auf seinen Befehl nach der Auflösung des Ghettos Luzk Massenexekutionen durchgeführt, bei denen nach Schätzungen über 25000 Juden umgebracht wurden. Ein 1990 errichtetes Denkmal am Ort des Massengrabes zeugt davon. Himmler befahl und Prützmann folgte blindlings regelmäßigen Anweisungen wie dieser:

„Ich befehle Ihnen daher, trotz Bestehen wirtschaftlicher Bedenken, das Ghetto von Pinsk sofort auszuheben und zu vernichten. 1000

männliche Arbeitskräfte sind, falls es die Aktion erlaubt, sicherzustellen und der Wehrmacht für die Fabrikation der Holzhütten zu überstellen… Falls diese Bewachung nicht garantiert ist, sind auch diese 1000 zu vernichten."

Jede Art von Vernichtungs- Befehlen ist bei Prützmann gut aufgehoben, etwa eine Anweisung vom September 1943: „verbrannte Erde" zu hinterlassen

„Lieber Prützmann (…) es muss erreicht werden, dass bei der Räumung von Gebietsteilen in der Ukraine kein Mensch, kein Vieh, kein Zentner Getreide, keine Eisenbahnschiene zurückbleiben; dass kein Haus stehen bleibt, kein Bergwerk vorhanden ist, das nicht für Jahre gestört ist, kein Brunnen vorhanden ist, der nicht vergiftet ist. Der Gegner muss wirklich ein total verbranntes und zerstörtes Land vorfinden. Besprechen Sie diese Dinge sofort mit Stapf (General der Infanterie) und tun Sie Ihr Menschenmöglichstes."

Viele verstreute Fundstellen fügen sich zu einem fürchterlichen Gesamtbild. Eine Frau fahndet nach dem Schicksal einer ukrainischen Zwangsarbeiterin, die im Haushalt ihres Großvaters helfen musste und entdeckt dabei, was ihr Großvater verbrochen hat. Angewidert schreibt sie viele Jahrzehnte nach dem Krieg in einer Wochenzeitung über ihn, einen Architekten, der sich wie viele erst spät als effektiver SS-Angehöriger entpuppte: „Der Opa war von 1942 bis 1944 in der Ukraine und arbeitete direkt für einen hohen SS-Mann: Hans-Adolf Prützmann. Der hatte drei Aufgaben: Juden ermorden; Partisanen bekämpfen (also Bevölkerung terrorisieren, Dörfer niederbrennen); und Umsiedlung (also Einheimische raus oder gleich „verschrotten", „Arier" rein und züchten, damit man dereinst die USA besiegen kann). Der Opa sollte wohl schon mal Siedlungen entwerfen." Himmler ernannte Prützmann im September 1944 noch zum großmäulig betitelten „Generalinspekteur für Spezialabwehr beim Reichsführer SS" - zum Führer der armseligen wie niederträchtigen Sabotage- und Mord-Unternehmung „Werwolf". Kurz vor dem Kriegsende machte Himmler Hitler den Vorschlag, seinen Protegé als letzten Gunstbeweis neben Göring und Speer zum Ehrenführer der SS im Rang eines SS-Oberst-Gruppenführers zu ernennen. Prützmann nahm sich Ende Mai 1945 kurz nach seiner Verhaftung in Norddeutschland wie Himmler mittels der berüchtigten letzten „Medizin" der Nazi-Größen, einer Zyankali-Kapsel, das Leben. Er wäre nach einer umstandslosen Auslieferung an die Sowjetunion dort ohne Verzug gehängt worden. Ihm hätte eine der Seilschaften von „Hitlers Eliten nach 1945" – so der Titel einer Untersuchung von Nobert Frei - nicht helfen können.

Die erste Etappe meines Lebens unterschied sich von der rührseligen Geschichte der aufopfernden Suche durch meine Mutter fundamental. Im Februar 1945 wurden die Insassen aus Bad Polzin zuerst nach Wiesbaden, dann ins Stammheim des Lebensborns nach Steinhöring in Bayern verlegt. Vorbereitungen für eine Verschickung nach Norwegen hat es nie gegeben. Die ersten beiden Lebensjahre ließen sich rekonstruieren, obwohl die SS auch im Fall Lebensborn bemüht war, Zeugnisse komplett zu vernichten. In einem der beiden erhaltenen Dokumente von 1946 über die Belegung des Lebensborn-Heims Steinhöring ist neben den Vor- und Nachnamen der Mutter und des leiblichen Vaters vermerkt: „Mutter will das Kind holen." Meine Mutter muss gewusst haben, wo ich untergebracht war, zu ihren Gunsten sei vermutet, von Norwegen aus wahrscheinlich nicht, unter welchen Umständen. Sie hat mich denn auch an dieser Adresse abgeholt oder holen lassen, nachdem sie zusammen mit ihrem Mann, einem jungen Polizeioffizier, den sie 1945 einen Tag nach der Kapitulation geheiratet hatte, aus der Kriegsgefangenschaft nach Westdeutschland entlassen worden war. „Morgen haben wir unseren Jens ein Jahr hier. Ich bin Dir unendlich dankbar, Du weißt wofür!" Diese Mitteilung vom 26. März 1947 spielt auf das verschwiegene Geheimnis an. Die Zeilen stammen aus einem intensiven Briefwechsel aus der Zeit, als mein nun mutmaßlicher Stiefvater in Niedersachsen als Polizeiwachtmeister eingestellt worden war und deshalb für ein Jahr Frau und zwei Kinder nach der Geburt meiner Halbschwester in Westfalen zurücklassen musste.

Der zufällige Dokumenten-Fund war ein Schock, weil die meiner Generation weitgehend verschwiegene oder verleugnete Vergangenheit für mich persönlich wurde, ein Gesicht bekam. Wie sehr hatte ich mit wachsendem Interesse an der Geschichte des Nationalsozialismus Bekannte und Freunde bemitleidet, deren Väter als Nazis belastet waren. Die schreckliche Wahrheit erscheint mir zudem schizophren, weil mein Stiefvater das krasse Gegenbild zum Erzeuger war – zum Zeitpunkt seiner Pensionierung 1980 einer der ranghöchsten Polizeibeamten in Niedersachsen, galt er als respektierte, zivil eingestellte Persönlichkeit. Er war keiner dieser Kommissköpfe, wie viele Polizei-Kommandeure der Nachkriegszeit, etwa sein Vorvorgänger im damaligen Regierungsbezirk Osnabrück, dem sein Schriftstellersohn in der ZEIT darüber ein satirisches Gedicht „gewidmet" hat. Mein Stiefvater wurde nach dem Krieg wieder in den Polizeidienst aufgenommen, weil er als junger Polizeioffizier in

Russland und Norwegen, wie man leichthin sagt, sauber geblieben war. Zur fraglichen Zeit meiner Zeugung war er, wie eine offizielle detaillierte Auflistung seines beruflichen Werdegangs ausweist, bereits seit über einem Jahr in Norwegen, meine Mutter zu dieser Zeit in der Ukraine.

Der Briefwechsel wurde zum Päckchen gebündelt bei der Auflösung des Haushalts der Eltern vor sechs Jahren unter einem Stapel Tischwäsche entdeckt. Ich hatte ihn zuerst beiseitegelegt – er ging mich nichts an. Die späte Entdeckung hat allerdings den Respekt vor ihrer Privatsphäre getilgt und wenigstens einige Bruchstücke der Geschichte belegen helfen. Ich war zwei Jahre alt, als ich ins Weserbergland nach Bruchhausen in die enge Flüchtlingsbleibe kam und bald christlich getauft wurde. Die schreckliche spießige Feier der Namensgebung durch die SS hatte ich hinter mir, die Namen der fürchterlichen Paten, wahrscheinlich aus dem Reichssicherheitshauptamt, der Zentrale der SS, sind mit der entsprechenden Urkunde ebenfalls verloren gegangen. Das Datum ist deshalb erhalten, weil in einer Art Freud'scher Fehlleistung, vermutlich verursacht von meiner Mutter, in meinem „Konfirmations-Schein" von 1959 statt meiner evangelischen Taufe 1946 das Datum des SS-Rituals vom 10. Juli 1944 vermerkt ist. Meine Mutter hielt ihr ganzes Leben dicht, darin in einer Schicksalsgemeinschaft mit meinem Stiefvater verbunden. Die Geheimnistuerei der SS in Sachen Lebensborn begünstigte sie.

Der aufgefundene Briefwechsel nahm sich wie ein Kassiber aus einer geschlossenen Gesellschaft in die neue freie Zeit aus. In emotionaleren Momenten äußerte meine Mutter Einzelheiten, die mir damals absurd vorkamen: etwa, dass ich im Lebensborn-Heim vermessen und als Arier mit ostischem Einschlag klassifiziert worden sei; oder dass sie glücklicherweise dem Schicksal entkommen sei, als Sekretärin des Kommandanten eines Konzentrationslagers abgeordnet zu werden. Auch von der NS-Eliteschule Napola war die Rede. Der Rest bleibt Spekulation, Vermutung: wie meine Mutter, die nach dem Ausweis auf Fotos und deren Beschriftungen tatsächlich bei der Polizeiführung in der Ukraine arbeitete, möglicherweise als sogenannte „Arbeitsmaid" zum Kriegshilfsdienst verpflichtet, bekennend, verführt oder gezwungen in die Lebensborn-Falle geraten ist. Sie war sportlich aktives Mitglied des Bundes deutscher Mädel (BdM). Ob sie sich dessen „völkischem" Gedankengut verpflichtet fühlte, hat sie nie bekannt. Ganz anders lange nach dem Krieg Eva Sternheim-Peters in Ihrem Bekenntnis „Habe ich denn allein gejubelt? Eine Jugend im Nationalsozialismus". In diesem, erst nach der Besprechung in einer Tageszeitung in zweiter Auflage erfolgreichen Buch beschreibt die Autorin ungeschminkt, wie verführerisch das sportlich vielfältige Angebot des BdM war, dass die NS-Organisation ihre Emanzipation beförderte, soziale Unterschiede aufhob, wie sie auf den Nationalsozialismus hereinfiel, vor allem aber, wie schleichend, zugleich systematisch sogar in einer katholischen Domäne wie Paderborn die bürgerliche Gesellschaft sich ihrer zivilgesellschaftlichen Normen und Werte durch die Nazis berauben ließ. Das äußere Schicksal meiner Mutter ist keinesfalls exklusiv, das der italienischen Omerta durchaus ebenbürtige Schweigegelübde ebenso wenig. Dorothee Schmitz-Köster hat in ihren Forschungen vergleichbare Fälle entdeckt:

„Ich habe unter den Lebensborn-Müttern einige kennen gelernt, die sich "zum Osteinsatz gemeldet" haben, das war wohl damals die

offizielle Formulierung. Das muss für junge Frauen - ob sie nun überzeugte Nationalsozialistinnen waren oder nicht - eine Art "Abenteuer" gewesen sein, jedenfalls im Vorfeld. Ob sie es dann vor Ort so empfunden und erlebt haben, vermag ich nicht zu beurteilen ... Ich stelle es mir grauenhaft vor, aber ich weiß, dass einige die Augen, Ohren und andere Sinne fest verschlossen haben."

Mein Stiefvater wusste ausweislich seines Briefwechsels mit meiner Mutter von meiner Herkunft, als er die Ehe einging. Er hat sein lebenslanges Schweigen zum eigenen, vor allem zum Schutz meiner Mutter, aber auch für mich eisern gehalten. So besehen, habe ich Glück gehabt. Wie Millionen hat ihn eine Art Amnesie erfasst. Verdrängung funktionierte als Abwehrmechanismus, oft genug zur Tarnung. Nicht auszudenken, meine Abstammung von diesem „Vater" wäre im Aufschwung der bürgerlichen bundesdeutschen Leistungsgesellschaft ruchbar geworden. Nicht nur der erwähnte briefliche Dank belegt das Täuschungsmanöver, sondern auch die Tatsache, dass die Verschickung meiner Mutter nach Norwegen nach meiner Geburt vermutlich vom Kindesvater Prützmann lanciert worden ist. Sein ehemaliger Stabschef aus Zeiten der Massaker in der Ukraine avancierte in Norwegen zum Regimentskommandeur des Stiefvaters, fungierte als Trauzeuge im Mai 1945, einen Tag nach der deutschen Kapitulation in Oslo und blieb ihnen freundschaftlich verbunden.

Einer der Architekten des Völkermordes

Vor das Thema „Lebensborn" und die verlogene Legenden-Bildung durch die Eltern hat sich mit dieser Vaterschaft zwangsläufig das andere, überwältigende Thema geschoben: die Verfolgung und Vernichtung der Juden, die Ermordung der Zivilbevölkerung in der Ukraine. Davon muss meine Mutter gewusst haben. Sie war Sachbearbeiterin im Stab des Höchsten SS- und Polizeiführer Ukraine Prützmann mit Dienstsitz in Kiew. „Kasse" steht als Arbeitsadresse unter Bildern aus den Alben, die sie zusammengestellt hat. Sie war dabei. Angesichts dieser Erkenntnis rückt mein Lebensborn-Schicksal in den Hintergrund. Es bekommt eine schlimme zusätzliche Dimension und die Frage ihrer „Verdrängung" ist nicht mehr nur als private Haltung zu betrachten.

Beide „Eltern" haben mir in der gemeinsamen Not einen Teil meiner Herkunft genommen, weil sie offenbar glaubten, dass dieser „Makel", diese Vorgeschichte vom familiären Wohlfühlmilieu, und dem gesellschaftlichen Aufstieg kompensiert würde. Es stimmt: Die bürgerliche Passform nahm im westlichen Nachkriegs-Deutschland schnell Gestalt an. Die Geschichte meiner Herkunft hätte beträchtlich gestört. Beide mustergültigen „Eltern" haben bis zu ihrem Tod nicht mehr den Mut aufgebracht, ihrem erwachsenen, ihnen zugewandten Sohn reinen Wein einzuschenken. Das ist aus der Distanz eines eigenen fortgeschrittenen Lebens bitter, schärft indes die Erkenntnis, wie umfassend die Verdrängung wirkte und wie unbedingt der Wunsch nach einem eigenen unbeschwerten bürgerlichen Leben gewesen sein muss. Auch kann ich die Frage nicht beantworten, ob und wie ich selbst diesen Mut zur Aufklärung aufgebracht hätte angesichts der fürchterlichen Biografie des leiblichen Vaters. Diese erst jetzt, so spät zu verarbeiten, in das Leben einzuordnen, halfen lebenslange positive Erfahrungen in der Zivilgesellschaft der Bundesrepublik. Die Angst vor dem Wiederaufleben dieser Geschichte ist aber auch deswegen gewachsen, weil sie nie wirklich verarbeitet worden ist. Eine frühe nahezu traumatische Erfahrung, ausgelöst durch Alain Resnais Dokumentation „Nacht und Nebel" über den Holocaust, hat im jugendlichen Alter nicht nur die Neugier an Zeitgeschichte geweckt, sondern mich im Alter glücklicherweise mit Prützmann nicht allein gelassen. Was wäre gewesen, wenn ich früh von meinem leiblichen Vater erfahren hätte. Wie hätte ich in einem weitgehend unbekümmerten Leben die frühe Mitteilung vom Anfang verkraftet? Ich bin diesem Schicksal entkommen, habe zwar nicht wie Helmut Kohl die Gnade der späten Geburt empfunden, wohl aber die Gnade einer sehr späten Erkenntnis. Erst kürzlich ist mir bedeutet worden, wie lebenswichtig auch die Gnade der richtigen Geburt ist. Auf den Punkt meiner leiblichen Herkunft hat sie der frühere bayerische Kultusminister Hans Maier in einem Interview der Süddeutschen Zeitung aus Anlass seines 90. Geburtstags gebracht:

„Ich hatte das Glück, dass ich nicht zum Beispiel als Sohn eines SS-Obergruppenführers auf die Welt gekommen bin - damit hätte man dann auch fertig werden müssen. In meiner weiten bäuerlichen, katholischen Verwandtschaft am Oberrhein gab es keine Akademiker, aber auch keine Nazis. So bin ich einigermaßen gut durchgekommen damals ..."

So selbst entlastend, gleichermaßen hochfahrend setzt sich ein Mann nicht nur der Politik, sondern der Wissenschaft, der Literatur und Musik wie die Mehrheit des deutschen wertkonservativen Milieus im Nachgang von einem Teil der Geschichte ab.

Das Gefühl der Enttäuschung durch meine Eltern hat sich festgesetzt. Nachdenklich gestimmt hat mich zuletzt ein Absatz aus Dörte von Westernhagens Buch „Die Kinder der Täter. Das dritte Reich und die Generation danach", geschrieben 1987. Die Autorin schloss, dass sich in den Familien die Trennung der Menschen, wie sie im Dritten Reich vorgenommen wurde, noch einmal vollzog. „Die Kinder erhoben sich zu Verfolgern der Eltern, zu moralischen Siegern über ihre schwachen Väter und Mütter, die sich so leicht verführen ließen, und schließlich zu Tätern, in dem sie ihre Eltern für mitschuldig erklärten." Nein, erheben könnte ich mich nicht über meine Eltern. Wenn ich sie aber während unseres gemeinsamen Lebens „überführt", ihr Schweigen durchbrochen hätte, hätte ich vermutlich mit ihnen gebrochen. Das hat sich, als der Zufall die Entdeckung bescherte, pünktlich zum „Jubiläum" der 75 Jahre nach Kriegsende erübrigt. Ich werde ihr Verhalten nie wirklich verstehen können, so wie mir die ungeheuerliche SS- Realität in der nationalsozialistisch durchseuchten, deutschen Gesellschaft unfassbar bleibt. Dass und wie der millionenfach verwaltete, akribisch durchorganisierte Massenmord sich in einer sogenannten, wenn auch nachhaltig beschädigten Zivilgesellschaft entwickeln kann, sprengt die Vorstellungskraft. In der erwähnten, einer breiteren Öffentlichkeit wenig vermittelten Forschungsarbeit „Die Organisation des Terrors" finden sich Erklärungs-, weil Verhaltens-Muster. Im Dienstkalender Heinrich Himmlers 1943-1945" ist die Banalität des Bösen, verkörpert auf vielen Seiten auch von Hans Adolf Prützmann, an der Tagesordnung. Vollends bestimmt, gelenkt und gesteuert vom totalen Rassenwahn, dokumentiert der penibel geführte Kalender einen geradezu kleinbürgerlichen Alltag. Da stehen gemütliche Doppelkopf-Abende im Kameraden-Kreis beim Reichsführer SS unvermittelt neben Inspektionen in einem Konzentrationslager zur Erprobung effektiverer Methoden der Vergasung tags darauf. Die Protokollierung des Alltags des SS-Führers belegt die Lesart von Bertolt Brecht oder Heinrich Böll über die Armseligkeit kleiner Gemüter, die die Maschinerie des Massenmords betrieben und dies, wie Himmler in seiner berüchtigten Rede vor SS-Führern, unter ihnen Hans Adolf Prützmann, 1943 in Posen als aufopfernden Dienst am Volk ausgaben. Was den „gemütlichen" Teil aus diesem Dienstkalender angeht, hätten die Fotografien, die meine Mutter ihrem Alltag in Kiew oder Rowno zugeordnet hat, durchaus zur Illustration getaugt. Es ging diesen privaten Schnappschüssen zufolge sehr unterhaltsam zu.

Das Stammheim des Lebensborn e.V. in Steinhöring ist einhundert Kilometer entfernt von der Erzabtei der Missionsbenediktiner St. Ottilien. Das Kloster beherbergte in den ersten drei Nachkriegsjahren tausende Überlebende des Holocaust und betreute die sogenannten Displaced Persons medizinisch. In dieser Zeit wurden über vierhundert sogenannte Ottilien-Babys geboren. Sie bezeugten die Hoffnung auf ein neues Leben in Frieden und Freiheit. Am 27. Mai 1945 veranstalteten jüdische Musikerinnen und Musiker aus ehemaligen umliegenden Konzentrationslagern in der Erzabtei ein „Befreiungskonzert" als „Feier des Lebens". Aus Film-Dokumenten und Erzählungen von Zeitzeugen hat zu diesem Jubiläum die „Ammerseerenade", ein kleines Musikfestival, veranstaltet jährlich rund um den See, einen kleinen Film des Ereignisses mit originalen Filmdokumenten produziert, für den die Einschätzung „bewegend" untertrieben ist. Ich bin darauf gestoßen, weil ich an der Entwicklung des Festivals als Mitglied seines Vorstands beteiligt war. Ein jährliches Konzert der Ammerseerenade erinnert an das ursprüngliche „Befreiungskonzert". Zusammen mit der Abtei St. Ottilien wurde das Projekt eines „Artist in Residence" aufgelegt. Im ersten Jahr wurden junge Komponisten werden eingeladen, den Geist dieses Befreiungskonzerts in modernen Kompositionen, Texten, Bildern aufleben zu lassen. Nach dem Überfall Russlands auf die Ukraine, der daraus folgenden Abwesenheit russischer Künstler, die in den Jahren zuvor Programm und Idee auch des Befreiungskonzerts mitgetragen hatten, empfand ich das Projekt als eine Art Requiem auf den aufklärerischen Versuch, aus der Erinnerung an die schmachvolle Vergangenheit einen Appell an die Zukunft zu richten. Der Petersburger Dirigent Victor Fedossejew erinnerte sich in einem Interview, dass ich mit ihm vor seiner Leitung eines Liberation Concerts in St. Ottilien geführt habe:

„Mein Jugendalter fiel mit einer furchtbaren Weltkatastrophe zusammen. Während der Blockade war ich in Leningrad, lernte zuhause, da alle Schulen unbeheizt waren. Ich hatte das Privileg, mich mit der Musik durch einen Rundfunkapparat vertraut zu machen. Ich hörte Briefe von der Front, in denen verwundete Kämpfer darum baten „Romeo und Julia" von Tchaikovsky zu hören. Mein kindlicher Verstand sagte mir, wie furchtbar das ist, und ich wollte irgendwie helfen. Ich spielte Bajan, ein osteuropäisches Knopfakkordeon, und als man mich darum bat aufzutreten, machte ich den zaghaften Vorschlag, in Krankenanstalten Konzerte abzuhalten....
Ich sah all diese Leute, die Verletzten, die beinahe Dahinscheidenden. Ich sah ihre Augen, als sie Musik vernahmen. Ganz egal, welche es

war; Tchaikovsky, Rachmaninov, russische Lieder. Das hat sich für mein ganzes Leben in meine Seele gebannt."

Wir am Kriegsende zurückgebliebenen 162 Lebensborn-Kinder legten unweit von St. Ottilien im bayerischen Steinhöring Zeugnis ab von der SS-Einrichtung nationalsozialistischen Rassenwahns, die diesen Nachwuchs als Reserve für die Kriegsmaschinerie des „Dritten Reichs" beherbergte. Als amerikanische Truppen anrückten, verbrannten Angestellte die meisten Dokumente über die Existenz des Lebensborns und ließen die aus allen Heimen nach Steinhöring evakuierten Kinder einfach zurück. 1986 hat ein Redakteur der Süddeutschen Zeitung in der Nähe von Dachau einen Nebenschauplatz entdeckt, den Friedhof eines von dessen Erfinder Himmler euphemistisch benannten „Ostarbeiterkinderheim" - einer Bruchbude, in der Säuglinge, die SS-Zwangsarbeiterrinnen gewaltsam weggenommen worden waren, in kürzester Zeit an Unterernährung und mangelhafter Pflege starben. Die Opfer wurden in zynischer Manier, katholisch ordentlich, oft begleitet von ihren Müttern beigesetzt. In Markt Indersdorf, dessen Gemeinderat 1944 die Einrichtung der Todesbaracke zuließ, hatte vor der Entdeckung niemand darüber gesprochen.

Verdrängen und Anpassen – Facetten einer deutschen Väter-Generation

Die „Abrechnung" mit der Väter -Generation wurde in der Bundesrepublik Thema, als sich erste Risse in der glatten Fassade der Leistungsgesellschaft auftaten. Die Kritik an den Vätern kulminierte in der 68er-Bewegung und hatte dabei auch die Verbrechen des Nationalsozialismus und das Versagen der Eltern im Visier – weil und wie sich viele dieser Väter trotz ihrer toxischen Biografie in die Bundesrepublik gemogelt hatten und einfach weitermachten, ihr Patriarchat, begünstigt von Staat und Gesellschaft, einfach weiterlebten. Diese Generation ist heute weitgehend vergessen, ihre Väter-Rolle relativiert oder aufgehoben. Immer weniger der jungen Väter können heute diese alte, lange ungebrochene Vorherrschaft nachempfinden.

Lange vor der späten Aufdeckung der Existenz eines SS-Massenmörders als mutmaßlich leiblichem Vater habe ich den Lebenslauf eines, wie man heute einordnen würde, wertkonservativen, persönlich unbelasteten Mitglieds dieser Generation „kennengelernt." Gezielte Recherche und zufällige Funde erlaubten posthum die Annäherung an meinen Schwiegervater. Persönlich kennengelernt habe ich ihn nicht, er wusste von meiner Existenz. Meine Verbindung mit einer seiner Töchter, die Tatsache, dass wir beide in Scheidung lebten, wollte er aus moralischer, streng katholisch geprägter Überzeugung nicht akzeptieren. Er starb kurz nach der schroffen Ablehnung. Von einer schrittweisen, virtuellen Annäherung kann ich deshalb schreiben, weil er mir als Spitzenbeamter der jungen

Bundesrepublik mehrfach „begegnet" ist: zuerst leibhaftig bei einem öffentlichen Festakt, dann in einem eher verstörenden Brief-Dokument und Zeugnissen seiner Teilnahme an einer neuen Rundfunkpolitik, mehrfach im Urteil von Zeitgenossen, schließlich in einem zeitgeschichtlich bedeutsamen Bilddokument.

Erlebt habe ich ihn als Jura-Student 1965 in der Bonner Beethovenhalle, als einer von vielen Zuhörern seiner Rede zum Gedenken an das Attentat des 20. Juli 1944. Zuerst war ich enttäuscht, dass kein prominenter Politiker sprach, „nur" ein Beamter, ein Staatssekretär; dann überraschte mich die Rede: keine Amtssprache, kein Pathos und keine Phrasen, historisch einsichtig, eine Art Appell mit bedenkenswerten Lehrsätzen für die junge Demokratie, wenn auch gipfelnd im eisernen Feindbild des Kalten Krieges. Wie vielen erschien ihm das SED-Regime in der DDR ohne Abstriche als Fortsetzung des NS-Staates. Aber er beklagte selbstkritisch die Geschichtsvergessenheit der Elterngeneration: *die Jugend ist schlecht und unzulänglich unterrichtet".*, urteilte Karl Gumbel:

„Es ist keine einfache Sache, jungen Menschen gegenüber, die in der rechtsstaatlichen Ordnung unseres demokratischen Staatswesens aufwachsen, die Widerstandskämpfer zu legitimieren und die sittliche Berechtigung zum Widerstand gegen die bestehende Ordnung unter den damaligen Verhältnissen darzutun. Der Wertung muss die Darstellung vorausgehen. Ohne eine umfassende Kenntnis des geschichtlichen Ablaufs jener Jahre gibt es keine sachgerechte Wertung und Würdigung des Widerstands und des 20. Juli. Wir müssen also das Wissen um die Dinge weitergeben.

Gumbel konnte nicht ermessen, wie sehr er damals recht hatte. Die Entwicklung von einem mangelnden oder fehlenden Geschichtsbewusstsein zu späterer political correctness und Mainstream hatte da eine ihrer Wurzeln.

Meine zweite - berufliche – „Begegnung" mit dem Ministerialbeamten Gumbel betraf ein offizielles Schreiben aus dem Jahr 1955, das mir während einer Forschungsarbeit im Deutschen Literaturarchiv Marbach zufällig in die Hände fiel. Darin denunziert Gumbel im Auftrag seines Vorgesetzten, des Amtschefs des Bundeskanzleramts Hans Globke ohne jeden Respekt, bar jeder diplomatischen Floskel den Intendanten des Norddeutschen Rundfunks und renommierten Schriftsteller Ernst Schnabel. Schnabel war nicht irgendwer, er war eine herausragende Persönlichkeit des Kulturlebens der jungen Bundesrepublik, als Intendant des NDR mit der Gründung eines neuen Auslandssenders, der späteren Deutschen Welle federführend befasst. Für die orthodoxe Adenauer-Administration fiel Schnabel unter die Rubrik des linken unzuverlässigen Freigeistes. Gumbels Schreiben war nicht einmal an Schnabel persönlich gerichtet, sondern ging an den amtierenden Vorsitzenden der Arbeitsgemeinschaft der Rundfunkanstalten. Es schließt kurz und verletzend: „Darüber hinaus liegen Informationen vor, die in politischer Hinsicht seine Person von der Möglichkeit ausschließen, mit einer so allgemein wichtigen Aufgabe betraut zu werden." Der solchermaßen beleidigte Schnabel begehrte Auskunft von Gumbels vorgesetztem Staatssekretär Globke, dem Mitverfasser des Kommentars zu den nationalsozialistischen Nürnberger Rassegesetzen. Eine Antwort hat er nie erhalten. Ich habe mich gefragt, wie ein integrer Spitzenbeamter, wenn auch im Auftrag dieses Amtschefs dermaßen entgleisen konnte. Der Schwiegervater hatte in der Wirtschaft gearbeitet, suchte nach dem Krieg eine

Anstellung, kam zuerst als Regierungsrat in Worms unter. Die Beamtenschaft, ein großer Teil der Politik machten eben einfach weiter. Das Alte war fest in den Köpfen, so auch Kadavergehorsam als Teil des Gens des Beamtentums. Das „bürokratisierte Räderwerk" (Peter Longerich in „Wannseekonferenz") wurde wie selbstverständlich weiter betrieben. Viele Amtsinhaber und Seilschaften aus der NS-Zeit machten ungerührt und ungestraft weiter. Hinzu kam die abgrundtiefe Abneigung der Konservativen gegen vermutet linke Intellektuelle. Der „Vater" der Marktwirtschaft ist darin unvergessen, Ludwig Erhard sprach gerne von Uhus und Pinschern, wenn er die Intellektuellen in Deutschland adressierte. Gegenüber „Linken", Freigeistern versagte jeder Respekt. Die urdeutsche Abhängigkeit von Systemen und Institutionen war nach dem Krieg ungebrochen.

Selbst die politische Behandlung des Themas Rundfunk war von der unseligen Vergangenheit beeinflusst. Das Rundfunksystem der jungen Bundesrepublik entstand als Leihgabe der Mutter allen unabhängigen öffentlich-rechtlichen Rundfunks, der britischen BBC. Konrad Adenauer, politischer Ziehvater meines Schwiegervaters, war ein entschiedener Gegner des föderalen staatsfernen Rundfunks. Adenauer unterstellte gerne auch im Wahlkampf, dass sich bei der Neuordnung des Rundfunks die „Linken" aus London und Bonn, die Labour-Party und die SPD, in die Hände spielen würden. Adenauer strebte zwar keine Neuauflage eines staatlichen Propaganda-Instruments an, wohl aber einen staatstreuen, ja regierungsamtlich vermittelten Rundfunk. Für ihn musste der Rundfunk „politisches Führungsmittel der jeweiligen Bunderegierung" sein. Deshalb wollte er ein Bundesrundfunkgesetz und sein Vollstrecker im Bundeskanzleramt sollte Karl Gumbel sein. Freilich scheiterte das Unterfangen in seinen

Anfängen wie später Adenauers Plan, mit dem ZDF eine Art Bundesfernsehen zu installieren. Der politisch unbelastete Beamte Gumbel, schon gar kein Parteisoldat, machte Karriere bis zum Staatssekretär im Verteidigungs-, zuletzt während der ersten Großen Koalition im Innenministerium. Er bot als Personalchef der Bundeswehr für Adenauer die Gewähr, das Primat der Politik gegenüber Militärs zu halten, die alles daransetzten, einen Staatssekretär aus ihren Reihen zu stellen. Von Militärs stammte denn auch das vom SPIEGEL kolportierte Bonmot über Gumbel, „er sei so schwarz, dass er selbst nachts im Kohlenkeller noch Schatten werfen würde." Der Mann war nach dem Urteil seiner zivilen wie militärischen Umwelt unbestechlich, sah strikt auf Charakter und Eignung allerdings im unverrückbaren Rahmen seines katholisch-konservativen Weltbilds.

Ein Poster hat einen festen Platz im Arbeitszimmer. Vor einem Dutzend Jahren bahnte sich ein Forschungsprojekt zwischen dem Russisch-Deutschen Institut für Publizistik an der Moskauer Lomonossow-Universität (FRDIP) und dem Zentrum für Militärgeschichte und Sozialwissenschaften der Bundeswehr an. Ich war Direktor des FRDIP von deutscher Seite. Wir überlegten, gemeinsam die lange in russischem Besitz befindlichen täglichen Zensur-Anweisungen des NS-Propagandaministers Goebbels an die Presse zu erforschen. Nach einer Besprechung fiel mir auf dem Flur des Potsdamer Instituts ein großes Plakat ins Auge, das offizielle Foto des Gründungs-Akts der Bundeswehr vom 12. November 1955, dem Tag, an dem 200 Jahre zuvor der preußische Militärreformer Scharnhorst geboren worden war. Berührt hat mich das Bild seines zivilen, militärisch nur mäßig dekorierten Charakters. Wenige neue Uniformen erregten

Aufmerksamkeit. Vorn im Bild wie ein Bitt- und Antragsteller der erste Amtschef der Bundeswehr Blank, ein ehemaliger Gewerkschaftsfunktionär, dahinter in Mittler-Position sein Personalchef Karl Gumbel. Alle mit ernster Miene, keine Aufstellung nach Muster eines Staatsaktes. Eine Schar von Zivilisten, wenige Militärs in neuen Uniformen rahmen den Akt wie zu einer Art Rütlischwur für eine wehrhafte Demokratie. Das Bild spiegelt das gesellschaftliche Klima, das damals noch von Skepsis und Widerstand gegen eine Wiederbewaffnung bestimmt war.

Nach der Aufdeckung meines Lebensborn-Schicksals habe ich mir die Frage nach Motivation und Charakter der Generation meiner Väter schärfer gestellt. Nach der Katastrophe des ersten Weltkriegs bot die Weimarer Republik vielen kaum mehr sozialen Halt, geschweige gesellschaftliche Privilegien. Die alte Gesellschaftsordnung bröckelte. Hans Adolf Prützmann entstammte dem agrarischen Milieu, dessen Oberschicht nach dem Ersten Weltkrieg zu großen Teilen ihre Rolle und Erdung einbüßte. Prützmann studierte wie manch spätere SS-Führer Landwirtschaft, suchte nach einem kurzen Abenteuer bei einem Freicorps, der Beschäftigung als Beamter in Agrar-Verwaltungen nach einer neuen elitären, gesellschaftlich herausgehobenen Stellung. Die sicherte ihm die SS mit einer frühen Mitgliedsnummer. Nirgendwo hätte er eine vergleichbar steile Karriere machen können. Himmler wusste, so steht es in Guido Knopps Abhandlung „Die SS – eine Warnung der Geschichte", mit enormem Gespür Vertreter der alten Ordnung zu gewinnen. Die Nazis zapften Teile einer alten, politisch entwurzelten Gesellschaft an: „Mit den ländlichen Reitervereinen etwa öffnete er allmählich der SS die bis dahin geschlossene Gesellschaft der Agrarier und Grundbesitzer". Gehörte Prützmann zu den „jungen" völkisch

Rechten - durch den Krieg radikalisiert in nationalistischen Freikorps. Die Frage ist wohl rhetorisch. An die Biografie dieser ebenso schnell moralisch entwurzelten Personen erinnert mich Ödön von Horváths Roman „Ein Kind unserer Zeit". Der Roman handelt von einem 1917 geborenen Soldaten, der nach dem Tod des Vaters sein Elternhaus wegen ideologischer Differenzen verlässt, im Hass auf die Altvorderen dem Nationalsozialismus verfällt. Was Prützmann im Einzelnen bewegt hat, ist mir verschlossen, die katastrophalen Folgen seines „Wirkens" sind dokumentiert.

Foto-Alben: manipulierte Zeugnisse einer geschönten Vergangenheit

Die private und öffentliche Aufklärung der Nazi-Vergangenheit mit der Folge ihrer Verdrängung hat im Nachkriegsdeutschland wenig Mittel und Wege gefunden. Das kollektive Gedächtnis wurde gelöscht oder umgedichtet. Zwischen Dichtung und Wahrheit über den Nationalsozialismus führten zu wenige tragfähige Brücken zu Erklärung und Erkenntnis. Bis heute werden mögliche Aufklärung und ein gesellschaftlicher Diskurs kompensiert durch Manifestationen von Empörung und Betroffenheit – Feierstunden. Anfangs redete man sich den Neubeginn herbei – auch vergaß sich die Vergangenheit umso gründlicher, weil und wie sich die neue, freie Wirklichkeit bis in die kleinste Verrichtung des täglichen Lebens jämmerlich anfühlte. Der zufällig aufgefundene Briefwechsel der Eltern steht ganz im Zeichen eines Kräfte zehrenden Jäger- und Sammlerdaseins zum Aufbau einer bürgerlichen Existenz - etwa der wochenlangen Suche nach elf Kilo Holzleim, den mein Stiefvater einem Tischler für den Bau von ersten Wohnmöbeln zuliefern musste. Die Vergangenheit geriet immer mehr aus dem Blick, nahm zuweilen märchenhafte Züge an. Langsam erst habe ich verstanden, warum meine Mutter so oft und sehr verhalten ironisch die vom Kriegsende kolportierte schreckliche Parole zitierte: „Genießt den Krieg, der Frieden wird fürchterlich."

Ein Nachdenken über die eigene jüngere Geschichte fand, während die arbeitende Bevölkerung schon schlief, im Abendstudio des Radios von Wenigen für Wenige statt. Die Masse wollte unterhalten werden. Das war die Zeit der fünfziger und Sechzigerjahre, da in den UFA-Schnulzen in mehr oder weniger harmonischen Familienszenen der

Hausherr zur wohl gefüllten Hausbar schritt und sich erst einmal einen genehmigte, nicht ohne zuvor genüsslich eine Zigarette (im Vorstandsmilieu: eine Zigarre) zu entzünden. Auch ich wurde als jugendlicher Kinogänger von solch gehobenen Milieus angezogen. Das UFA-Kino am hannoverschen Aegidientor faszinierte mit Höhepunkten wie der Uraufführung des verlogenen kitschigen Heldenepos „Der Stern von Afrika", in dem Joachim Hansen den „legendären" Jagdflieger Marseille und Marianne Koch seine hingebungsvolle Geliebte gaben.

In unserem Haushalt wurde die Märchenerzählung aus dem „damals" damit geschönt, dass meine Mutter ihre Erlebnisse in Fotoalben aufbereitete, sie als eine Ansammlung von Anekdoten arrangierte, was ihr half, frühere Erlebnisse auf ein anschaubares Maß zu formatieren. Die Schrecken des Krieges verblassten, vegetierten im Unterbewusstsein. Man merkte meiner Mutter eine in ihren letzten Lebens-Jahrzehnten gesteigerte pessimistische Grundhaltung an, spürte ihre Vorstellung, dass sie nach eigenem Empfinden vermutlich mit Hinblick auf alte Zeiten Besseres verdient hätte: wo ich nicht bin, da ist das Leben, der Pfarrer bestätigte bei der Trauerfeier diesen Eindruck sinngemäß mit der Bemerkung, sie habe gewirkt, als sei sie, wo auch immer, nie richtig angekommen.

Oder ist ihr, als sie sich nach dem Tod meines Stiefvaters ihrer Umgebung mehr und mehr entzog, schließlich verschloss, Theodor W. Adornos Sentenz aus den Minima Morelia bewusst geworden, wonach es kein richtiges Leben im falschen gibt. Die Sehnsuchtsorte meiner Mutter siedelten in der Vergangenheit, Schilderungen aus den Kriegsjahren trugen romanhafte Züge. Was die Methode, sich Illusionen zu machen, betrifft, hätte es meine Mutter mit jedwedem Fake-Reporter aufnehmen können. Sie konnte schreiben, journalistisch für sich einnehmen, die kleine Form lag ihr. So gab sie unter Pseudonymen wie „Antonia" oder „Kräuterliesl" Possen, Lebensweisheiten aus ihrer schlesischen Heimat in der lokalen Presse, der Neustädter Leine-Zeitung zum Besten. Meine Mutter wollte die Vergangenheit für sich auch dadurch kompensieren, dass sie sich „sozial" bewies. Sie engagierte sich eher zu meinem Verdruss als offizielle Elternvertreterin an meinem Gymnasium, inszenierte sich in der Rolle der vorbildlichen Muster-Gattin und Mutter, legte Wert auf eine geordnete Gastfreundschaft nach ihrem Maß.

Das Fotoalbum, Stütze der Verschönerung von Erinnerung, damals meist biedermeierlich aufbereitet und betextet, wurde mein erstes „publizistisches" Medium. Es einte die Community von Familie und Freunden, wirkte wie ein handgestricktes soziales Medium der analogen Zeit. Man machte sich gegenseitig etwas vor. Heile Welt, der Krieg als Abenteuer war insgeheim der Obertitel. Die vielen harmonisch gestellten Gruppenbilder mit oder ohne Uniform, kenntlich gemacht mit Angaben zu Ort und Person, hin und wieder verziert mit kurzen Sinnsprüchen, bildeten eine Art Vorläufer der Selfies. Im Unterschied zum heutigen Exhibitionismus der sozialen Medien betrachtete man die Fotoalben unter sich, meist bei familiären Anlässen. Die Großmutter von Seiten des Stiefvaters zelebrierte zu später Stunde die gemeinsame Ansicht von Familienalben mit der Eingangs-Floskel „Gedenkst Du noch." Wir fanden das komisch, schrullig. Irritiert hat das Niemanden, man schaute mäßig interessiert hin – es war ja alles privat und von gestern. Alles schien abgeschlossen und wurde dementsprechend behandelt. Aktuelle Bezüge wirkten zufällig, Angst und Schrecken blieben außen vor. Alte, manchmal gelb stichige Bilddokumente legten verwandtschaftliche

Spuren offen. Der Urgroßvater mütterlicherseits mit dem Familien-Namen Werder war beruflich Binnenschiffer; ich habe sichtlich seine Statur geerbt, mein kleines Motorboot steuere ich heute vermutlich auf den alten Routen seiner Frachtschiffe. Dieselbe Ähnlichkeit habe ich dann leider auf Konterfeis meines leiblichen Vaters in Auftritten mit Himmler entdeckt. Im selben Alter wie er Anfang vierzig wäre ich seinerzeit, entsprechend „kostümiert", entsetzlich mühelos als Prützmann durchgegangen.

Den ersten Schritt von der privaten Ansicht eines Familienalbums zur Darstellung öffentlicher Angelegenheiten mit politischer Bedeutung machte der Großvater mütterlicherseits. Er war ein Herr, eine hochgewachsene stolze Erscheinung. Selbst in der „abgerissenen" Nachkriegszeit legte er Wert auf gediegene Aufmachung mit Schirmmütze, wahlweise elegantem Hut auf blankem Charakterschädel. Er wurde im Ersten Weltkrieg verwundet, war während der Nazizeit Beamter in gehobener Position in einer Sozialverwaltung – einer aus dem Heer der Mitläufer, Parteimitglied. Seine berufliche Tätigkeit nach dem Krieg knüpfte an das frühere Sachgebiet. Er sorgte sich ohne Rücksicht auf seine labile Gesundheit um Kriegsversehrte - und Flüchtlinge. Er war mit Hingabe, was man später als Berufsvertriebenen verlästerte. Seine fröhlichsten Gruppenfotos stammen von den ersten Treffen der sogenannten Landsmannschaft der Schlesier. Mein Großvater hatte mir mit Ausschnitten aus Vertriebenen-Postillen, Zeitungs-Artikeln, Landkarten und stimmungsvollen Fotos von Land und Leuten aus Schlesien in einer Aktenmappe ein kleines Pamphlet zusammengestellt – ideologisch aufgeladen mit der über Jahrzehnte propagierten Formel: „Deutschland - niemals dreigeteilt!" Aufgrund meiner verwackelten Herkunft, den ersten Behausungen, der Einrichtung in einer neuen bürgerlichen Kleinfamilie konnte ich mit dieser fordernden Ansage wenig beginnen. Mir sagte sie nichts – der Appell wirkte weit weg, eher befremdlich. Ein wirksames Zeugnis war der Vertriebenen-Ausweis, der mir später beim Kauf eines kleinen ersten Eigenheims die Befreiung von der hessischen Grunderwerbssteuer bescherte.

Viel fremder, ja grotesk kamen mir die „publizistischen" Aktivitäten in der umfangreichen Sippe des Stiefvaters vor. Sein ältester Bruder, ein orthodoxer sektiererischer Prediger, den die evangelische Kirche von Kurhessen Waldeck in Kassel als Pfarrer ertragen musste, spielte sich in der über ganz Deutschland verstreuten Sippe wirkungsvoll als Oberhaupt auf. Die sogenannten Familientreffen hatten ihren Reiz. Ich lernte neue Milieus kennen. Sie brachten mir nicht nur Kenntnisse in Berufskunde - ein Onkel war Fernfahrer - sondern polarisierten je nach Weltanschauung. Onkel Emil, der Prediger, war in regelmäßigen Abständen bemüht, die Familie mittels eines Rundbriefes auf die rechte Spur zu bringen. Eine Ausgabe ist mir besonders in Erinnerung. Die antikommunistische Suada aus Anlass der Akkreditierung des ersten Botschafters der Sowjetunion in Bonn 1955 trug den reißerischen Titel „Sorin oder Luzifer."

Eingetrübt und deshalb gelinde in Zweifel gezogen wurde das Bild von der Wiederherstellung einer zuerst ärmlichen, zunehmend bürgerlich reinen, immer mehr herausgeputzten heilen Welt im letzten Nachkriegs-Zuhause meiner Großeltern. Sie wurden ein Jahr nach Kriegsende aus dem Riesengebirge ausgewiesen, landeten nach einem kläglichen Intermezzo auf einem Bauernhof in der Vertriebenensiedlung „Unter den Selskämpen" in der westfälischen

Kleinstadt Beverungen an der Weser - einem langgestreckten, geschlossenen Straßenzug, der von kleinen Häusern in Reih und Glied eingefasst wurde. Die bescheidenen Eigenheime waren mühsam errichtet, mit großen Eigenleistungen und Zuteilungen aus dem sogenannten Lastenausgleich, staatlichen Entschädigungen für materielle Kriegsfolgen. In diesem Milieu traten Kriegs- und Vertriebenen-Schicksale offener zutage. Innerhalb der lokalen, vernetzten Flüchtlings-Gemeinschaft wurde noch über Kriegsgeschehen, Kriegsschicksale und Flucht gesprochen. Der Nachbar war von Brandverletzungen aus dem Krieg gezeichnet, alleinerziehende Mütter warteten auf ein Lebenszeichen ihrer vermissten Männer; Kriegerwitwen arrangierten sich in hämisch sogenannten Onkelehen ohne Trauschein, damit die schmale Rente nicht durch eine Eheschließung steuerlich geschmälert wurde. Die nachbarschaftliche Enge erzeugte zugleich Wärme und Widerwillen. Nur die unterschiedliche Religions-Zugehörigkeit zog damals scharfe Grenzen. Auch in dieser Siedlung wies man jede Verantwortung, ja Schuld für die Katastrophe der Vergangenheit von sich, man hatte genug von ihr und vor allem mit sich selbst zu tun. Alle Signale waren auf Aufbau gestellt. Das trug ein zynisches Mal: die Menschen, Flüchtlinge und Kriegsversehrte waren bestrebt, nach ihrer Vertreibung durch der eigenen Hände Arbeit wieder an Respekt und Geltung zu gewinnen und wollten nicht daran erinnert werden, dass und wie total ihr Land den überfallenen Völkern, millionenfach den Juden die Würde und das Leben genommen hatte. Es zählte die eigene Vertreibung, das Flüchtlingsschicksal – Scheuklappen wurden millionenfach angelegt.

Auch meinem Beginn in Steinhöring wohnte kein Zauber inne, es gab viele schreckliche Nachlässe. Ein Münchner Kinderarzt begutachtete

1946 im Stammheim Insassen des Stammheims im Alter von eineinhalb bis zwei Jahren: „Bei näherem Zusehen stellte sich indessen heraus, dass keines dieser Kinder laufen konnte, einige konnten kaum sitzen. Sie konnten nicht sprechen, sie konnten vor allem nicht lachen." Mein Stiefvater hat, ohne seine Beobachtung weiter zu erläutern, irgendwann bemerkt, ich hätte bei der Ankunft in der neuen Familie einen verwahrlosten Eindruck gemacht und kaum ein Wort gesprochen. Im Steinhöringer Lebensborn waren Insassen des Konzentrationslagers Dachau und Ravensbrück, auch Kriegsgefangene als Pfleger zwangsverpflichtet worden. Erhalten blieb bis zum bitteren Ende die „Hausordnung" des Lebensborns, in der in einem strengen Tagesablauf die Abteilung „Mutterliebe" oder -Bindung systematisch ausgesperrt wurde.

Entscheidend war das NS-Ideal der strengen Erziehung. Der Mutter wurde erklärt, wie sie ihr Kind halten soll, damit es sich nicht anschmiegen kann. Die Kinder sollten abgehärtet werden. Das waren Grundregeln, um die nationalsozialistische Persönlichkeit herauszubilden (Dorothee Schmitz-Köster 2012, Münchner Merkur)

Diese „Ordnung" hat später nicht nur die Suche nach menschlichen Vorbildern und sozialer Orientierung beflügelt, sie hat Spuren und Spätfolgen hinterlassen. Eine psychologische Betreuung gab es nach dem Krieg noch lange nicht. Ängste wurden im Unterbewusstsein vergraben. Eigentlich hätte ich bei diesem Erzeuger, in der „Obhut" des Lebensborn Hitlers Maßgabe „Flink wie Windhunde, zäh wie Leder, hart wie Kruppstahl" erfüllen müssen. Die Kinder mit ausgesuchtem Erbgut, die in Lebensborn-Heimen zu „Prachtmenschen" der nordischen Rasse heranwachsen sollten, litten aber dank abnormer Erziehungsregeln und wachsenden Mangelerscheinungen zum Kriegsende zunehmend an Krankheiten. Ich erinnere mich an ziemlich viele Arztbesuche nach und dank Lebensborn. Das sogenannte vegetative Nervensystem, das „biologisch festliegende Vorgänge im Körper anpasst und reguliert" – eigentlich ein Schutzschirm - war angeknackst, das Nervenkostüm beschädigt. Der Körper spielte hin und wieder „verrückt." Stress und dramatische psychosomatische bedingte Ausfälle wie ein plötzlicher Darmverschluss trafen mich unvermittelt schon als Kind. Emotionen traten manchmal überraschend zutage, einzelne Ereignisse, Erlebnisse wurden oft überbewertet. Ich musste lernen, Strategien zu entwickeln, um auf Distanz gehen, kompensieren zu können, wurde zugleich offener und zunehmend empfänglich für Zwischentöne, auch Signale aus der Vergangenheit, Sie mischen sich bis heute in eine zunehmend labile Gegenwart. Man sieht vieles schärfer und zugleich näher, bedenkt das Ende im Vorläufigen. Zuletzt wurde mir diese Prägung bewusst angesichts der Lektüre des negativ utopischen Romans „Speed of Sound", in dem ein autistischer jugendlicher Nerd einen Radioempfänger entwickelt, der die Akustik vergangener Milieus rekonstruieren kann, und deshalb von den Mächtigen, die jede Art von Vergangenheits-Aufbereitung fürchten müssen, ausgeschaltet wird. Dass Vergangenheit, Gegenwart und Zukunft im digitalen Zeitalter neue Verbindungen eingehen, ist nicht wirklichkeitsfremd. Auf einer Entwickler-Konferenz des Online-Riesen Amazon hat schon vor Jahr und Tag der Chef von Alexa, dem sogenannten „persönlichen Assistenten mit Sprachsteuerung", mitgeteilt, man arbeite an einer neuen Funktion, Alexa solle bald in der Lage sein, beliebige Stimmen nachzuahmen – selbst die von verstorbenen Personen.

Die Antenne nach draußen - das Radio als Orientierungshilfe

Vielleicht wurde deshalb schon in der Schulzeit das Radio meine Erinnerungs- und Lernhilfe es lud ein, seine „Antenne" zugleich auf Vergangenes, die Gegenwart, Entwürfe der Zukunft, für Blicke über den „Zaun" auszurichten. Radio ergänzte das tägliche Leben und korrigierte die Erinnerung. Radio weckte Bewusstsein, war das nach dem Krieg wirksamste Forum für die Vermittlung öffentlichen Lebens und Wegbereiter schüchterner Anfänge eines gesellschaftlichen Diskurses. Der Integrationsrundfunk trug seinen Namen zurecht, unterstützte die Sozialisation, war als Dienstleister unentbehrlich. Es wurde etwas „durchgegeben", wie meine Großmutter das schon von den Anfängen des Rundfunks kannte und benannte. Radio war ein Lebensmittel, leistete beim Wiederaufbau konkrete Lebenshilfe, vermittelte Stellenangebote, versendete bei den ersten demokratischen Wahlen unendliche Kolonnen von Wahlergebnissen, die mein Großvater mit Bleistift und Papier akribisch verfolgte oder spulte Abend für Abend monoton Suchanzeigen des Roten Kreuzes ab. Radio vermittelte Geschehen. Wie sehr Radio Brücken bauen konnte, wurde mir zuletzt bewusst bei der Veranstaltung zum Jubiläum einer sinnstiftenden Gemeinschaft: Die Feature-Redaktion des Senders Freies Berlin war zu meiner Zeit als Programmdirektor nach der Wiedervereinigung mit dem Ostdeutschen Rundfunk Brandenburg und dem Mitteldeutschen Rundfunk eine Redaktionsgemeinschaft eingegangen. Man lernte deutsch-deutsch voneinander. Den Mittelpunkt der Jubiläumsveranstaltung bildete ein Dialog, in dem der Westdeutsche Richard von Weizsäcker und der Ostdeutsche

Wolfgang Thierse bekannten, wie unterschiedlich, in jedem Fall wesentlich das Radio zu sozialisieren vermochte. Nach der Isolation durch den Volksempfänger der NS-Zeit erlaubte das Radio den Blick über viele Grenzen. Sonntagsvormittag bildete Ende der Fünfzigerjahre die wöchentliche Sendung „Zwischen Hamburg und Haiti" den Abschluss des familiären Frühstücks mit Berichten und Reportagen von fernen, exotischen Reisezielen. Man konnte die Namen der unerreichbar fernen Orte, die - von Corona zwischenzeitlich ausgesetzten - Ziele des Massentourismus damals kaum buchstabieren oder aussprechen. Rundfunk und Seefunk schlugen am frühen Heiligabend Funkbrücken, verschickten Seemannsgrüße über „Radio Norddeich", Fernweh wehte aus dem Äther. Mein Stiefvater legte ein kleines Archiv aus den Jazzsendungen des Rundfunks an. Jazz wurde nach der Verbannung aus dem Volksempfänger der Nazizeit nachgeholt. Mehr Vermittlung von Geschehen und Gedanken für jedermann als im Radio der Nachkriegszeit war kaum denkbar.

Ich war zuerst von der Technik des Radios fasziniert. Mitten in meinen kleinen, durch Hausmusik, Klarinetten-Unterricht, erste ehrfürchtige Besuchen von Konzerten und Opernaufführungen beförderten Einstieg in die Hochkultur packte mich die Neugier auf technische Entdeckungen - ausgelöst durch Kosmos-Lehrkästen wie „der Radiomann", die mir die Eltern zu Weihnachten schenkten. Am Anfang war es der Detektor, eingepasst in eine kleine Seifendose, mit dem ich auf einem Kristall Radiofrequenzen abgreifen konnte. Das war mein erstes Ohr zur Welt: Ich lauschte förmlich über unförmige Kopfhörer den Krimihörspielen des Norddeutschen Rundfunks. Im Tagesablauf hatte Radioempfang einen festen Platz, etwa sonntagabends einundzwanzig Uhr, eine dreiviertel Stunde lang. „Dr. Crippen ..." ist in

Erinnerung - nicht der legendäre Kriminalfilm, sondern das Hörspiel in einer ebenso schier greifbaren Spannung. Als Antenne ließ sich bequem die bleiummantelte Elektroleitung über der Fußleiste neben meinem Bett nutzen. Es folgten der komfortablere Dioden-Empfänger, schließlich das Wunderteil Transistor. Mich hatte Erfinder-Ehrgeiz gepackt. Das Taschengeld und der Verdienst aus kleinen Aushilfsjobs gingen mit lustvollen Einkäufen im Hannoverschen Mekka für Radiobastler drauf. Die Laden-Inhaberin, eine zierliche Frau von blasser Erscheinung im grauen Arbeitskittel, kümmerte sich detailfreudig um jeden Kunden, denn es ging ums heute kleine, damals ziemlich große Geld. Für die neuen Bauteile, voran die erste Generation der Transistoren, hieß es, jede Mark umzudrehen. Vor dieser bahnbrechenden Erfindung hatte ich alte Röhrenempfänger ausgeschlachtet. Rauchschwaden von oxidierten Lötstellen durchzogen zum Missfallen meiner Mutter die Wohnung. Den Gipfel meiner technischen Kunstfertigkeit bildete die Einrichtung eines Faraday'schen Käfigs, einer Rahmenantenne, die das gesamte Jugend-Zimmer in ein Geflecht aus roter Elektrolitze, Bahn für Bahn vom Boden bis zur Decke verwandelte. Die Konstruktion war wunderschön anzusehen, wäre eine ideale Lesebühne für Kafkas „Die Verwandlung" gewesen, hätten es nicht meine entsetzten Eltern auf der Stelle entfernt. Die nähere Umwelt habe ich zusammen mit einem Bastlerfreund aus dem obersten Stockwerk des Mietshauses mit einem Störsender beglückt, den wir immer dann aktivierten, wenn ein spießiger Mitbewohner im zweiten Stock seinen damals noch störanfälligen Fernseher für Sendungen mit Volksmusik einschaltete und die Nachbarschaft in dem schlecht isolierten Nachkriegs-Bau beschallte. In meinem Feriendorf, dem ersten Einsatzort des Stiefvaters als polizeilicher Jäger von Hühner- und anderen Dieben, zapfte ich den Strom für einen kleinen Radioempfänger vom elektrischen Weidezaun des Nachbargehöfts. Als kleiner Vorgeschmack späterer Zeitungs-Arbeit mag erscheinen, dass ich mit einem bäuerlichen Freund alte Ausgaben von Tageszeitungen zu zwei alten Damen karrte, die in ihrem Austragungs-Stüberl nichts mehr vom Weltgeschehen mitbekamen. Eine Krönung fand die Bastlerkarriere mit dem Bau eines sogenannten Sechskreis-UKW-Transistoren-Empfängers nach eigenem Schaltplan. Den Sprung zu den Speichermedien habe ich vor dem Abitur auch noch geschafft. Ein schlichtes Tonbandgerät ohne Angabe des Herstellers, kein Markenartikel, war meine Errungenschaft. Ich konnte mir als Konsument über die Jahrzehnte mit jedem neuen technischen Feature, nach der Stereofonie etwa der Quadrophonie neue Hör- und Spielräume vor allem für klassische Musik erobern. Damals kannte man noch alle Einzelteile, heute gilt es, mühsam die Quantensprünge der elektronischen Entwicklung wenigstens zu verstehen, weil die verschlossenen, ja versiegelten Module nichts mehr nach außen verraten.

Mit der Eroberung der Elektro- und Radio-Technik hat sich mir ein doppeltes Grundprinzip eingetrichtert: elektrische Kommunikation ist ein Schalt-Vorgang und es gilt die normative Kraft des (technisch) Faktischen. Beide Grundprinzipien, die uneingeschränkt die Ordnung der digitalen Zukunft bestimmen, haben zur Folge: Technik kommt vor dem „Programm" und zieht nach sich inhaltliche Innovationen. Eine Gewissheit, der Albert Einstein früh Nachdruck verlieh, als er 1930 zur Eröffnung der siebenten Funkausstellung in Berlin die Leistung der Ingenieure pries:

„Wenn Ihr den Rundfunk höret, so denkt auch daran, wie die Menschen in den Besitz dieses wunderbaren Werkzeuges der Mitteilung gekommen sind. Der Urquell aller technischen Errungenschaften ist die göttliche Neugier und der Spieltrieb des bastelnden und grübelnden Forschers und nicht minder die konstruktive Phantasie des technischen Erfinders."

Diese Zueignung, die Journalisten nicht gerne hören, weil sie ihre Profession, vor allem ihr Sendungsbewusstsein an den zweiten Platz der Rangliste elektronischer Publizistik rückt, hat meine gesamte Rundfunk-„Karriere" vom Bastleramateur bis zum Hörfunk-Programmdirektor des Sender Freies Berlin begleitet, mich zugleich beflügelt und verärgert. Wie im Wettlauf zwischen dem Hasen und dem Igel war der Technische Direktor immer vorn. Den Innovationen von Produktions- und Sendetechnik, die meist teuer waren und einen großen Teil des Sender-Etats verschlangen, sollte das Programm folgen. Bedarf und Fortschritt wurden durch Technik erzeugt. Das allgemeine Prinzip der „normativen Kraft des Faktischen" hat lange vor meiner Rundfunkexistenz mein Jurastudium beeinflusst. Eine zivilrechtliche Seminararbeit behandelte die „normative Kraft des Faktischen unter besonderer Berücksichtigung der Allgemeinen Geschäftsbedingungen." Es ging schlicht um die Beschreibung, wie das Kleingedruckte immer mehr ins Zentrum rückt und den Geschäftsverkehr bestimmt. Daraus hat sich eine Art pragmatischer Existenzialismus entwickelt und lange, bis in Zeitreisen in fremde Kulturen gehalten - verbunden mit der vorläufigen Gewissheit, Fortschritt benutze Ideologie als Vorwand, provoziere oder behindere sie, ideelle Aufschwünge und Vorstellungen seien unter dem Vorbehalt der herrschenden Machtverhältnisse zu betrachten und zu erkämpfen.

Ein früher Abgesang auf die Radio-Zeit: „Horch, ein Schritt im Schnee."

Erfahrungen und daraus gewonnene Kenntnisse, die ich in der ersten professionellen Radio-Zeit von fünfzehn Jahren gewonnen hatte, wollte ich 1982 an einer beruflichen Wendemarke bilanzieren: nach den journalistischen Anfängen, während meiner Beschäftigung in der Intendanz des Hessischen Rundfunks und ein gutes Jahrzehnt vor der letzten aktiven Radiostation als Hörfunk-Direktor. Die zweistündige Collage trug den Titel „Horch, ein Schritt im Schnee". Die Sendung sollte eine Art Weihnachtsgabe mit nostalgischem Geschmack werden. Ihr Titel war einer Weihnachtsendung des Hessischen Rundfunks von 1948 entlehnt. Die zweistündige Dokumentation belegte mit Ton- und Text-Dokumenten, Aussagen von Kronzeugen, was der im Beamten-Deutsch spröde titulierte „öffentlich-rechtliche Rundfunk", was das Radio geleistet hatte, weil es umfassend vermittelte: Information, Lebenshilfe, Bildung, Kultur, Sinnstiftung, auch „Erbauung" und Unterhaltung. Der Aufgaben-Katalog für den Rundfunk war in der Verfassung festgeschrieben als kulturell bestimmte Verpflichtung zur umfassenden Vermittlung des gesellschaftlichen Geschehens, des öffentlichen Lebens. Und wie sehr, wie direkt konnte das Radio Öffentlichkeit herstellen - oft live, unmittelbar, zuerst ohne die Konservierungsmittel von Tonband und anderen Möglichkeiten der Aufzeichnung. Ich wollte diese ideale Radio-Zeit mit lebenden Protagonisten nachstellen: Der Rundfunkpianist Hans Schepior intonierte ein letztes Mal „live" am Flügel Pausenfüller und Überleitungen wie in den Dreißigerjahren. Zeitzeugen schilderten, welche konkrete Lebenshilfe das Radio in aller

Breite und Fülle bot. Hans-Joachim Kulenkampff, legendärer Protagonist der ersten großformatigen Familien-Fernsehshows, ließ deren Radio-Vorläufer Revue passieren, der politische Radio-Journalist Werner Ernenputsch erinnerte sich, mit welch einfachen Mitteln regionale Nachrichten-Sendungen bestückt wurden. Er sammelte sie an Ort und Stelle. Das Radio war damals Träger öffentlicher Kultur, Anreger des Diskurses in Abendstudios und Mäzen mit literarischen Lesungen, Übertragungen von Konzerten und Opern. Neue Literatur und Musik wurden oft erst durch das Radio möglich. Das Hörspiel erlebte seine Konjunktur als eigenständiges Genre. „Horch, ein Schritt im Schnee" – war nicht nur als Rückblick auf eine letzte „reine" Radio-Weihnacht gedacht, sondern zugleich als Abgesang alter Radio-Kultur zu verstehen. Die Dokumentation wurde 1982 im Funkschatten des Fernsehens gesendet, das dreißig Jahre zuvor in beiden deutschen Staaten zu Weihnachten gestartet war. Die öffentliche Bedeutung des Radios schrumpfte, seine kulturellen Formate verblassten, wirkten von Tag zu Tag musealer. Radiokultur fiel zunehmend unter Artenschutz. Und die redaktionellen Kulturradio-Verwalter begannen, ihre eigene Geschichte zu vernachlässigen oder zu vergessen und den Kulturauftrag als gesellschaftlich geschützten Raum misszuverstehen. Damals drohte das Radio, sein Gedächtnis zu verlieren, was sehr viel später digitale Speichermedien etwa mit Nachhör-Angeboten wie Podcasts kompensieren sollen. Archivare verwiesen mich bei der Vorbereitung der Sendung auf Kisten mit ungeordneten, teils in sich verdrehten Tonbändern. Sie legten kostbare Mitschnitte aus der Nachkriegszeit offen.

Die Legende „Radio" ist in den Köpfen meiner Journalisten-Generation aufgehoben – auch noch zu einer Zeit, in der das verbindende Modell des Integrationsfunks immer mehr zerfiel. „Radio ist Kino im Kopf...

Radio aktiviert mehr als Fernsehen und Gedrucktes, Radio kann mehr als alle anderen Medien die Wirklichkeit veröffentlichen." Von Carmen Thomas, der Erfinderin von „Hallo Ü-Wagen" des Westdeutschen Rundfunks, der ersten Mitmach-Sendung des Rundfunks, stammt die Hommage. Die Sendung „Horch, ein Schritt im Schnee" gipfelte in der Wiedergabe einer Reportage vom Kölner Hauptbahnhof - der Ankunft eines Zuges von letzten Russland-Heimkehrern 1955. Der Reporter schildert die schier unerträgliche Spannung beim Einlaufen des Zuges, verfolgt, wie die Menschen hektisch, manchmal wie von Sinnen nach Verwandten, Söhnen, Brüdern, Vätern suchen. Er wird Zeuge, wie eine Frau ihren über ein Jahrzehnt vermissten Ehemann in die Arme schließt, aber ebenso, wie andere sich verloren abwenden, ein Foto des Vermissten krampfhaft in der Hand; wie schließlich der Lärm in dieser aufgeputschten Szene anschwillt und sich spontan auf dem Bahnsteig im gemeinsamen Choral „Nun danket alle Gott" entlädt. Die Fassungslosigkeit dieses kaum eine viertel Stunde während en erschütternden Ereignisses an einem Ort, an dem gewöhnlich nach Fahrplan Abschied und Wiedersehen wechseln, teilt sich noch heute mit, es überwältigte damals den Reporter. Seine Stimme wird immer emphatischer, fast schluchzt er. Das Tondokument wirkt auf mich so emotional wie bei seiner Entdeckung im Tonarchiv – vor dem Hintergrund meiner Eindrücke aus der Flüchtlings-Siedlung der Großeltern wird sie noch glaubhafter, authentisch, geht mir als Radio-Wirklichkeit nahe.

Das Gymnasium und der Ausfall des Geschichts-Unterrichts

Das Radio, später politische Fernsehmagazine, voran Panorama, Enthüllungen der gedruckten Nachrichtenmagazine, voran des SPIEGEL, auch das Theater von Rolf Hochhuths investigativer Gebrauchsdramatik verfolgten Zeitgeschichte. 1978 drang das von Hochhuth geprägte Attribut „furchtbare" Juristen, wahlweise: Beamte, Ärzte Eingang in die Nachkriegssprache der Deutschen ein, als es darum ging, die Verstrickungen von Teilen der deutschen Elite im Zweiten Weltkrieg zu benennen, Täter zu entlarven. Dagegen hat die deutsche Geschichts-Vergessenheit lange Schule gemacht. Gymnasiale Unterweisung endete in meiner Schulzeit vorwiegend beim Heiligen Römischen Reich Deutscher Nation. Der Schulunterricht besiegelte die Geschichts-Vergessenheit der Nachkriegszeit – ein großer Teil der Lehrerschaft war persönlich belastet aus einer Zeit, die für meine Generation den naheliegendsten Lehrstoff aufdrängte. Die personifizierte Spitze des Eisbergs dieser katastrophalen pädagogischen Hinterlassenschaft bildete in der Oberstufe an der Tellkampfschule ein zu NS-Zeiten prominenter, höchst einflussreicher Professor, Büroleiter des damaligen Reichsministers für Wissenschaft, Erziehung und Volksbildung. Er war frühes Mitglied der SS, zuletzt im Rang eines Obersturmbannführers. Das war unser Klassenlehrer, der – ein Treppenwitz seiner Geschichte – mit seiner Habilitation kurz vor Ende der NS-Zeit in Schwierigkeiten geriet und seiner SS-Ämter verlustig ging, weil er von einem nicht arischen Wissenschaftler abgekupfert hatte. Aber auch er ist, wie es ein Aufsatz über dermaßen belastete Wissenschaftler ausgedrückt hat, gut durch die Nachkriegszeit gekommen.

Die Tellkampfschule in Hannover nahm sich selbst als Elitegymnasium wahr, führte sich teilweise wie eine Kaderschmiede auf. Es herrschte ein Stamm altgedienter, manchmal seltsam kauziger, oft furchterregender Lehrer. Wir lernten außerhalb der Lehrpläne fürs Leben. Mein erster Englisch- und Deutsch-Lehrer vertraute noch der Haselrute als Disziplinierungsmittel. Jedenfalls drohte er leichtfertig mit deren Gebrauch und verschaffte sich so seinen vorzeitigen Ruhestand. Er stand nebenbei dem Ortsverein für deutsche Sprache vor und versuchte lächerlich und natürlich vergeblich, beispielsweise den Begriff Pistole als Meuchelpuffer in die deutsche Sprache zu recyceln. Schüler, die ihre Schulhelfe großräumig beschrieben, mahnte er: gebt mir meinen deutschen Wald wieder. Auch das hat sich mir unbewusst eingeprägt. Immer, wenn ich noch nicht komplett beschriebenes Papier entsorge, beschleicht mich ein unangenehmes Gefühl. Gelegentlich störte der Pauker, wenn er unangemeldet im schwarzen Pauker-Anzug zur Abendbrotzeit im Haushalt von Schülern erschien, um die es in seinem Englisch-Unterricht schlecht stand und die Eltern, die ihn verdutzt begrüßten, beschied „we now speak english." Eine kleine Ration „Feuerzangenbowle" hatte den Krieg überlebt. Offen und wohl auch lustvoll furchterregend trat ein Oberstudienrat in seinem Paradefach Biologie auf, machte keinen Hehl daraus, wen er auf dem Kieker hatte. Unsere Klasse organisierte Widerstand, dokumentierte seine Lehr-Diktatur so akribisch, dass auch ihm mit Unterstützung der Elternschaft ein vorzeitiger Abschied zuteilwurde. Eines seiner Opfer schon während der Nazi-Zeit war unser Hausarzt. Der Internist stellte nach dem unfreiwilligen Abgang des Lehrers, wenn auch nicht ernst gemeint, eine lebenslang kostenlose Behandlung als Belohnung für unseren Sieg über korrumpierte Autorität in Aussicht. Auf menschlich zugewandte Art, aber ebenso leistungsorientiert und streng nach altem Muster war die sportliche Ausbildung ausgelegt: Ein Lehrer, vorwiegend für die Leichtathletik zuständig, war zu NS-Zeiten Trainer des nationalen Zehnkampf-Kaders, der kleine, drahtige, humorvolle Turnlehrer gehörte dem olympischen Reichskader an. Verirrt hatten sich an diese Schule auch Opfer des Krieges wie der großväterlich anmutende Altphilologe, der seine gesamte Familie in den Kriegswirren verloren hatte. Seine eigenen Kreise unter dem Schutzschirm des Gymnasiums zog ein verklemmter Einzelgänger, den seine Halbbildung immer knapp vor dem Klassenprimus hielt. Dieser Mathematiklehrer orientierte sich dann am leicht genialischen Musterschüler, der wiederum sein Gegenüber nur sanft seine Überlegenheit spüren ließ, was wiederum den innerlich verunsicherten, äußerlich eitlen Lehrer provozierte, mit mathematischem Mittelmaß strenger zu verfahren. Er zelebrierte seine Arroganz und ließ uns gelegentlich huldvoll an Reiseberichten teilhaben: Man bewegte sich mittels eines Karmann-Ghia, auf dessen Design ich später auch hereinfiel, in „Räumen", surfte im Urlaub durch das damals weitgehend unentdeckte West- und Südeuropa. Der Mann endete als Pensionär an einem der berühmt-berüchtigten hannoverschen Wasserhäuschen. Zum Ende der Schulzeit Anfang der Sechzigerjahre begann sich mit dem Einzug einer neuen Lehrergeneration das Kollegium zu spalten. Der gesundheitlich bedingte plötzliche Abgang unseres NS-Professors bescherte der Klasse einen jungen Assessor mit einem zeitgenössisch orientierten herausfordernden Deutsch-Unterricht. Wir mussten neben der Regellektüre jeden Monat eine aktuelle belletristische Neuerscheinung wie Gerd Gaisers „Die sterbende Jagd" oder Uwe Johnsons „Mutmaßungen über Jakob" lesen. Wir wurden literarisch mit Zeitgeschichte befasst. Das waren erste Anzeichen eines modernen Deutsch-Unterrichts, keine Vorboten der 68er. Der moderne Ansatz des Studienassessors, der gerade eine halbe Generation älter war als seine Schüler, missfiel nicht nur konservativen Kollegen aus der alten Lehrerschaft, sondern vielen Schülern, die bei einigen Traditionalisten den Schulunterricht schon mal mit dem Tagesmotto: „Haltung, Leistung, Tellkampfgeist" beginnen durften. Meine Klasse hat jedenfalls für diese Aufklärung nicht gedankt, den fortschrittlichen Studienassessor mit einem üblen Abiturstreich überzogen. Im Anzeigenteil der Hannoverschen Allgemeinen Zeitung wurde eine umfangreiche Bibliothek, gespickt mit den Titeln unserer monatlichen Pflichtlektüre, umständehalber zum Geschenk angeboten. Interessenten wurden, unter Angabe der privaten Telefonnummer des Lehrers, aufgefordert, Tag und Nacht anzurufen, Freunde und Verwandte der Anzeiger gewährleisteten, dass dies auch wirklich geschah. Und darauf waren wir auch noch stolz.

Ein frühes Film-Trauma mit lebenslanger Wirkung: Resnais „Nacht und Nebel"

Neue Horizonte taten sich neben dem vorgezeichneten Schulweg auf. Ich warf regelmäßig einen Blick in den lokalen Kulturbetrieb. Neugier entwickelte sich zum wichtigsten Teil des Startkapitals für die spätere journalistische Arbeit. Diese Neugier, nicht etwa die Vorwarnung durch Elternhaus und Schule bescherte mir den ersten Eindruck von blanker Gewalt in einem fremden, ja exotischen Milieu. Ich verdanke ihn der 1948 gegründeten ersten deutschen Illustrierten „Quick". Illustrierte waren im Haushalt meiner Eltern verpönt. Dafür wurde kein Geld verschwendet. Die Eltern leisteten sich früh und zeitlebens neben der Lokalzeitung die auf Harmonie getrimmte betuliche Familien-Illustrierte und Programmzeitschrift „Hören und Sehen", die 1953 neu aufgelegt wurde, deren Anfänge bis in die Weimarer Republik reichten. Bei Nachbarn fiel mir eine Ausgabe der „Quick" in die Hände, ich blätterte heimlich schnell und stieß auf eine Reportage über blutige Stammesfehden unter arabischen Nomaden. Das schrille Foto zeigte, wie ein Kamelreiter mit seinem Schwert einem Gegner das Bein zerschmettert. Was für ein Schock. Weil ich in der Illustrierten unerlaubt geblättert hatte, wagte ich nicht zu fragen; das Bild verfolgte mich lange. In der Jugend tauchten in Theater und Film immer mehr Zeugnisse kollektiver Gewalt auf. Das waren Fremdkörper in einem bürgerlichen, behüteten Milieu, aber von wesentlicher Bedeutung, denn sie markierten und offenbarten, was ausgeblendet wurde. Ich verließ in Gedanken schnell, ja abrupt diese heile Welt und mir dämmerte, wie brüchig die Fassaden der Zivilgesellschaft waren – was sie verdeckten. Dazu verhalf fürs Leben die nahezu traumatische Wirkung eines Filmdokuments der Zeitgeschichte.

Das erste „Haus der Jugend" der jungen Bundesrepublik, ein Vorzeigeprojekt aus dem Jahr 1950, eingerichtet als Begegnungsstätte für die „Bunkerkinder", die noch in den Ruinen des zerbombten Hannovers spielten, veranstaltete Filmabende zur politischen Bildung. Die Szene der Vorführung um 1960 hat sich in das Gedächtnis gebrannt. Der kahle Saal war überfüllt. Gezeigt wurde nach einer dürren Begrüßung Alain Resnais Film „Nacht und Nebel", der 1955 entstandene Dokumentarfilm von gerade einer halben Stunde Länge über Konzentrationslager und ihre Befreiung. Der Film gelangte erst 1978 ins Fernsehen. Seine Aufführung wurde vor den Filmfestspielen von Cannes 1956 auf Druck der deutschen Bundesregierung von der Vorschlagsliste gestrichen: Denn gewöhnliche Zuschauer seien nicht fähig, so die unverschämt selbst entlastende Intervention aus Bonn, zwischen den verbrecherischen Führern des NS-Regimes und dem heutigen Deutschland zu unterscheiden. Der nüchterne, lapidar gehaltene Bericht über die grausamen Mechanismen der Aussonderung, massenhafter Qual und Vernichtung, illustriert mit Bildern von der millionenfachen Verwaltung des Todes, Dokumenten einer monströsen Mord-Maschinerie, abrupt gegengeschnitten mit Landschafts-Aufnahmen aus der Zeit nach dem Krieg, stürzte auf die Jugendlichen ein. Wir hatten dies weder geahnt noch jemals davon gehört. Die Mischung des Films aus Wochenschau-Dokumenten der Alliierten von der Befreiung des KZ Auschwitz und anderer Konzentrationslager und Alain Resnais' nüchterner Spurensuche überfiel uns. Eine in Aussicht gestellte Diskussion war unmöglich, die Vorführung verschlug den meisten die Sprache. Viele behielten das Erlebnis für sich, wenige erzählten davon zu Hause. Aus dem Abend entwickelte sich in Hannover ein pressewirksamer Skandal, nicht etwa über den Inhalt oder den Umstand, dass dieser Film erst jetzt gezeigt wurde und der Völkermord damit ein „Gesicht" bekam, sondern, dass man den Film Jugendlichen zugemutet hatte. Der für die Filmreihe im Haus der Jugend verantwortliche Programmgestalter musste um seinen Job fürchten. Eine Zumutung war die Präsentation von „Nacht und Nebel", ja ein Schock. Für mich wirkte die Aufführung wie eine lebenslange Immunisierung vor jedweder Verharmlosung, Verdrängung. Ich konnte von da an bewusster mit den Zeugnissen der entsetzlichen Vergangenheit umgehen, selbst ihrer Verflachung zu einer Soap Opera, der amerikanischen Serie „Holocaust - Die Geschichte der Familie Weiss". Das Urerlebnis schloss spätere Verharmlosungen und Verdrehungen aus – etwa in der schrecklich nachlässigen, ja zynischen Weise, in der mein früherer langjähriger Freund Alexander Gauland aus politischem Opportunismus mit der Verwaltung millionenfachen Mordes in einer Zivilgesellschaft, einer Heimstatt der Dichter und Denker umging: "Hitler und die Nazis sind nur ein Vogelschiss in über 1000 Jahren erfolgreicher deutscher Geschichte."

Der kurze, aber folgenschwere Filmabend im Haus der Jugend begründete für mein Leben Widerwillen gegen viele unendlich nichtssagende, kammermusikalisch getragene Feierstunden in Schwarz - Staatsakte, die oft genug Pflichtübungen waren oder sind; gegen Lippenbekenntnisse, die desto vollmundiger ausfallen, je weiter sich die Ereignisse entfernen und je mehr dessen an sich aufschlussreiche Dokumentationen in den Sendeschleifen der Spartenprogramme durchgenudelt und verschlissen wurden und werden. Von den wenigen Ausnahmen dieser regelmäßigen Rituale ist mir Marcel Reich-Ranickis Rede zum Tag des Gedenkens an die

Opfer des Nationalsozialismus im Bundestag 2012 unauslöschlich in Erinnerung - eben, weil sie das Geschehen aus dem Schicksal eines Betroffenen, eines Opfers erzählte, erfasste.

Am 27. Januar 2020 wird die schockierende, über 60 Jahre zurückliegende Filmvorführung von Alain Resnais' „Nacht und Nebel" wieder lebendig. Ich verspüre förmlich das harte Gestühl im kahlen Raum des Hauses der Jugend, vernehme den surrenden Projektor, erinnere mich an die ruhigen Monologe des spröden Films, der die erschütternden Bilder aus den gerade befreiten Konzentrationslagern noch eindringlicher machte. Im Januar 2020 sitze ich auf einer gemütlichen Couch vor einem großen flachen Bildschirm, der über den ganzen Tag eine Flut historischer Bilder und aktueller Appelle transportiert – das Gedenken an die Befreiung des KZs von Auschwitz vor 75 Jahren überzieht die Fernsehkanäle. Überall wird gedacht, geredet, lassen sich Politiker vernehmen mit den immer gleichen Stereotypen und gut gemeinten Appellen: nie wieder. Alle drängen sich überall an jedes verfügbare Mikrofon. Den letzten verbliebenen Augenzeugen, die das Unvorstellbare wirklich durchlitten haben, will ich zuhören. Sie haben etwas zu sagen, sie nehmen sichtbar Strapazen der Reisen an die Orte ihres Schicksals auf sich, weil sie Zeugnis geben, gegen das Vergessen wirken wollen.

Am Abend des Gedenktages konzentriert sich das „Heute Journal", auf das Schicksal der Opfer. Tags darauf geht glücklicherweise eine Dokumentation nicht unter. Sie ist zur Hauptsendezeit platziert: an die Dramaturgie von Alain Resnais Film erinnernd, gelingt dem ZDF mit „ein Tag in Auschwitz" eine authentisch wirkende Erzählung. Sie orientiert sich an den Bildern eines Albums, das ein offizieller Fotograf der KZ-Kommandantur aus dem Geschehen eines konkreten grausamen Alltags zusammengestellt hat. Jedes Foto erzählt eine schreckliche Begebenheit. Die Ereignisse gewinnen an Wirklichkeit, weil sie in einem nachvollziehbaren Zeitmaß einzelne Schicksale abbilden. US-Richter hatten schon bei der Urteilsverkündung des Einsatzgruppen-Prozesses in Nürnberg 1948 gewarnt:

»Die ungeheuren Opferzahlen (...) bleiben eine abstrakte Größe. Die Monstrosität der Ereignisse kann nur begriffen werden, wenn man sie auf ein Maß herunterbricht, das der menschliche Geist fassen kann. Man muss sich nicht eine Million Opfer vorstellen, sondern nur zehn Personen: Männer, Frauen, Kinder, vielleicht alle aus derselben Familie, die im Kugelhagel der Mörder starben.«

Das pausenlose Fernseh-Gedenken zum Jubiläum der Befreiung des Konzentrationslagers Auschwitz ist in das übliche Schema eingepasst. Die Nachrichtensprecher der öffentlich-rechtlichen Programme sind angemessen dunkel gekleidet. Kurz nach siebzehn Uhr am Tag des monumentalen Gedenkens, dem Schwall der Reden und Bilder an Haupt- und Nebenschauplätzen, sagen acht Worte, wo wir heute stehen. Gleich nach der Übertragung der Gedenkfeier aus Auschwitz entlässt die Moderatorin der Nachrichtensendung des ZDF die Zuschauer mit der gedankenlos routinierten Floskel: „Haben Sie noch einen schönen und unbeschwerten Abend." Der sattsam bekannte Werbeclip des ZDF hat es diesmal in sich: „mit den Zweiten sieht man besser" – weil klarer, wie es um die Botschaft dieses Gedenkens und deren Wirkung bestellt ist. Es sind der Mahlstrom der Sendeabläufe, die aufreizende Selbstsicherheit der eingefahrenen Programmschemata, die routinierten Floskeln und Stereotypen von Ansagen und Moderationen, die noch jeden sperrigen, erschütternden

Inhalt glätten, zerstückeln, auf das Maß eines gewohnten Fernsehkonsums bringen.

Was ließe sich gegen Gedankenlosigkeit und Gleichgültigkeit einwenden? Die Vermittlung des Geschehens des Holocaust zeigt, wie leicht sich das Unvorstellbare, unwirklich Scheinende aus der Wirklichkeit verdrängen lässt, Ich habe oft an eine Art symbolischer Übersprunghandlung gedacht, die nicht ohne Vorbild ist: Soldaten der alliierten Truppen haben nach der Befreiung von Konzentrationslagern Bewohner aus der Nachbarschaft gezwungen, an den Leichenbergen der Opfer und den Krematorien vorbeizugehen. Übersetzt hätte dieser zugegeben impulsive, aber schließlich hilflose Versuch, Bewusstsein für Schuld und Verantwortung am 27. Januar 2020 zu wecken, so aussehen können: zur besten Sendezeit wird das ausgedruckte Programm auf allen Kanälen unvermittelt abgebrochen und für Dokumentationen wie „die Wahrheit über Auschwitz", die sonst in den kleinen Spartenprogrammen ihre Wiederholungs-Schleifen fristen, geräumt – es gibt wenigstens kein Fernseh-Entkommen mehr – stattdessen als wirkliche „breaking news" den Appell an die Fähigkeit zu trauern.

Die Fähigkeit zu trauern, also innezuhalten und nicht einfach zur Tagesordnung überzugehen, ist lange vor der Mediatisierung der Gesellschaft geschwunden: als 1972 gegen Ende der Olympischen Spiele von München jüdische Sportler als Geiseln genommen wurden und bei dem dilettantischen Versuch ihrer Befreiung jämmerlich umkamen, übertönte die Stimme des damaligen IOC-Präsidenten Avery Brundage jeden Versuch des Innenhaltens mit seinem skandalösen: „The games must go on." Am Morgen des Abschlusses dieser „Spiele" habe ich in München an der Aufzeichnung einer länger geplanten Diskussion des ZDF aus der Reihe „Theater im Gespräch" teilgenommen. Der Gastgeber, der Intendant der Bayerischen Staatsoper August Everding war sehr in Eile, auf ihn wartete im Olympiastadion die Generalprobe der Abschlussfeier, die er arrangiert hatte. Die Unfähigkeit zu trauern, hatte und hat viele Nebenschauplätze. Nach dem Gedenktag von Auschwitz erzählt eine Freundin, die sich in Berlin für die Einrichtung der sogenannten Stolpersteine zu Ehren verschleppter und ermordeter Juden engagiert hatte, dass sie zum Haus des jüdischen stellvertretenden Bürgermeisters von Charlottenburg gegangen sei, um die patinierten elf Stolpersteine vor dem mehrstöckigen Mietshaus blank zu putzen. Die vier der Bürgermeister-Familie gewidmeten Steine fand sie bereits glänzend poliert vor. Auch das Gedenken erfolgt in der bürgerlichen Gesellschaft nach Rang.

Ein bürgerlicher Lebenslauf mit Auswegen

Die Eltern waren aufgewachsen in streng konservativer Zeit. Sie bemühten sich, Ihr zu entkommen, sie gaben sich tolerant. Sie mussten in einem Flüchtlingshaushalt mit geringem Einkommen eisern sparen. Aber das Schulgeld fürs Gymnasium, das in den ersten Schuljahren noch erhoben wurde, die Honorare für den Klarinetten-Unterricht, das Schüler-Abonnement für die Volksbühne waren selbstverständlich. Für den langsam wiederhergestellten zumal beamteten Mittelstand war die Laufbahn der Kinder als Akademiker vorgezeichnet. Eine Unzahl gesellschaftlicher Konventionen hatte den Zweiten Weltkrieg überlebt. Meine Jugend verlief im Normalmaß, versetzt mit diesen Konventionen: Grundschule in der Kleinstadt Neustadt, Gymnasium in der Landeshauptstadt Hannover. Das Studium ließ sich freier gestalten in einer Mischung aus unklarer beruflicher Zielsetzung, wachsenden Ausflüchten ins Theater, auch Seitenblicken auf das sogenannte Studium Generale. Dessen Höhepunkt war Sonnabend vormittags der Besuch der zweistündigen Vorlesung des berühmten Philosophen Josef Pieper in Münster mit dem Titel „Über den platonischen Dialog" nach einer Nachtwanderung mit einer platonisch Angebeteten.

Die persönlichen Ansprüche hielten sich notgedrungen im engen Rahmen, das Studentenleben war schlicht ausgestattet. Das empfand ich nicht als Mangel. Ich fing außerdem früh an, für Zeitungen zu schreiben. Bis zum ersten Artikel für die Frankfurter Allgemeine war der kurze lehrreiche Weg von der Schülerzeitung über die mäßig bezahlte Zeilenschinderei in der lokalen Presse der Normalfall. Eine publizistische Ausbildung, gekrönt mit einem Volontariat, habe ich nicht absolviert und einen medienwissenschaftlichen akademischen Schub erst parallel zu meiner journalistischen Karriere erfahren. Journalist und zugleich Generalist: das erwies sich als ideale Kombination mit Spielräumen.

Viele Studienanfänger ohne spezielle Begabung verfielen auf das Studium der Rechtswissenschaft. Jura bot sich an als Passepartout für alle möglichen Berufe. Der mit der Romantik wachsende Drang ins Ungebundene, Kulturelle ließ sich auf einem gesicherten Fundament etwa als Anwalt verwirklichen. Mir kam die Biografie Gustav Radbruchs in den Sinn, seine vielfältige Neigung zu Künsten und Rechtswissenschaft, Politik und Philosophie. Der Rechtsphilosoph hatte selbst die Ikone Goethe weitergedacht: „Goethe: Wilhelm Meisters sozialistische Sendung" oder „Goethe: Soziologie". Und wer hatte nicht alles Jura studiert, um dann in der Kultur sein Glück zu suchen. Jura bot eine Rückversicherung. Für eine Musikerlaufbahn hatte ich die wohl realistische Erwartung, in einem Orchestergraben zu landen, was keine Herablassung gegenüber professionellen Klangkörpern sein sollte, sondern eher meiner Abneigung der Arbeit im Kollektiv zuzuschreiben war. Und die Physik, die ich zunächst ansteuerte, hätte mich wahrscheinlich als Sachbearbeiter in einen zivil-industriellen Komplex entlassen. Die Entscheidung für das Studium der Rechtswissenschaft fiel sehr spät, gezwungenermaßen abrupt. Damals schrieb man sich noch persönlich ein, wartete zum festgelegten Termin in einer langen Schlange im Foyer der Wilhelms-Universität zu Münster. Beabsichtigt war das Studium der Physik. Wenige Meter vor der Anmeldung bemerkte ich, dass man sich nicht einfach einschreiben konnte, sondern bereits die Fakultät wählen musste. Halb zog es mich, halb fiel ich in Sekundenschnelle zur Rechtswissenschaft.

Mein schnell gefasster Plan B eines Doppelstudiums von Rechtswissenschaft und Publizistik fand früh ein jähes Ende. Zwei Vorlesungen eines renommierten niederländischen Publizistik-Professors und Verlegers belehrten mich schlagartig eines Besseren. Ich wähnte mich in einem archäologischen Seminar. Es staubte mächtig, die professoralen Worte raschelten wie vergilbtes Papier. Meist war von der glanzvollen Vergangenheit der Medien, hier der Zeitungen, die Rede – wenig von der Gegenwart, gar nichts von der Zukunft des Journalismus. In diesen Lehrstunden kündigte sich an, wie sich die standesgemäße Wissenschaft der Publizistik von der Medien-Entwicklung abzukoppeln begann und sich ein immer größeres missing link zum Journalismus auftat. Meine praktische Schlussfolgerung: Ich studierte viel zu nachlässig Jura, verlegte mich mehr und mehr aufs Schreiben. Immerhin verinnerlichte ich das juristische Denken, was mir half, die Schwankungen zwischen verstiegener Rhetorik - „Jens ist ein Träumer", vermerkt ein gymnasiales Jahreszeugnis - und der spröden Sprache eines naturwissenschaftlichen Laboranten -wie sie mir mein Deutsch-Lehrer angesichts meines Abituraufsatzes bescheinigte – zunehmend auszugleichen.

Die Lehrjahre, vielfach praktiziert als Verfertigung der Gedanken beim Schreiben, die allmähliche Überwindung der Diskrepanz zwischen hochfahrendem Urteil und oberflächlichen, jedenfalls mangelnden Kenntnissen verliefen auf intensiven Reisen zu Festivals und Theatern, oft genug und damals durchaus üblich per Anhalter – das war im wahrsten Sinn meine Roadmap, auf der ich in den Kulturbetrieb hineingezogen wurde. Geld spielte keine Rolle, denn ich hatte davon anfangs entschieden zu wenig. Eine exemplarische Erinnerung führt nach Köln. Dort inszenierte Otto Schenk Wagners „Meistersinger", die in ihrer Opulenz nicht bei Kulissen und Kostümen Halt machte. In der lokalen Presse hielt man sich darüber auf, dass bereits bei Bühnenproben Schinken und Wurst gereicht wurden. Ich hatte am Premierentag gerade noch achteinhalb Mark zum Essen, glücklicherweise konnte ich bei Freunden übernachten. Meine Mobilität wurde schnell komfortabler. Nach wenigen Anhalter-Jahren lernte ich den Wandel der Bahn von Dampf zu Diesel, schließlich zu Elektro schätzen. Die Schaffner der Liege- und Schlafwagen der Deutschen Bahn konnte ich namentlich begrüßen. Das Auto war dann viele Jahre in allen Wetterlagen und mit mancherlei Pannen das innerdeutsch bevorzugte Mittel. Die Internationalität der Ballettszene gewährte den Einstieg in die Economy-Class des Jetsets. Und im Land der unbegrenzten Möglichkeiten tat sich dem Business-Nutzer wenige Male der Luxus exklusiver Verkehrsverbindungen auf: von New York Downtown ging es mit dem Helikopter zum Flieger nach Kennedy Airport. Auch die Art der Reisen hat gebildet, dieser Reiz hat sich aber schnell verloren.

Es entspann sich ein doppelter „roter Faden" aus künstlerischer Neigung und dem Beginn einer Medien-Biografie. Die Kultur-Redaktionen von Zeitung und Radio hatten es mir besonders angetan. Das Feuilleton weckte Neugier, öffnete die Grenzen der bürgerlichen Existenz, stellte Aufklärung in Aussicht. Mein erster bewegender Theatereindruck neben der Routine der Besuche der Jugend-Volksbühne war die Inszenierung von „Draußen vor der Tür", aufgeführt von der kleinen Privatbühne Neues Theater gegenüber dem hannoverschen Opernhaus. Wolfgang Borchert, der am Tag vor der Bühnen-Premiere seines Stücks in Hamburg im Alter von sechsundzwanzig Jahren an schweren Kriegsschäden verstarb, wurde ein flüchtiges Idol. Das Stück um den Kriegsheimkehrer Beckmann, dem es nicht gelingt, Fuß zu fassen, der ohne Antwort auf die Fragen nach Schuld, Verantwortung und Sühne bleibt, erreichte mich als früher Weckruf, gerichtet an die bundesdeutsche Nachkriegsgesellschaft. Rolf Hochhuths Theaterstück „Der Stellvertreter", das die „Haltung" des Vatikans zum Holocaust thematisierte, später Peter Weiss "die Ermittlung" – eine zeitgeschichtliche Stellprobe unter dem Eindruck der Frankfurter Auschwitz-Prozesse – ließen die Skepsis an der Zivilgesellschaft, an der Verdrängungs-Republik wachsen.

Ich befand mich in einem leicht schizophrenen Schwebezustand zwischen der Einübung eines bürgerlichen Fortkommens und der wachsenden Verführung durch Kultur. Ich war auf Klassik fixiert, die leichte Musik, das Showgeschäft war ausgeblendet. Deren Größen blieben mir unbekannt, soweit sie nicht Louis Armstrong, Elvis Presley oder Benny Goodman hießen. Am Abend einer Wiener Tagung über die Beziehung von Theater und Fernsehen saß ich beim Heurigen zwischen dem Bürgermeister und ehemaligen Fernsehdirektor Hellmuth Zilk und seiner Frau, einer Berühmtheit der leichten Muse, ich fragte, was Sie denn beruflich mache. Dagmar Koller missverstand die peinliche Frage glücklicherweise als originellen Scherz. Klassik in Musik, Theater und Literatur waren Wegzehrung und Referenz. Ich konnte mich unbesehen auf diese „Adressen" verlassen, auch wenn sie mir in der Jugend zugleich abweisend und monumental vorkamen: Goethe, das erste und bleibende Ein und Alles, wurde zur entrückten Größe im Ebenmaß; Mozart von menschlich gewinnender, aber auch schier unerreichbarer utopischer Vollkommenheit; Beethoven ein

Titan, entsprechend furchterregend und ultimativ, im ästhetischen Format gewissermaßen XXL; Wagner unheimlich, grenzen- und uferlos. Mir war vieles zu überwältigend. Den einzelnen Werken begegnete ich lernbegierig, aber lange Zeit ohne tieferes Verständnis. In ihren Brüchen, wenn es um gesellschaftliche Fragen ging, um menschliche Beziehungen, soziale Gegebenheiten, wurden aus den unverrückbaren Größen berührende Kunstwerke, die mich etwas angingen.

Bruchstellen einer restaurativen Gesellschaft

Zuerst vertraute ich den Idealen der Klassik. Blendende Fassaden, machtvolle Institutionen stießen mich ab. Weitgehend ungebildet, aber auch deswegen wenig geprägt, verbildet oder festgelegt – vor allem nicht zu ehrfürchtig: Das hatte seine Vorteile. Schlüsselwerke meiner ästhetischen Aufklärung wurden Ende der Sechzigerjahre Peter Steins Vivisektion der Rolle des Dichters als Höfling in Goethes „Torquato Tasso" am damals berühmten Bremer Theater von Kurt Hübner, der mit einem avancierten Regietheater nicht nur den provinziellen Kultur-Senator entsetzte; Jahre später zwei Abende eine Wiederbegegnung mit Peter Stein in seiner Inszenierung von „Peer Gynt" über das Ende aller menschlicher Wanderschaft an der alten Berliner Schaubühne ; die konzertante Aufführung von „Cosi fan tutte" in Covent Garden, einem der letzten Auftritte von Otto Klemperer, welche das Ende aller Liebesziehungen in einer scheinbar heilen Welt ausleuchtete; das radikale „göttliche" Machtspiel zwischen industrieller Gründerzeit und naturhafter individueller Einsamkeit und Schöpfung in Patrice Chéreau sogenanntem Jahrhundert-Ring 1976 in Bayreuth – eine eher zufällige Auswahl meiner „Säulenheiligen", in denen viel Endzeit beschworen wurde. Beethovens Klaviersonaten in der Vielfalt ihrer Interpretationen wie der von Arturo Benedetti Michelangeli oder Vladimir Horowitz bildeten immer wieder Kontrapunkte alter ungebrochener Größe. 1970 gab Artur Rubinstein beim Festival von Bergen ein Konzert: eine Kostbarkeit, weil Rubinstein, dessen Familie fast zur Gänze von den Nazis ermordet worden war, in Deutschland nicht auftrat. Die Konzerthalle war überfüllt, viele jüngere Besucher durften sich dicht um seinen Flügel lagern; meine Nachbarin, eine festlich gewandete ältere Dame zauberte in den schönsten Momenten zur Erhöhung ihres Konzert-Genusses einen silbernen Flachmann aus den Falten ihrer Robe. Meine Generation hatte das Glück, Heroen in Meisterwerken zu erleben, zugleich den Wandel der Klassiker in Oper oder Schauspiel. Das ist mir in zwei gegensätzlichen Schauspiel-Charakteren nahe gegangen.

Ernst Schröder wurde gerühmt als „einer der größten Charakterköpfe des Deutschen Theaters" – ein mäßig gezähmter Macho, oft jähzornig, manchmal aufbrausend, ebenso gewinnend. Eine Persönlichkeit voller Gegensätze: Er konnte herablassend austeilen, messerscharf argumentieren, „einstecken" eher nicht. Für die Sendereihe des Hessischen Rundfunk „Was aber bleibet" sehr frei nach Hölderlins Hymne „Andenken" verbrachte ich ein paar Tage auf seinem Weinberg im toskanischen Castellina in Chianti, einer Art selbst gewähltem Exil, in das sich Schröder aus Verbitterung über vermeintlich mangelnde Anerkennung als Regisseur und nicht erhörtem Drang zum Opernchef in Westberlin, Mitte der Siebzigerjahre zurückgezogen, ja verschanzt hatte. Eine umgebaute Kelterscheune war seine eigene Bühne, bevor ihn der Zwang zum Geld verdienen und fehlender „Applaus" wieder ins Fernsehgeschäft zogen. Literarische Ausflüge in die Toskana, seine Memoiren, mit dem Titel „Das Leben - verspielt", und Malerei nährten sich von altem schauspielerischem Ruhm. Hinter der, banal gesagt, harten Schale verbarg sich ein verletzlicher, sensibler Mensch. Ernst Schröder blieb bei aller regelmäßig aufscheinenden Melancholie und manchmal verbitterten Ausbrüchen ein höchst reflektierter, intelligenter Schauspieler im alten Rollengefüge – mir schien er wie eine Mischung aus Hemingway und Citizen Kane, ein Charakterkopf alter Schauspielkultur. Zwei private Szenen haben sich festgesetzt: ein Abend im November in der großen Wohnhalle seines Weinguts.

Schröder, seine zweite Frau Gesa und der Journalist aus Frankfurt allein in einem großen Haus, bevor der Blick auf die Kulisse der weithin sichtbaren Genossenschaft des Weinguts Pietrafitta, deren Mitglied der Hausherr war, die Einsamkeit auflöste und wir ins Gespräch kamen. Die Feier seines 65. Geburtstags zelebrierte Schröder wieder im großen Stil, mietete in seiner westfälischen Heimat für seine Gäste ein ganzes Hotel, lud zur Vernissage seiner Malereien in eine Galerie und zu einer Vorführung von „Stresemann", 1956 entstanden, einer seiner Glanzrollen, ins lokale Filmtheater, das nach der Mode der Zeit in einer Mischung von Bar und Kino mit Cocktail-Tischen möbliert war.

Ernst Schröder und Bernhard Minetti zählten zur Elite der Theaterära des mächtigen Berliner Generalintendanten Boleslav Barlog nach dem Krieg. Minetti löste sich von dieser Schauspielkultur. Er machte, belastet mit der Hypothek eines Nutznießers des Nazi-Theaters, nach dem Krieg wieder Karriere über die Provinz. Seine Spielweise wurde offener, unkonventioneller, er löste Rollen auf in atmosphärisch dichte Traumspiele, er war gleichwertiger Partner unterschiedlichster Protagonisten des Regietheaters, wie Klaus Michael Grüber oder Claus Peymann. Das waren aus meiner Arbeit als Kritiker der Süddeutschen Zeitung nachwirkende Erlebnisse: wie Minetti die Litanei und Passion von Becketts „Das letzte Band" mit einem Trauerspiel zum Ende der Ära des Bremer Theaterintendanten Hübner verband, wie er in der Uraufführung von Thomas Bernhard „Minetti" mit dem Untertitel „Ein Portrait des Künstlers als alter Mann" selbstvergessen über sich hinaus spielte. Bernhard Minettis träumerischer und doch scharf artikulierter leichter Singsang, sein Sprachfluss öffnete beengte Räume, man wusste nicht immer, welche Vision wohin führte, aber dass er eine aussprach, war gewiss. Es war ein Zufall: Sein Stiefsohn betrieb eine Kiezkneipe im Berliner Wilmersdorf, wo ich nach meinem Dienstantritt beim Sender Freies Berlin vorübergehend unterkam. Wir trafen uns ein paarmal im kleinen Hinterzimmer auf ein Glas und ich begann, Berlin mit Minettis Augen zu sehen: das unendliche Wurzelwerk an künstlerischen Traditionen, die Brüche vor, im und nach dem Krieg, die Wandlung des Schauspiels, der Geschmack einer gesellschaftlichen Wende, vorgeführt im Theater. In diesen wenigen eindringlichen Gesprächen wurde für mich die große Schnauze Berlin kleiner und näher, die Verheißungen einer sich verändernden Kultur gewinnender.

Um mich etwas anzugehen, musste ein Kunstwerk nicht zertrümmert, verfremdet oder vordergründig gesellschaftskritisch aufgeladen werden: zwar wird mir die platte Persiflage inmitten des Rummels des Beethoven-Jahres 1970 in Mauricio Kagels „Ludvig van" in Erinnerung bleiben, schon wegen der Klavierpassage, die Klaus Lindemann, unbequemer und kreativer Autor von Musikfilmen in der introvertierten Manier seiner Lehrerin Elly Ney als Abglanz endloser Beethoven-Abschiede zelebrierte – als Kontrast mindestens ebenso, wenn nicht tiefer eine Aufführung von „Giselle" in Stuttgart 1966, in der sich menschlicher Verrat und gesellschaftlicher Zwang in tänzerischen romantischen Schüben und atemberaubender klassischer Diktion abbildeten. Marcia Haydée und Egon Madsen waren die Protagonisten dieser Rekonstruktion der Ballettromantik von Peter Wright. „Goethe in Farbe" war zu Beginn der 80er ein Ausstellungs- und Film-Projekt der Kulturredaktion des hessischen Fernsehens, an dem ich meine Lust auf ästhetische Spekulationen „ausleben" durfte. An diesen Gedankenspielen und Verfremdungen aktueller Kunstprominenz von

Mack, Piene bis Oppermann über Goethe hatte ich als Ausstellungsmacher großen kurzlebigen Spaß.

Allmählich bildete sich eine Art eigenes Tauwerk, das zugleich erste Risse und Brüche zutage förderte und in dem ein haltbarer roter Faden vielleicht schemenhaft zu erkennen war: Die verdrängte Vergangenheit bekam Umrisse, an den glänzenden Fassaden des Kulturerbes zeigte sich Verschleiß. Die eigene Entfaltung stieß immer mehr auf Rahmenbedingungen, eingefahrene, verkrustete Milieus. Eine neue Restauration wurde erkennbarer. Der Lehrsatz von der normativen Kraft des Faktischen verwandelte und mauserte sich von der juristischen Seminararbeit zusehends zu einem Wegweiser, die Vergangenheit stahl sich in die Gegenwart. Das tat der Begeisterung der persönlichen Eroberung des beruflichen Milieus keinen Abbruch.

Das Bemühen der Eltern, mich möglichst unbefangen ins bürgerliche Leben zu vermitteln, trug Früchte. Vom engen Rahmen der Kleinstadt führten Vorbilder, auch onkelhafte Protektion und echte Förderung in das verlockende Milieu von Kultur und Journalismus. In den „journalistischen" Haushalten von Freunden der Familie ging es freizügiger zu. Da war Bohème. Mein als Flüchtling früh gefühltes Nomadentum erhielt Nahrung. Mein Patenonkel Hans-Jürgen Krüger, Gründungsmitglied der Gruppe 47, ging um 1950 als erster Korrespondent der Frankfurter Allgemeinen und der Deutschen Presseagentur nach Südafrika, befreundete sich gegen alle Restriktionen der Apartheid jedenfalls nach Hörensagen mit Nelson Mandela. Auf seine Anregung schickte ich den kleinen Einspalter aus Münster über die Premiere des US-Musicals zur FAZ, worauf ich nicht nur das schöne Hausverbot an den städtischen Bühnen kassierte, sondern auch in die Redaktion nach Frankfurt eingeladen wurde. Den blutigen Anfänger, der dermaßen „eingeschlagen" hatte, wollte man kennenlernen.

Die erste Hälfte meiner journalistischen Karriere zieren vier „Hausverbote". Das waren Zeitstrafen durchaus sportlicher Natur. Nach dem Rausschmiss in Münster fühlte sich die Frau des Intendanten der benachbarten städtischen Bühnen von Osnabrück in der Rolle von Hamlets-Mutter von mir in den Westfälischen Nachrichten kritisch herabgewürdigt wie einige Jahre später der erste Konzertmeister der Hamburgischen Staatsoper, der als Solist eine Choreografie von Glen Tetley zu Alban Bergs Violinkonzert begleitete, worauf ich in der ZEIT als allgemein übliche Praxis missbilligte, dass man sich bei Ballett-Produktionen aus falsch verstandener Sparsamkeit keine guten Solisten von außen leisten würde. Intendant Rolf Liebermann, eine Größe der internationalen Kulturszene, forderte mich per Telex auf, zu einem bestimmten Termin in Hamburg am Künstlereingang zu erscheinen; es gebe einen Mitschnitt der Premiere, ich solle mein Urteil beim gemeinsamen Hören begründen. Es war mindestens frech, Liebermann zu antworten, er sei ein hervorragender Komponist, könne die solistische Leistung ohne mich beurteilen, brauche meine Hilfe nicht. Marion Gräfin Dönhoff, die legendäre Herausgeberin der ZEIT, hatte zwar viel übrig für die freie Stimme, fand dies zu respektlos und verordnete als Zugabe zum Hausverbot eine kleine Schreibpause. Einen kleinen öffentlichen Eklat provozierte die Praxis des SPIEGEL, die aktuelle Ausgabe des Magazins bereits am Tag vor dem Erscheinungsdatum in Hamburg zu verkaufen. Ich hatte nach dem Besuch der Generalprobe auftragsgemäß eine Glosse über das sogenannte Mimodram mit dem Titel „Candide" von Marcel Marceau verfasst. Der Pantomime sollte, so Liebermanns verwegene und gründlich missglückte Spekulation, dem maroden Hamburger

Ballett auf die Beine helfen. Während die Uraufführung sonntagabends pantomimisch vor sich hin ruckelte, riefen Besucher, die den aktuellen SPIEGEL eben schon gekauft hatten, lauthals zur Bühne Zitate aus besagter Glosse, in der die Produktion als Echternacher Springprozession „drei Schritte vor, zwei zurück." persifliert worden war und die den platten Titel „Der kümmerliche Rest" trug. Es gab Szenenbeifall für die Glosse, ein weiteres Hausverbot folgte auf dem Fuße. Die Redaktion des SPIEGEL entschuldigte sich tags darauf bei mir, dankte für die offenbar gelungene Glosse und erhob mich zum ständigen freien Mitarbeiter. In diesen Jahren konnte Kritik noch öffentlich aufregen und befördern. Sie konnte deshalb schnell auch zum Rechtsstreit avancieren. Das ist mir mehrfach beinahe, einmal gründlich gelungen: Ein Braunschweiger Bildhauer-Professor hatte 1974 bei den Frankfurter Römerberg-Gesprächen, wie ich als Moderator und eine Kollegin als Berichterstatterin im Kulturmagazin des Hörfunks des Hessischen Rundfunks einvernehmlich befanden, seine Kritik am Kulturbetrieb mit einem an unselige Zeiten erinnernden Vokabular belegt, was uns von den Presse-Kammern des Landgerichts in Hannover und der nächsthöheren Instanz in Celle als „Schmähkritik" ausgelegt wurde. Wir wurden zu Schadensersatz verurteilt. Mitstreiter im Sender wollten dies nicht auf uns sitzen lassen und legten mit scheinbar geringer Aussicht Beschwerde vor dem Bundesverfassungsgericht ein. Der erste Anwalt mit großem Namen schickte die Akten postwendend zurück, mit dem Hinweis, er wolle nicht unnütz Kosten verursachen, die Sache sei aussichtslos. Sein mutiger Nachfolger fand Gehör: Wir obsiegten 1980 im ersten Senat unter dem Vorsitz von Ernst Benda - am selben Tag wie die andere, ungleich bedeutendere, aufsehenerregende Verfassungsbeschwerde des Schriftstellers Heinrich Böll gegen den Journalisten Matthias Walden.

Vorbilder und braune Biografien

Ich habe mich immer wieder auf Vor-Bilder verlassen, fast nach Ihnen gesucht, wollte Ihnen nacheifern und Maßstäbe erfüllen, die sie gesetzt hatten. Ich habe durch sie gelernt, Bildung vermittelt bekommen, sie gaben Beispiel für Einsatz, Leistung, wiesen den Weg zum persönlichen Erfolg. Das erste kleinere Beispiel war ein unermüdlicher, nahezu verzweifelnder Sportlehrer. Der verhalf dem ängstlichen plumpen Sextaner zu einem Erfolgserlebnis beim Geräteturnen und begründete damit ein vielseitiges Engagement als Sportamateur mit der Erfüllung als Marathonläufer. Die Vorbilder waren zwar nicht Legion, sie wurden nicht vorbehaltlos bewundert, ohne sie wären aber große Lebensstrecken anders verlaufen. Der jugendliche Überschwang kannte nur Ablehnung oder Respekt, Bewunderung – Enttäuschungen eingeschlossen - vor allem die unselige braune deutsche Vergangenheit und ihre Verdrängung relativierte die Glaubwürdigkeit von Vorbildern.

Bei meinem ersten Besuch der Redaktion der Frankfurter Allgemeinen Zeitung traf ich zufällig auf meinen als weit gereisten und weltgewandten Korrespondenten gerühmten Patenonkel Hans Jürgen-Krüger. Ihm wurde wie vielen nach dem Krieg sogar Widerstand gegen das NS-Regime angedichtet. Lange nach seinem Tod las ich dann in der „linken" Tageszeitung, der Taz, einen Bericht über eine der „langsam eingeholten Vergangenheiten rund um den ehemaligen FAZ-Auslandskorrespondenten und Gründungsmitglied der Gruppe 47 Hans Jürgen Krüger und dessen späterer Frau Freia von Wühlisch, - deren "Nazi-Affinität" und ein uneingestandenes "Nazi-Problem". Der 1917 geborene Journalist diente in einer Propagandakompanie der Wehrmacht, lässt sich heute als "begeisterter NS-Propagandist" einordnen. Ein Urteil, das auch begründet wird mit einem verräterischen Brief von 1944 an einen Freund, in dem Krüger fantasierte, „möglichst unter einem Haufen toter Russen, mit einer Schreibmaschine auf den Knien, Manuskriptberge zu fabrizieren" – so stand es in der Taz.

Die Galerie früher Vorbilder färbte sich immer „brauner". Schockiert hat mich die Vergangenheit eines Journalisten, dessen Familie für meine Schwester und mich zur zweiten Heimat in der Kleinstadt Neustadt am Rübenberge geworden war. Der Lokaljournalist fiel als scheinbar unangepasster freier Denker mit cholerischen Anwandlungen auf – keiner der üblichen Honoratioren in der überschaubaren Stadtgesellschaft, sondern eine ungewöhnliche Erscheinung mit einer viel später zutage geförderten schrecklichen Vergangenheit als Schreibtischtäter. Früh, seit 1930 Parteigenosse, rechtfertigte er in der Krakauer und Warschauer Zeitung in einem „Sonderbericht" 1940 die zwangsweise Absonderung der jüdischen Bevölkerung. „Deutsche Ordnung kehrt im Ghetto ein. Erfolgreiche Erziehung der Juden zu gegenseitiger Hilfe. Selbstverwaltung durch jüdische Ämter" ist der zynische Untertitel. Der Kommentar, ergänzt von einer widerlichen Reportage aus dem Ghetto, gefällt sich als plattes Manifest eines lupenreinen historisch verbrämten Antisemitismus.

"Das deutsche Volk in seiner Gesamtheit hat entschieden, sich von den Juden zu trennen, sein Leben von dem Leben des jüdischen Volkes unabhängig zu gestalten. Es hat diese Entscheidung gefällt nach Jahrhunderten schlechter und schlechtester Erfahrungen, denn immer wieder hat sich herausgestellt, dass in Folge ihrer ererbten Veranlagungen die Juden in allen Lebensäußerungen, in ihrer

politischen, wirtschaftlichen und kulturellen Betätigung für uns Deutsche stets ein Unheilbringer waren."

Der von mir verehrte Journalist hatte den Boden mitbereitet für die Grauen von „Nacht und Nebel", für die Verbrechen meines leiblichen Vaters, des SS-Obergruppenführers Prützmann. Rechtfertigen musste er sich Zeit seines Lebens nicht. Im Laufe meines Berufslebens habe ich weitere Verfechter der Ideologien des „dritten Reiches" und ihres Überlebens nach dem Krieg dem Internet und seinen „Links" entnommen. Ich habe ebenso mit der Zeit die Geschichte der Opfer kennengelernt.

Das Filmerlebnis von „Nacht und Nebel" stand lange für sich, bis mir jüdische Schicksale persönlich nahegingen. Jüdische Mitmenschen, deren Familien in den KZs ausgelöscht wurden, sind mir vor allem in meiner Frankfurter Zeit freundschaftlich und kollegial begegnet; der Literaturkritiker Marcel Reich-Ranicki in der Redaktion der Frankfurter Allgemeinen; der Vorsitzende der jüdischen Gemeinde Deutschlands Ignatz Bubis, väterlicher Ratgeber und Förderer meines beruflichen Werdegangs; Alexander Besser, der kluge Berater und Anwalt. Es sind viele geworden. Ich konnte kaum verstehen, wie diese Persönlichkeiten den Horror des Holocaust nicht nur überlebten, sondern Deutschland nach dem Krieg wieder als Land der Dichter und Denker erleben konnten. Volker Weidermann hat für Reich-Ranickis Rückkehr nach Deutschland seine Erklärung:

Schon seine Rückkehr nach Deutschland war ein Geschenk. Ein unverdientes. Und dass er nie Rachsucht empfand. Sondern Liebe zu Berlin. Liebe zur deutschen Literatur. Wie er später in seinen Erinnerungen über seine Rückkehr nach Deutschland nach der

Ermordung seiner Familie schrieb: »Nicht Rachsucht, sondern Sehnsucht trieb mich nach Berlin.«

Marcel Reich-Ranicki war das dünne Band, dass das Deutschland der Nachkriegszeit mit der deutsch-jüdischen Kultur der Weimarer Republik verband. Er war das dünne Band hinüber in jene Zeit, die nach dem Willen der Mehrheit der Deutschen für immer ausgelöscht werden sollte. Marcel Reich-Ranicki hat den Deutschen nie »verziehen«. Er sei von seinen ermordeten Eltern, von seinem ermordeten Bruder nicht berechtigt worden, den Deutschen zu verzeihen, hat er später gesagt. Er kam aber zurück aus Liebe zu den deutschen Büchern. Zur deutschen Kultur.

Alexander Besser, dem der Schriftsteller Peter Härtling mit seinem Roman „Felix Guttmann" ein literarisches Denkmal gesetzt hat, war ein kluger, umsichtiger, juristisch glänzender und menschlich zugewandter Berater, in einem Fall besonders hilfreich. Der Stuttgarter Belser Verlag hatte mich eingeladen, für einen reich bebilderten Prachtband über John Cranko nach dessen Tod das einleitende Portrait zu verfassen – eine große, aber auch heikle Ehre, denn Coffee Table Books sind auf Huldigung angelegt, gewissermaßen „auf Knien" zu schreiben. Erschwerend kam hinzu, dass als Herausgeber zwei enge Wegbegleiter Crankos fungierten - seine Primaballerina Marcia Haydee und die Leiterin der Stuttgarter Ballettschule Anne Woolliams. Solchermaßen vorgewarnt nahm ich die Einladung an, wies aber den Verlag vorsorglich auf kritische Vorbehalte zu Crankos choreografischem Vermächtnis hin, schickte die letztlich zur Hommage mit nachdenklichen Einschüben geratenen zwanzig Seiten, und fand mich in dem schönen Band – nicht. Eine Stellungnahme des Verlags blieb aus. Besser lenkte meine Wut in die richtige Bahn, vermittelte mich an den führenden Stuttgarter Presserechtler Löffler. Der Prozesstermin geriet für den Belser Verlag binnen einer halben Stunde zur Blamage.

Marcel Reich-Ranicki führte sich telefonisch ein als der bekannt sarkastische Polemiker. Ich hatte in der Süddeutschen Zeitung über die Uraufführung der Theateradaption von Walter Jens „Iden des März" einen regelrechten, wie ich fand, unterhaltsamen Verriss verfasst, die Kritik schlug, wie der empörte Intendant, zugleich Regisseur der Uraufführung mich in einem mehrseitigen Brief wissen ließ, in Baden-Baden „wie eine Bombe ein". Peter Wapnewski pflichtete in einer Kultur-Zeitschrift bei und mahnte den jungen Kritiker ab. Reich-Ranicki rief mich an meinem Arbeitsplatz an, fragte, ob ich den Artikel verfasst hätte, stieß sein unnachahmliches „fabelhaft" hervor und beglückwünschte mich überschwänglich. Später, bei meinem Start in der Redaktion der Frankfurter Allgemeinen war er sich nicht zu schade, uns gerade in der ersten Zeit der Tele FAZ journalistisch beiseitezustehen. Die gegenseitige Sympathie hatte vermutlich einen besonderen Grund: Wir beide waren – jeder auf seine Art - in der Frankfurter Allgemeinen Außenseiter: hier die weit über die Zeitung reichende „Machtposition" im Literaturbetrieb, dort der adoptierte Statthalter für die von großen Teilen der Zeitungsredaktion ungeliebten Neuen Medien. Immer wenn Reich-Ranicki Feinde oder Feindseligkeiten in der FAZ ausmachte, stürmte er morgens zuallererst in mein Büro, warf sich auf die Besuchercouch und leitete ohne Begrüßung eine längere Suada ein, mit der Frage ein: „Ja, wissen Sie schon?" wahlweise: „Was sagen Sie dazu? " Fassungslos habe ich Marcel Reich-Ranicki einmal bei diesen „Überfällen" erlebt - als der Herausgeber des Feuilletons Joachim Fest in der Zeitung den Historikerstreit anzettelte, mit dem Abdruck von Ernst Noltes

„Vergangenheit, die nicht vergehen will" nicht nur in Reich-Ranickis Augen eine den Nationalsozialismus relativierende Position beförderte. Innerhalb eines breiten Spektrums gesellschaftlicher Konflikte war in Frankfurt selbst Platz für die Ästhetisierung eines linken bis anarchisch geprägten Antisemitismus. Rainer Werner Fassbinders Theaterstück nach Motiven des Romans „Die Erde ist unbewohnbar wie der Mond" von Gerhard Zwerenz stempelte den leicht zu identifizierenden Frankfurter jüdischen Kaufmann Ignatz Bubis zum asozialen Immobilienspekulanten. Die Auseinandersetzung um das Stück, das Scheitern seiner Uraufführung 1985 bestärkten mich in der Auffassung: wir, auch meine Generation, nicht nur die der Väter, die in der erdrückenden Mehrzahl zugeschaut, nichts unternommen hat, werden, wo auch immer, in der Kultur, in Gesellschaft, in der Politik nie frei werden für ein unbelastetes Verhältnis zum jüdischen Leben; die Zuweisung einer „Kollektivschuld" erscheint mir unmäßig, die einer „politischen Haftung der Staatsangehörigen", wie sie Karl Jaspers postuliert hat, verhältnismäßiger.

Ignatz Bubis, viele Jahre Vorsitzender des Zentralrats der Juden, Mitglied im Rundfunkrat des Hessischen Rundfunks, förderte und beriet mich an entscheidenden Stellen meines Berufsweges. Sein Bekenntnis: „Ich bin deutscher Staatsbürger jüdischen Glaubens" ist mir ebenso in Erinnerung wie seine zunehmende Verbitterung darüber, dass dieser Anspruch auf Normalität – bis heute – unerfüllt geblieben ist.

Infolge der über ein Leben während Feigheit der Eltern drängte sich die Frage auf: Was wäre gewesen, wenn die mir zugewandten jüdischen und russischen Kollegen und Wegbegleiter gewusst hätten, dass mein mutmaßlich leiblicher Vater persönlich mitverantwortlich war für deren Leid, die Qual ihrer Familien, die Ausrottung des jüdischen Volkes und der ukrainischen Zivilbevölkerung. Wie hätte ich Ihnen vor dreißig, vierzig Jahren gegenübertreten können? Während der Woche meines ersten Lehrauftrages 1997 an der Petersburger journalistischen Fakultät wurde ich zu einer der wunderbar familiären russischen Feiern in einen Seminarraum eingeladen. Die Angehörigen des Jubilars, eines nun sechzigjährigen Dozenten, hatten Speisen und Getränke von überall her zusammengesammelt. Wie üblich wurden viele Toasts ausgebracht, irgendwann war ich dran. Weil ich in Moskau wie Petersburg ohne jedes Ressentiment aufgenommen worden war, einen Teil meiner Vergangenheit nicht kannte, fiel es mir leicht, unbekümmert von einer Zusammenarbeit, ja einem Zusammenleben in Europa unter neuen verheißungsvollen Vorzeichen zu schwärmen. Der Jubilar schenkte mir ein Exemplar seines gerade erschienenen Buches über die wichtige Aufgabe und Bedeutung des Radios während der grauenvollen Belagerung von Leningrad.

Sie dauerte vom 8. September 1941 bis zum 27. Januar 1944. Schätzungen gehen von etwa 1,1 Millionen zivilen Bewohnern der Stadt aus, die infolge der Blockade ihr Leben verloren. Die meisten dieser Opfer verhungerten. Die Einschließung der Stadt durch die deutschen Truppen mit dem Ziel, die Leningrader Bevölkerung systematisch verhungern zu lassen, gilt als eines der eklatantesten Kriegsverbrechen der deutschen Wehrmacht während des Kriegs gegen die Sowjetunion. (Wikipedia)

Erinnerungen an Personen sortieren sich im Laufe des Lebens und nehmen nicht nur im Fall meiner gestürzten Säulenheiligen und der schrecklichen Existenz des leiblichen Vaters mehr und mehr Gestalt an, mit Hilfe des Internets. Bis zu dessen Erfindung wäre ein eigener biografischer Versuch bruchstückhaft geblieben. Das Internet vergisst nie. Siehe, was im Internet aufgehoben ist, und ich sage Dir, wer Du bist. Die Fülle des Materials aus unendlich vielen Quellen vermittelt viele ernüchternde hässliche Einblicke und Erkenntnisse. Es gibt wenige Menschen der älteren Generation, die ihre Internet-Werdung in meinem Bewusstsein vollkommen schadlos überstanden haben. Mein wichtigster journalistischer Mentor gehört zu ihnen: Horst Koegler, der Maßstäbe bildende deutsche Musik- und Ballettkritiker. Er machte Schule und wenig Aufhebens von sich selbst.

Integer in bigotter Gesellschaft: der Ballettkritiker Horst Koegler

Auf den Tanz neugierig gemacht hat mich Yvonne Georgi, Ballettdirektorin in Hannover bis Anfang der Siebzigerjahre, eine Persönlichkeit des deutschen Ausdruckstanzes - Schülerin von Mary Wigman, Partnerin von Harald Kreutzberg. Ich erfuhr sehr früh von Ihrer „Belastung" aus der Nazizeit. Hätte sie deshalb in meine Galerie der NS-Biografien gehört? Geertje Andresen hat im Kölner Tanzarchiv den unauflösbaren Konflikt durch Erpressung verständlich gemacht – Georgi ist schließlich selbst das Opfer:

„Das ist für sie eine heikle Situation. Auf der einen Seite möchte sie sehr gern das von ihr aufgebaute holländische Nationalballett weiterhin leiten, auf der anderen Seite ist sie wegen dieses Wunsches erpressbar. Sie beschließt, grundsätzlich mit ihrem Ballett nur in Holland selbst aufzutreten. Damit sind die deutschen Machthaber aber nicht einverstanden. Sie drohen, ihre männlichen Tänzer zur Zwangsarbeit zu verpflichten, wenn sie nicht mit ihrer Kompanie in Deutschland auftritt. Damit ihre Tänzer weder in den Krieg noch zu anderer Zwangsarbeit eingezogen werden, sieht sie sich gezwungen, im November 1941 in Deutschland mit ihrem Ballett acht Vorstellungen für die Publikumsorganisation „Kraft durch Freude" (KdF) zu geben. Sie rettet damit ihren männlichen Tänzern vermutlich das Leben, weil sie tatsächlich nicht eingezogen werden. Aber nach Kriegsende wird ihr wegen dieser Auftritte die Leitung ihres Balletts entzogen. In Holland ist damit ihre tänzerische Karriere beendet."

Über das spröde Hannover an der Leine, werden gern Filme gedreht, wenn es gilt, einen Ort im norddeutschen Irgendwo auf der Suche nach einer eigenen Identität aufzutreiben, aber die Stadt an der Leine war nie kleinkariert, immer von sehr eigener urbaner Gestalt, verfügte über ein vielfältiges sozio-kulturelles Innenleben. Schon die Tellkampfschule förderte Fingerübungen an der Klarinette oder in der Schülerzeitung. Es gab für junge Leute viele Wege in eine breit gefächerte lokale Szene. Wer sich engagierte, hatte Zugang. James von Berlepsch, 1962 Gründer des privaten Neuen Theaters, das sich in seiner zweiten Saison an Borcherts „Draußen vor der Tür" wagte, war ein offener Gesprächspartner für den Abiturienten. Die Sammlung Sprengel mit ihrer bedeutenden, später in ein eigenes Museum überführten Schau der Moderne zog junges Publikum an. In meiner Nachbarschaft residierte der Norddeutsche Rundfunk mit einem Sinfonieorchester, das im Zuge der Entwicklung eigenständiger regionaler Radioprogramme gegründet worden war. Beinahe Kult wurden die jährlichen Tage der Neuen Musik. Und die Spielpläne von Oper und Schauspiel boten in einer reichhaltigen deutschen Theater-Provinz ein breit gefächertes Repertoire. Der Bühnentanz, der im Allspartentheater meist ein Schattendasein fristete, als Einlage für Operette und Oper herhalten musste, hatte in Hannover traditionell eine starke Position, für die über Jahrzehnte Yvonne Georgi bürgte. Der Redakteur der Schülerzeitung suchte nach einem musikalisch kundigen Mitarbeiter, der mit der Ballettdirektorin ein Interview führen könnte - ein Fehlschluss, was meine Ballettkenntnisse anging, aber eine Art gelenkter Zufall, der mir den Weg zur Ballettkritik öffnete. Yvonne Georgi war nachsichtig genug gegenüber dem Novizen, sie wurde meine erste Mentorin. Ihr offenes Zuhause in Herrenhausen wirkte auf mich großzügig, einladend, künstlerisch. Zum ersten Mal begegnete ich originalen Kunstwerken, Skulpturen, Autografen, literarischen Erstausgaben in privater Umgebung. Meine ersten Schritte ins Ballett, seine Theorie und Geschichte verdanke ich Yvonne Georgi. Sie führte mich in das Ballett-Milieu ein, machte mich mit einer deutschen Tanzkultur vertraut, die sich aus unterschiedlichsten Personal-Stilen herleitete, kein gemeinsames unverwechselbares ästhetisches Profil entwickelte, vom klassischen Repertoire überrollt wurde, erst später im neuen Tanztheater eine Art Renaissance erlebte. Horst Koegler, damals für die Süddeutsche, die Stuttgarter Zeitung, renommierte internationale Publikationen tätig, wurde ich beim Start der ersten Europa-Tournee von Alvin Aileys Jazz Dance Company in Münster vorgestellt. Dem kurzen Small Talk folgte die Einladung, im monatlich erscheinenden Kölner Tanzarchiv eine Kritik über das Gastspiel zu verfassen. Sie wurde eines der vielen Beispiele des learning by writing - kritisch begleitet von Koegler. Das Tanzarchiv, das der Tanz-Pädagoge und -Historiker Kurt Peters als offene Plattform des Diskurses führte, war ein Beispiel dafür, wie durchlässig gerade im Bühnentanz damals die Grenzen zwischen Ballettszene und Kritik waren und wie sehr sich die Ballett-Kritik im Feuilleton langsam „auf Augenhöhe" schrieb. Wir waren ziemlich unter uns und versuchten, einen publizistisch anerkannten Platz zu erobern – so, wie Choreografen und Tänzer sich allmählich in den Theaterbetrieb integrierten. Langsam verbreiteten sich im Ballett Nachkriegsdeutschlands eigene ästhetische Profile. Koegler war einer ihrer Wegbereiter. Kollegen seiner Kritiker-Generation wie der Berliner Klaus Geitel, der als Feuilletonist vornehmlich in den Springer-Zeitungen Welt und Morgenpost glänzte und eine Stimme im Berliner Radio war, hatten sich in der Ästhetik eines international orientierten, eher luxurierenden Ballettbetriebs eingerichtet.

Koegler machte Schule. Aber auch Geitel förderte journalistischen Nachwuchs. Vor der Premiere von Prokofjews „Romeo und Julia" in Hannover lud er den jungen Adepten der Ballett-Kritik überraschend zu einem Treffen ein. Nach dem Essen in einer gehobenen Brasserie zog Geitel das Programmheft der Premiere aus der Tasche. Ich war mächtig stolz, dass ich dort mit meinem ersten Artikel in einem Programmheft vertreten war – bis es Geitel aufschlug. Die Seiten meines Beitrags waren mit Rotstift übersät. Es folgte eine beckmesserisch angelegte, konstruktive Lehrstunde über schriftstellerische Logik und was es heißt, einen Essay zu schreiben.

Ich konnte von Glück sagen, gerade in den Anfängen immer wieder auf renommierte Kollegen zu stoßen, die es kritisch, vor allem aber gut mit mir meinten und deswegen Muße und Geduld aufbrachten, die hochfliegende „Dunkelschreibe" – so lautete ein Verdikt von Wirtschafts- und Politik-Journalisten über die Feuilletonisten in der FAZ– am einzelnen Text zu erhellen. Mein Paradebeispiel bleibt der geborene, auch in seinen Kritiken didaktisch anmutende Lehrer und scharfsinnige Schauspiel-Analytiker Günther Rühle, der in meiner Lehrzeit bei der FAZ nicht nur Texte akribisch durchging, sondern mich auf die richtigen Fährten setzte und mit Aufträgen gerade anfangs nicht überforderte. In Rühles Obhut konnte man wachsen. Viele, vor allem junge Kollegen, folgten Rühle in seiner Suche nach Neuem weit über das Schauspiel hinaus. Er war begeisterungsfähig. Und in der FAZ hatte man Auslauf. Auf zusätzlichen regelmäßig erscheinenden speziellen Feuilleton-Seiten wie „Musik und Tanz" war Platz für Talente. Dort ließ der leitende Musikredakteur Friedrich Hommel Nachwuchs gewähren.

Horst Koeglers Lehre und Einfluss waren umfassend. Seine Arbeit und sein Leben erschienen mir in diesem fremden Milieu plausibel. Er lebte ein normales Bürgertum, nahm dem Bürgersohn die Angst vor dem Ballett-Milieu, in dem ihm vieles unheimlich, ja haltlos vorkam. Das Theater-Milieu wurde mir aber nicht vertrauter. Es gab im Laufe der Zeit zwei Angebote, vollends in den Theaterbetrieb einzutauchen: Kurt Hübner wollte mich in Bremen zum Operndramaturgen machen. Meine freimütige und respektlose Antwort, dass ich den Theaterleuten nicht noch näherkommen wollte, traf ihn und fast mich, weil er in Ausnahme-Situationen, wie seine Sekretärin bestätigte, schon mal mit dem Aschenbecher warf. Im prominenteren Fall fühlte ich mich überfahren und sicher auch überfordert, als August Everding mich einlud, Ballettdirektor der Bayerischen Staatsoper zu werden. Das klang nur ehrenvoll. Mich hat verwundert, mit welch leichtsinnigen Offerten Everding den Thespiskarren Ballett aus dem Sumpf ziehen wollte.

Koegler lebte keine gebrochene Existenz, wenn auch in innerer Distanz zu einer Gesellschaft, die ihm lange Zeit unter Verbot, ja Strafe stellte, persönlich nach seiner Fasson selig zu werden. Ingeborg Bachmann hat dem Zwiespalt einer zivilen Existenz nach dem Krieg, der labilen Suche nach persönlicher Freiheit, Toleranz und Humanität in dem Gedicht „Alle Tage" Ausdruck verliehen. Sie hat 1952 in diesem Gedicht als einen der Werte des neuen zivilen Umgangs und Respekts „die Tapferkeit vor dem Freund" proklamiert. Koegler hat diese Haltung notfalls bis zum Bruch gelebt. Er war ein Freund mit offenem Visier. Auf die Eloge, dass er diesen Aufsatz gerne selbst geschrieben hätte, konnte bei nächster Gelegenheit ebenso überraschend die schroffe Mitteilung folgen, dass dieser Kommentar ziemlich unter Niveau sei. Diese Tapferkeit vor dem Freund fand ich nicht nur beispielhaft, sondern nachahmenswert, mit entsprechenden Ergebnissen. Zumal in unserer selbstverliebten Zeit mit oft narzisstischer Ausprägung besonders im Journalisten-Stand und unter Hochschullehrern hat die offene Einstellung Freundschaften gekostet – was mich nicht wirklich gereut hat.

Gerade, weil Koegler ein diszipliniertes „deutsches" Leben führte, fiel im Kontrast dazu auf, wie selbstverständlich er mit Menschen unterschiedlichster kultureller Prägung und sozialer Orientierung umgehen konnte. Erst im Nachhinein, als ich eine Trauerrede für ihn in Stuttgart halten durfte, ist mir bewusst geworden, wie viel ich Horst Koegler verdanke. Begegnet bin ich ihm zuletzt Monate vor seinem Tod an seinem 85. Geburtstag. Die Staatliche Ballettschule Berlin, der Koegler seine Bibliothek übereignet hatte, richtete eine kleine Geburtstagsfeier aus. Es wurde ein berührender Nachmittag, weil ich allen sichtbaren körperlichen Beschwerden zum Trotz den „alten" Koegler vorfand: klar, lapidar in der kurzen Schilderung seiner schlechten körperlichen Verfassung, die ihn nicht hinderte, weiter rastlos die Ballett-Szene zu verfolgen – zuletzt in seinem Blog „Koeglerjournal". Bewahrt hatte er sich seinen meist von Ironie durchzogenen, trockenen, bisweilen sarkastischen Humor bis zuletzt. Wir, seine Schüler, kamen nach Stuttgart zu dieser Trauerfeier, mit dem Gefühl, nicht im Mindesten das zurückgegeben zu haben, was und wie viel er uns zugewandt hat. Zugleich wurde bewusst, dass Horst Koegler es uns leicht gemacht hat, kein schlechtes Gewissen über Dank oder Undank zu pflegen, weil er, was seine Person, seine Leistung und Wirkung betrafen, in der Regel heillos untertrieb. In seiner Dankesrede in Berlin bemerkte er eher nebenbei, er habe eben junge Leute zum Schreiben angeregt, ermuntert. Die Wahrheit ist tiefgreifender: würde ich meine eigene, zuweilen buntscheckige

Biografie tatsächlich im kleinen Maß dem Muster von Wilhelm Meisters Lehr- und Wanderjahren anpassen, hieße mein erster und wichtigster Mentor Horst Koegler. Wir lernten mit ihm nicht nur die ästhetisch zerrissene, von der Nazi-Zeit belastete deutsche Ballett-Szene kennen - oder was an Wenigem davon übrig war. Durch seine journalistische Arbeit wurde die Landkarte des deutschen Bühnentanzes neu vermessen. Er machte, was sich für die Emanzipation des Tanzes im Allsparten-Betrieb der deutschen Staats- und Stadttheater auszahlte, ihre historischen Wurzeln sichtbar. Er produzierte unterhaltsamen, oft genug zugespitzten Lese-Stoff, rückte die Ballettgeschichte ganz nahe an die aktuelle Ballett-Szene und Aufführungspraxis. Koegler war ein engagierter Erzähler, taugte sogar als Karl May des Balletts: Sein erstes Buch über das Moskauer Bolschoi begann wie eine Reportage, obwohl er bis dahin nie in Moskau gewesen war. Die Authentizität seiner Artikel verdankte Koegler einer seltenen Begabung. Er filterte aus der Ballettgeschichte Blaupausen nicht nur für die Gegenwart, sondern ließ oft genug Zukunft aufscheinen. Er wurde damit auch der wichtigste publizistische Wegbegleiter des sogenannten Stuttgarter Ballettwunders, der Ära John Crankos. Und er war zurecht kritisch gegenüber den fehlgeschlagenen Versuchen, aus diesem ersten international anerkannten Format einer neoklassischen Ballettkultur im Nachkriegsdeutschland eine Art Nationalballett zu schmieden. Auch im Ballett drängten viele darauf, mit dem Stuttgarter Ballettwunder schnell nationale Größe zu demonstrieren – ein pathetisches Vorhaben, eine Art Masterplan, mit dem Deutschland nicht nur im Bühnentanz mehrfach schlecht gefahren ist.

Grenzöffnungen – die neue deutsche Ballettszene

Die erste internationale Arbeit für die Frankfurter Allgemeine verdanke ich Koeglers Anregung. Sie führte 1968 ins Swinging London. Auf der Titelseite der Times prangte das Cover des Weißen Albums der Beatles. Eine spätromantisch gewirkte Offenbarung, Edward Elgars „Enigma Variations" in der Choreografie Frederick Ashtons wurde vom Royal Ballett in Covent Garden uraufgeführt; Nicolai Gedda brillierte in Berlioz' „Benvenuto Cellini"; das Victoria & Albert Museum inszenierte passend dazu eine der ersten, damals noch aus dem Rahmen fallenden Themenausstellungen „Berlioz and the Romantic Imagination." Das war alles überwältigend genug. Swinging London vermittelte in allen Lebenslagen auch Einsichten in Skurriles. Welchen Stil prosaisches Einkaufen entwickeln kann, lernte ich bei Fortnum und Mason am Piccadilly Circus kennen, wo Herren im Cut selbst die kleinsten Bestellungen mit meist unbewegter Miene zeremoniell entgegennahmen und formvollendet abwickelten. Und welch befremdliche, steife, zugleich faszinierende Kultur-Gesellschaft kam auf mich zu. Nach der Premiere in Covent Garden lud Nicholas Dromgoole, Kritiker des Sunday Telegraph, Mitglied des Drama Advisory Committee des British Council, in ein furchterregend altes, Ehrfurcht und Respekt einflößendes Gemäuer zum Dinner ein. Man erklomm den viktorianisch anmutenden Club über eine steile Treppe vorbei an monumentalen Steinskulpturen. Damen und Herren legten ihre Mäntel in getrennten Garderoben ab, zum Ausklang des Dinners ging es wieder getrennt in einen der Bibliotheksräume. Dazwischen wurde ein verkochtes englisches Essen serviert, das man schnell vergaß über den reichlich angebotenen alkoholischen Gedecken. Das war eine meiner ersten Einführungen in englische Lebensart. Meine erste Woche in London begründete eine tiefe Sympathie für England, führte zugleich ein in eine schwer nachvollziehbare Kluft zwischen ritualisiert formeller Lebensführung und exzentrischem Gebaren, gipfelnd in vielseitigen Spleen. Wirklich verstehen werde ich meine englischen Freunde wohl nie.

Der Tanz kennt keine Sprachgrenzen, bildete international eine eigene Community mit familiären Zügen und ungewöhnlichen Konstellationen. Einer der wichtigsten Protagonisten der Ballettmoderne, Hans van Manen widmete Koegler seine Choreografie von Strawinskys „Sacre du Printemps" am Nederlands Dans Theater. Bei einem international bestückten Ballettfestival Ende der Sechzigerjahre begegneten sich im Theater „An der Wien" konträre Protagonisten des internationalen Tanzes. Im Haus des Kurators des Festivals Gerhard Brunner, einem weiteren Koegler- „Schüler", der den Weg vom Juristen über den Journalisten zum Theaterproduzenten und Hochschullehrer gegangen ist, verheiratet war mit der früh verstorbenen Primaballerina der Wiener Staatsoper Christl Zimmerl, begegneten sich wahrscheinlich einmal und nie wieder die Chefs der Ensembles des klassischen Petersburger Marientheater und der modernen amerikanischen Kompanie von Alwin Nikolais. Die Frau des Direktors des legendären Kirov-Balletts, einem, wenn nicht dem Gralshüter des romantisch klassischen Ballettrepertoires, schlich sich während des festlichen Dinners zu Nikolais, der vom deutschen Ausdruckstanz beeinflusst war, ein ganz eigenes Balletttheater aus Objekten und Tänzern pflegte und fragte für alle vernehmbar: Ich bin die Frau des Choreografen und Ballettdirektors des Kirov-Balletts Sergejev. Mein Mann würde gerne erfahren, was das alles bedeutet und uns sagen soll. In den Tanzkulturen aus aller Welt gab es eine Menge solcher Begegnungen

- dabei viele oft genug unterhaltsame Austragungsorte für einen Austausch - vom jährlichen Kopenhagener Bournonville-Festival über George Balanchines Strawinsky-Woche beim New York City Ballett bis zur Kölner Sommerakademie des Tanzes. Das Nachkriegsdeutschland entdeckte auch hier die Welt neu. Die Tanz-Ästhetik reichte vom russischen klassischen Ballett des Moskauer Bolschoi, mit seinem ersten großen Gastspiel in der Bundesrepublik, über Maurice Bejart zuerst in Brüssel angesiedelte Spektakel bis zu den New Yorker Experimenten eines Merce Cunningham. Bejart besetzte mit seinen ausufernden „spectacle totale" große Bühnen wie eine Zirkusmanege in Brüssel– für mich zuerst in der „Messe für unsere Zeit". Er befreite mit seinem Ballett des 20. Jahrhunderts den klassischen Tanz aus seinem goldenen Käfig. Befreiend wirkte die New Yorker Tanzszene, weil sie ästhetisch keine Grenzen kannte und deshalb die Bandbreite von der Klassik des American Ballett Theatre über die experimentelle Off-Szene bis zum Show Dance umspannte. Die angesehene New Yorker Tanzpublizistin Arlene Croce war in allen Spielarten unterwegs, publizierte gleichermaßen über George Balanchine wie über Fred Astaire.

Man traf privat aufeinander. Interkulturelle Kommunikation und Kompetenz blieben nicht abstrakt. Koeglers gastliches Zuhause war Dreh- und Angelpunkt, uns junge Kritiker-Adepten nahm er selbstverständlich in seinen Wirkungs- und Freundeskreis auf: Ich erinnere mich an Begegnungen mit John Percival, dem Ballettkritiker der Times, der mich nach der Premiere von Kenneth Mac Millans „Anastasia" in Covent Garden in die heiligen Hallen der ehrwürdigen Times und ihren Schreib-Etablissements, kleinen abgeschlossenen Zellen, führte. Kritiken erschienen in London am Morgen nach der

Premiere. Sie fielen nachrichtlicher aus, bei uns kam es mehr auf den Feuilletonisten, den Alfred Kerr in uns an. Oder an den Architekten Clive Barnes, den Vorgänger von Percival, der zur New York Times gewechselt war, später als politischer Kolumnist nicht nur journalistisch stilbildend, sondern politisch einflussreich wurde. Er nahm mich, weil ich gerade in New York war, mit nach Washington zum ersten Auftritt des Fabeltänzers Michail Barischnikoff im American Dance Theater nach seiner Flucht vom St. Petersburger Kirov-Ballett.

Die Ballettkritik als eigenständige journalistische Gattung war jung. Es ging nicht um Deutungshoheit. Lagerdenken, Ideologie, die sich zum Main Stream aufschwingt, damit jeden Diskurs und damit offene Kontroversen wegbügelt, konnten sich in der Ballettkritik nicht durchsetzen. Ideologisch aufgeladen stritten sich immerhin über ein Jahr Verfechter einer aufgeklärten Ballettklassik und Apologeten des aufkommenden Tanztheaters, das politisch in den Stücken des Bremer Choreografen Hans Kresnik wütete, voran seiner „Kriegsanleitung für jedermann". Die Ballettkritik ist, um ein vorläufiges Ende zu markieren, in der Betriebsamkeit des gegenwärtigen Feuilletons untergekommen, in dem nichts mehr aufregt.

Obwohl gerade der Tanz anfangs exotisch erschien, boten sich gerade für junge Kritiker viele Einstiege in die Ästhetik des 20. Jahrhunderts. Und Ballett machte Musik sichtbar, hervorragend in den Chorografien Balanchines, den Clive Barnes folgerichtig einen „Mozart der Choreographen" nannte. Viele musikalische Kompositionen wurden einsichtig durch Tanz. Das Ballett entschlüsselte, belebte und füllte musikalische Zeit. Auch meine Lernphase von Musik und Tanz wurde gefördert von einem Vorbild: Bernd Alois Zimmermann. Der Kölner Komponist und Hochschullehrer hatte ein bemerkenswertes Frühwerk vorzuweisen: Seine erste Ballett-Partitur „Alagoana" entstand 1941. Von 1946 an komponierte er freischaffend, übernahm 1958 eine Professur an der Kölner Musikhochschule. Als Student erlebte ich in Köln eine Art Kulturkampf um die Uraufführung seiner einzigen Oper „Die Soldaten". Sie galt lange als unaufführbar, sprengte das Genre, der Opernbetrieb leistete hinhaltenden Widerstand. Das Werk hat mich nie losgelassen, ist eine Rarität in einem Musikbetrieb geblieben, der sich frei nach Robert Musil oft genug in reiner „Musikstellerei" mit einer Unzahl an Auftragswerken erschöpfte. „Die Soldaten" riss traditionelle Musikstile in den Sog einer ästhetischen Zeitreise, strapazierte die herkömmliche Bühnendramaturgie bis zum äußersten, war emotional angelegt, von schmerzhaft aggressiver Atonalität, gespickt mit jedweden musikalischen Brüchen und Grenzüberschreitungen. Dass das Werk in der Geschichte seiner Inszenierungen immer opernhafter, eingängiger ausfiel, ging Zimmermann gegen den Strich. „Die Soldaten" sollten bezeugen, dass die Zeit aus den Fugen war. Oper sollte aufgebrochen, die klassische Einheit von Zeit, Raum und Handlung im Sog eines „Bewusstseinsstroms" aufgerieben werden. Diese Ästhetik der Fliehkräfte und Verwerfungen hat mich nach den „Soldaten" ein zweites Mal im monumentalen, 1970 erschienenen, von Wikipedia als „Monumentalwerk" ausgegebenem „Zettels Traum" von Arno Schmidt berührt. Auch in diesem „Lesebuch" wird eine laufende Chronik systematisch aufgebrochen. Sie bildet die mittlere Säule des Geschehens, neben die in gleichsam dreidimensionaler Wahrnehmung ganz nach Art (noch) analoger „social media" das ganz kleine und ganz Große in eigenen Spalten notiert wird. Wie prophetisch und zugleich isoliert beide Werke eine damals scheinbar heile Welt zersetzten, ist mir später bewusst geworden. Zimmermanns Kompositionen kreuzten sich mit John Crankos Stuttgarter Ballett in zwei kammermusikalischen Werken, wie man wirklich sagen kann, kongenial: der bohrenden „Befragung" in Stuttgart und dem komödiantisch gebrochenen „Presénce" bei den Schwetzinger Festspielen. Ich durfte mit dem Komponisten als journalistischer Novize ein ausführliches Gespräch für das Ballettjahrbuch des Friedrich Verlags führen. Dass Zimmermanns Überlegungen zum Verhältnis von Musik und Tanz offenbar nicht nur für mich zu einer Art Leitfaden wurden, verdanke ich nicht nur seinen differenzierten, skrupulösen Auskünften, sondern seiner Geduld - brieflich mitgeteilt in Anleitungen und vertieft in Gesprächen. Er konnte ebenso wie Günther Rühle den Lehrer zum Glück nie verbergen. Er stand dem großformativen Musikbetrieb und seiner neuen Rolle und Prominenz immer skeptischer gegenüber. Ich habe ihn einmal in seinem neuen komfortablen Bungalow in Königsdorf besucht und ihn mit dem traurigen Eindruck verlassen, dass ihm diese arrivierte Existenz selbst fremd vorkam. Seine großen Erfolge kamen vermutlich zu spät, er hat sein neues Leben nicht bewältigt. Er ist 1970 aus dem Leben geschieden.

Wir jungen umtriebigen Kritiker kamen in dieser von vielen als neue Gründerzeit empfundenen Phase des Balletts aus dem Staunen nicht heraus und teilten dies aus aller Welt mit. Wir wurden mitgerissen. Die deutsche Vergangenheit des Ausdruckstanzes war vergessen, wirkte oft verstiegen. Daheim fristete die ziemlich am Rand der Staats- und Staatstheater laborierende Ballettszene ihr Dasein, mit wenigen, auf Persönlichkeiten beruhenden Ausnahmen. Der in Wuppertal später an Düsseldorfs Deutscher Oper am Rhein wirkende Choreograf Erich Walter war lange Zeit ein solcher „Solitär".

Ab Mitte der 60ziger wurde der internationale Ballett-Auftrieb bilanziert. Das Ballettjahrbuch des Friedrich-Verlags, der seinen Ruf mit der Monatszeitschrift „Theater Heute" begründet hatte, wurde zum publizistischen Ritterschlag für den Bühnentanz in Deutschland. Ich durfte ein paar Jahre Horst Koegler zusammen mit Hartmut Regitz, einem meiner „Mitschüler", den die Tanzpublizistik nie losgelassen hat, bei der Herausgabe assistieren. Redigiert wurde das Jahrbuch in einem schmucklosen Flachbau in Seelze bei Hannover. Nach getaner Arbeit ging es nach Wunstorf zum privaten Wohnturm, in den Garten des Theaterdenkers und Chefs von „Theater heute" Henning Rischbieter. Seinen Grillabend verschlief der Gastgeber regelmäßig in einem Liegestuhl. Das Ritual entwickelte den Geschmack von Thomas Bernhards „Die Macht der Gewohnheit". Abgeholt wurde ich zu diesen Terminen am Hauptbahnhof Hannover vom jungen Redakteur von „Theater heute" und mit der Frage begrüßt, ob ich mit ein wenig Benzingeld aushelfen könnte, damit wir mit seinem VW-Käfer noch nach Seelze kämen. Botho Strauß war ein geduldiger, in der Redaktionsarbeit skrupulöser Kollege. Wir haben später gemeinsam in der Werkstatt des Berliner Schillertheaters Samuel Becketts eigene Inszenierung seines „Endspiels" besucht. In der Süddeutschen Zeitung habe ich über seine ersten Theaterstücke geschrieben. Ob und was ihm die wahrscheinlich periphere Beschäftigung mit der Ballettästhetik bedeutet hat, habe ich von ihm selbst nicht mehr erfahren, meine, sie in den Gedankenballetten seiner Theaterstücke und Novellen zu spüren.

Im Nachkriegsballett Westdeutschlands schien die Neugier auf Neues grenzenlos. An nachgerade abgedrehte Beispiele erinnere ich mich lebhaft, schon des Kontrastes wegen: in den monumentalen Zweckbau der Recklinghäuser Festspiele zog Anfang der Siebzigerjahre indischer Tanz ein. Das westdeutsche Arbeiter-Festival leistete sich ein auf fünf Stunden gedehntes, fremd anmutendes Spektakel. Wer durchhielt, wurde mit einer fantastischen Mischung aus märchenhaftem Kostümkult, religiös anmutenden Riten und zeitlupenhaft gedehnten, mitunter aggressiven Bewegungs-Schüben und -ausfällen belohnt. Was sich in Recklinghausen zu Beginn der Siebzigerjahre als Kluft zwischen dem bundesdeutschen Theaterbetrieb und fremden esoterisch anmutenden Tanzkulturen auftat, entwickelte sich auf einer Reise nach Kalkutta zu einer nicht nur ästhetischen Herausforderung. Das Goethe-Institut entsandte 1982 eine kleine Delegation zu einem Kongress über versunkene, vergessene Tanzkulturen. Opulente Präsentationen unterschiedlichster entrückter Tanzstile beleuchteten die Spuren versunkenen Kulturen. Das wirkte deshalb so abgehoben, weil der Weg zwischen einem modernen angenehm klimatisierten Theater-Betonbau und einem weitläufigen Schul-Gebäude aus der Kolonialzeit mitten durch die zivilisatorische Anarchie von Kalkutta führte. Wir wurden durch Menschentrauben, die auf den Straßen hausten, gelotst – sahen von Ferne auf den Ganges mit einem Gewusel tausender Menschen. In den Hauptstraßen herrschte ein greller Kontrast zwischen ausgestelltem Reichtum und niederdrückender Armut. Ein kurzer Besuch bei Mutter Teresa – ich stand an in einer Schlange amerikanischer Touristen, die die kleinen herausgeputzten Heimbewohner herzten und solchermaßen gerührt spendeten - bevor der Gouverneur von Westbengalen die Konferenzteilnehmer aus aller Welt zum üppigen Empfang einlud. Die Kongressteilnehmer kämpften sich vom Bus durch die Menschenmasse zu einem kleinen Tor, hinter dem sich eine Kulisse wie aus Tausendundeiner Nacht auftat. Den breiten Weg säumte eine dichte Galerie von Soldaten in Paradeuniform. Das von Statur kleine, fein gekleidete Gouverneurs-Paar empfing auf einer weit in einen großen nachtdunklen Park reichenden Terrasse. Wir wohnten diese Woche in einer mehrstöckigen alten Villa. Beim Aufwachen fixierten den Gast vor dem großen Baldachin–Alkoven vier Augenpaare, die zu einer familiären Dienerschaft des Villen-Besitzers gehörten. Sie lauerten auf Anweisungen, was zu besorgen, was für den Gast zu tun sei. Chauffiert wurden wir mit einem klapprigen Pkw, der Beifahrer entsicherte sein Gewehr, bevor es zur Tagungsstätte ging. Jahrzehnte später, in Goa, erlebte ich einen durch endlose Strände und das Meer gemilderten anderen Kontrast. Neben einem Internet-Café aus Wellblech, in dem junge IT- Freaks pausenlos diverse Tastaturen bespielten, bewegte sich nach strengem Ritus in zeitlupenhaft zeremoniellem Schritt ein Trauerzug. Einen Tag lang hatten Dorfbewohner die Holzstämme für den Scheiterhaufen des Totenkults aus verschiedenen Richtungen herbeigetragen und aufgeschichtet. Der unauflösbare Gegensatz zwischen Tradition, Hochkultur, innovativen Schüben und der Grundlage armseligster Milieus erschien unvermittelt und ohne gegenseitiges Aufheben nebeneinander.

Der Anschauungsunterricht von Kalkutta und Palolem halfen, Unterschiede und Gegensätze wahrzunehmen, vor allem nebeneinander gelten zu lassen. Wir sind in der eigenen Kultur darauf geeicht, danach zu suchen, was uns und die Welt im Innersten zusammenhält – wiederum nach Goethe. Risse werden verkleistert, das Unvereinbare wird verformt oder verdrängt, manchmal tritt es zutage, befördert neue Trends, wenn der Mainstream ermüdet - so auch im Ballett, dessen Abteilung Tanztheater gesellschaftliche

Krisensymptome der späten Sechzigerjahre aufnahm und damit eine Art Auferstehung des früheren Ausdruckstanzes ermöglichte.

Die Erbin des Ausdruckstanzes – Pina Bausch

Schule machte der historische Ausdruckstanz kaum, Stile überlebten ihre Protagonisten selten. Kurt Joos, sein Essener Folkwang-Ballett war mit dem Anti-Kriegs-Tableaux „der Grüne Tisch" für die junge Tanzszene Ausweis einer Art Widerstand gegen die von den Nazis missbrauchten Tanzrituale, die in dem Massenritual von Mary Wigman bei der Eröffnungsfeier der Olympischen Spiel 1936 gipfelten. Wigmans Tänze wurden später als entartete Kunst verunglimpft. An der Ausbildungsstätte Folkwang lernte und lehrte Pina Bausch. Ihr Wuppertaler Tanztheater wurde der Gegenpol zur dominierenden Neoklassik. Pina Bausch schuf ein Repertoire, an dessen Ästhetik sich viele nicht nur im Tanz bedienten, nicht zuletzt Wim Wenders nach ihrem Tod mit einem Film-Denkmal. Pina Bauschs Wuppertaler Tanztheater bewegte, weil seine Milieus und Bewegungsformen in nachvollziehbaren, aus dem Alltag hergeleiteten Verhaltensweisen nahe schienen. Das waren keine Krämpfe, um sich etwa gegen einen restaurativen klassischen Tanzbetrieb zu verwahren, es war nicht „Anti", sondern in manchmal erschreckend banalen Bildern eine Beschreibung von einfachen Zuständen und dem Ausdruck menschlicher Einsamkeit und Verzweiflung, aber auch ärmlich ausstaffiertem Glück. Pina Bausch war immer ganz bei sich, unprätentiös, bar jeder Allüre. Ich erinnere mich an ein Gespräch für einen Beitrag in „Titel, Thesen, Temperamente", dem Kulturmagazin des Ersten Deutschen Fernsehens. Pina Bausch drückte sich einfach in einem klaren Wortschatz ohne Wenn und Aber aus. Sie wirkte spröde, zugleich überzeugend. Wir kamen uns in den Vorstellungen von Ästhetik und Wahrhaftigkeit nahe und begannen, zusammen mit dem früh verstorbenen eigenwilligen Musikfilmer Klaus Lindemann über ein eigenes Tanz-Stück für das Fernsehen nachzudenken. Ich hatte erste Ideen nach Motiven von Else Lasker-Schüler gesammelt, als Genius Loci erschien uns eine leere Fabrikhalle in Wuppertal, der Produktionsetat war bewilligt. Pina Bauschs Lebensgefährte starb plötzlich, es war der große Riss in ihrer Biografie, die sich immer aus einer engen Beziehung von Tanz und Leben nährte. Heute erinnere ich mich an ihre einfühlsame, einprägsame Sprache, ihren Ausdruck seltsamerweise immer wieder, wenn mir im schrillen Kontrast die hohlen Beglückungs-Phasen aus Neujahrsansprachen oder die populistisch versetzten Floskeln von Politikern entgegenschallen. Der historische deutsche Ausdruckstanz war nicht einfach exotisch oder verstiegen, wollte den Menschen nach dem Krieg von Not, Einsamkeit erzählen – er schien aber nicht mehr zeitgemäß und wirkte in seinen Soloattituden oft genug exaltiert. Eine seiner Protagonistinnen war Dore Hoyer, die mit einigem Erfolg in den frühen Sechzigerjahren vor allem im Ausland tanzte und choreografierte. Sie gab ihre letzte Vorstellung 1967 in Berlin vor einhundert Besuchern. Die Kosten für Werbung und Saalmiete brachte sie privat auf, sie hatte Schulden. Schon länger konnte sie nach einer Knieverletzung ihre Programme nur mit Schmerzmitteln durchstehen. Silvester 1967 nahm sie sich das Leben.

Das Kritische Tagebuch – Vorhut einer politischen Radiokultur

Dore Hoyers Tod wurde in den Feuilletons am Rande vermerkt. Vermutlich ging er mir nahe, weil Yvonne Georgi das Interesse am Ausdruckstanz geweckt hatte, bevor auch mich die Ballettklassik gefangen nahm. Ich schrieb einen Nachruf einfach für mich, fand aber, dass dieses Schicksal andere berühren könnte. Kontakte mit Redaktionen zu knüpfen, war einfach. Ich rief, weil ich von dem Magazin gehört hatte, in der Redaktion des „Kritischen Tagebuchs" des Westdeutschen Rundfunks an und traf unvermittelt auf Marianne Lienau, eine der bemerkenswertesten Redakteurinnen einer gesellschaftskritisch geprägten Radiokultur. Sie hatte zusammen mit Hanno Reuther ein halbes Jahr zuvor die werktägliche Sendereihe gestartet. Ich erzählte von Dore Hoyers Schicksal und warum dies einen Nachruf verdiene. Marianne Lienau ermunterte mich, etwas zu schreiben - wenn es in die Sendung passe, würde es Sie freuen. Am Abend lief mein erster Rundfunkbeitrag und Wochen später besuchte ich die Redaktion. Marianne Lienau war überrascht. Sie hatte mich am Telefon wahrscheinlich aufgrund des „abgeklärten" Nachrufs wesentlich älter eingeschätzt. Ich wurde für Jahre Mitarbeiter des Magazins. Das werktäglich gesendete „Kritische Tagebuch" spiegelte den Wandel des Kulturfunks, seine Öffnung für den gesellschaftlichen Diskurs. Nördlich der Mainlinie sendete man - grob verortet - linker, das einschlägige traditionelle Feuilleton schrumpfte schleichend. Die großen Anstalten wie der Westdeutsche Rundfunk und mindestens eine ganz kleine wie Radio Bremen ließen den Zeitgeist in ihre aktuelle Kulturberichterstattung. Traditionell eingestellte Kulturredakteure reagierten reserviert bis abweisend. Eine längere Zeit stand der Geist vielerorts links. Das „Kritische Tagebuch" verriet die veränderte Zielsetzung schon im Titel, verlegte das Potenzial des alten Abendstudios in die Aktualität, hielt sein Format bis 2003. Die Welle der Zeitkritik erfasste selbst die Musikkritik. Vor allem Protagonisten des alten Rezensions-Feuilletons mokierten sich, die Kulturteile der Zeitungen würden zur täglichen Ausgabe sozialphilosophischer Monatszeitschriften mutieren – eine typische Erscheinung in Zeiten gesellschaftlichen Umbruchs, deren Neuauflage wir gegenwärtig wieder, wenn auch wenig grundlegend, affirmativer, im politischen Wechselfieber dieser Tage erleben. Das „Kritische Tagebuch" war Teil der ersten „Revolution" der Radiokultur, der zwei weitere, wie man so schön sagt, nachhaltige folgten: Als das Radio-Publikum nicht mehr hin-, sondern nur noch nebenbei hören wollte, nach Häppchen statt großer Menus verlangte, schließlich, als sich die tiefgreifende Gretchenfrage der Radiokultur stellte, für die vor allem Rundfunkräte und Feuilleton-Schreiber bis heute auf die Barrikaden gehen, wenn auch selbst nicht weiterwissen: wie hältst Du es mit der Digitalisierung? Zum ersten wollte das Publikum die schweren Pakete, die Last des Wortes, nicht mehr ertragen, zum anderen wollte und will der Konsument jeder für sich im digitalen Zeitalter ernst genommen, ja individuell adressiert werden - ihn interessiert immer weniger die Sendung, er will ein Produkt auswählen. Davon war während meiner journalistischen Lehr- und Wanderjahre nichts zu spüren. Es wurde einfach gesendet, unterhalten, gestritten, die Grenzen der Radioformate allenfalls strapaziert.

Ich fühlte mich wohl in der Freiheit, die das Feuilleton auch im Hessischen Rundfunk, dem Ort meiner ersten Festanstellung, meinte und das von der Frankfurter Schule sozialphilosophisch auf Trab gebracht wurde – das Abendstudio des Hessischen Rundfunk war zu seinen besten Zeiten mit seinen Radio-Essays ein Hotspot zeitkritischer Betrachtung. Die Frankfurter Schule bot Ansätze eines gesellschaftlichen Diskurses über die Selbstgefälligkeit der bundesdeutschen Provinz hinaus. In den Siebzigerjahren hat sich auch das aktuelle Radio-Feuilleton globalen Fragen gestellt. Ich erinnere mich an frühe Nachrichten vom kritischen Zustand des Planeten, dem Bericht des Club of Rome „Grenzen des Wachstums 1972 und für mein Metier an den MacBride Report der UNESCO von 1980 über den anhaltenden Kommunikations-Kolonialismus. Das waren wie aus dem Nichts verstörende Alarmsignale. Wir haben damals journalistisch ebenso ordnungsgemäß wie oberflächlich das Wetterleuchten aufkommender Veränderungen abgehandelt und abgehakt. „Edelfedern" und prominente Denker gaben sich in Frankfurt die Klinke in die Hand. Es gab ausreichend Sendeplätze für Experimente. Was das Zeug an neuer Musik hielt, wurde versendet. Radiokultur war über alle Zeit „gesetzt", ein ungeprüfter Bestandteil, lange noch, als der Hörfunk in den Schatten des Fernsehens geriet. Meine Generation der Kulturjournalisten wusste oder ahnte damals schon, dass wir auf angenehme Weise ausgehalten wurden. Wenn ich auf den schier endlosen Wegen zwischen den Gebäuden des Hessischen Rundfunks, zwischen Redaktion und Sendung dem humorvollen, gebildeten Unterhaltungschef Hans Verres begegnete, wurde mir herzlich auf den weiteren Weg mitgegeben: Wir gehen auf dem Strich, damit ihr studieren könnt. Viele Macher ahnten, dass gesellschaftliche Bedeutung und Wirkung der Radiokultur schwächer wurden. Montagmittags war im „Kulturellen Wort" des Hessischen Rundfunks, meiner ersten Anstellung als Redakteur 1971, die wöchentliche Sitzung der Hauptabteilung angesagt - ein Regeltermin, der eigentlich „High Noon" für eine offene Programmkritik, neue Vorhaben, Ideen hätte sein können. Meist aber zog Adolf Frisé, der Kulturöffentlichkeit mehr als Musil-Forscher denn als Radiokultur-Hierarchie bekannt, ein Zettelchen voller Nebensächlichkeiten hervor und ließ Highlights des Fernseh-Wochenendes Revue passieren. Gelegentlich fiel auch eine Hörfunksendung ab. Unserem Metier, seiner Redaktion und dem laufenden Betrieb widmete er meist das „Kleingedruckte", irgendwelchem Betriebsärger zwischen Amtsinhabern im Abteilungsrang, die sich in der Mehrzahl als die eigentlich singulären Kulturträger vorkamen und darauf lauerten, seine Nachfolge anzutreten, weshalb auf der Sitzung oft genug mit positiver Hörerpost versuchsweise Stimmung gemacht und Giftpfeile auf die anderen Abteilungen abgeschossen wurden. Wirksame Intrigen kannten andere verschwiegene Ecken und private Bündnisse und politische Zirkel beileibe nicht nur im Hessischen Rundfunk. Freundeskreis ist beim ZDF bis heute die Bezeichnung solch informeller, intern höchst wirksamer selbst ernannter Gremien der verschiedensten politischen Lager, die vor allem das Personalkarussell am Laufen halten. Für die Durchsetzung neuer Programmideen bot sich im Hessischen Rundfunk als erfolgreichste Variante an, wie Zieten aus dem Busch zu kommen und gleich an die Tür des Programmdirektors zu klopfen.

Das Radio war eine Art Kontakthof unterschiedlichster Art für unterschiedlichste Persönlichkeiten. Oft bahnten sich Verbindungen, Freundschaften für Jahrzehnte an. Eines Tages klopfte an der Tür meiner ersten Redaktions-Zelle ein schüchterner jüngerer Mann. Er sei zufällig in Frankfurt, wolle ein verabredetes Manuskript deshalb persönlich vorbeibringen und gleich das Honorar abholen. Ich bin Johan Galtung, dem weltweit ersten ordentlichen Professor für

Friedens- und Konfliktforschung, wieder begegnet, zuletzt als Diskussionspartner beim World Public Forum auf Rhodos.

Schnupperkurs in den Niederungen der Politik

Jahre davor, kurz nach dem Studium und mitten in den Anfängen meiner Theaterkritik reizte die Politik. Aus einem Praktikum bei den Klöckner-Werken in den Semesterferien wurde Wahlkampfhilfe im spannenden Jahr der Bundestagswahl 1969. Der sozialdemokratische Kandidat im Wahlkreis Osnabrück, Arbeitsdirektor des Klöckner-Konzerns, war tolerant und überlastet, er musste die ersten Warnstreiks durchstehen. Hans Ils ließ seinem kleinen, von der Parteibasis losgelösten Wahlkampf-Team, freie Hand. Mit dem Mief der Osnabrücker Ortsvereine hatte er es nicht. Mit von der Partie waren eine Redakteurin der Lokalzeitung, zuständig für die damals von der Männergesellschaft eingehegte Frauenseite, ein junger Student, später Journalist beim Norddeutschen Rundfunk und der stets gut gelaunte, äußerst einfallsreiche und genügend freche Karikaturist Fritz Wolf. Unseren kleinen Wahlkampf-Etat mussten wir mit schrägen Einfällen und ziemlich schrillen Zeitungsanzeigen bestreiten. Das gefiel den Genossen nicht, die in Osnabrück in permanenter Großer Koalition lebten und unseren Kandidaten deshalb kaum unterstützten, weil sie eigentlich einen Funktionär aus dem lokalen Parteimief in den Bundestag hieven wollten. Die Episode wurde über ein halbes Jahr zum heftigen Schnupperkurs in Sachen: Parteien-Republik. Sie bescherte mir an der Basis reiche Erkenntnisse über die „Modernisierung" der Arbeiterpartei SPD durch Lehrer, Beamte, Angestellte des öffentlichen Dienstes und führte zu dem Entschluss, sich beruflich nicht von Parteien abhängig zu machen. Parteiversammlungen und Konferenzen verliefen immer zäher und unergiebiger. Ausgeruhte Rentner und Lehrer zeigten altgedienten Arbeiterführern, was eine Geschäftsordnung vermag. Mittlerweile hat die SPD wie alle alten Parteien schleichend Themen und Mitglieder verloren, ist ein Schatten ihres alten stolzen Selbst. Die alte Arbeiterpartei verfeinerte ihre Techniken als Funktionärs-Elite, hatte sich mit dem Godesberger Programm in die berühmte „Mitte der Gesellschaft" bewegt. Die im Kern wertkonservative Partei, die daran arbeitete, von der schweigenden Mehrheit akzeptiert zu werden, fixierte die alte soziale Frage im engen Schulterschluss mit den Gewerkschaften. Brandts Ostpolitik verschaffte Aufwind, ein Hauch von gesellschaftskritischem Diskurs belebte das Land. So nahe wie damals sind sich Kulturschaffende und Sozialdemokraten nie wieder gekommen. An die Begegnung mit Günter Grass in der sozialdemokratischen Wählerinitiative erinnere ich mich, weil Grass meinen Optimismus über die Gewinnung neuer Wählerschichten sarkastisch dämpfte: wenn Du in Cloppenburg einen Sack Kartoffeln hinstellst und CDU draufschreibst, möglichst mit schwarzer Kohle, wird der gewählt. Die neue soziale Frage, gipfelnd in einer alternden Anspruchs-Gesellschaft und dem Aufkommen künstlicher Intelligenz und der daraus folgenden kompletten Digitalisierung, hat die SPD lange fast ebenso nachlässig behandelt wie der „christliche" Kanzlerwahl-CDU. Vor Jahren lud der digital-politische Sprecher der Bundestagsfraktion der SPD zu einem informellen Hearing mit dem Thema Digitalisierung ein – es bot sich ein erschütternder Einblick in den Kenntnisstand und das politische Bewusstsein für das Thema.

Nach dem kurzen heftigen politischen Intermezzo erschien mir Journalismus als zwar riskante, zuweilen abenteuerliche, aber immer noch freie „Wildbahn" – zumal neben der freien Mitarbeit an Zeitungen der kleine, aber feine Sender Bremer Sender winkte. Das Radio Bremen der späten Sechzigerjahre war für viele journalistische

Anfänger ein Glücksfall, eine Art Kaderschmiede für Ikonen der Fernsehunterhaltung wie Rudi Carrell, Loriot oder Mike Leckebusch mit seinem „Beat Club". Die einschlägige wie verlogene, weil zuallererst selbst entschuldende Zuweisung des ehemaligen Berliner Bürgermeisters Wowereit „arm, aber sexy" - auf den kleinen Stadtsender traf sie zu. Radio Bremen war nicht einfach links zu verorten, war lokal gegründet, nicht weit entfernt vom weltoffenen Meer, geprägt von der Tradition seemännischen Handels und Wandels. Alles verband sich zu einem eigenen Genius Loci: „nach Bremer Art" - das war keine leere Formel. Die Kultur der Stadt ruhte wie selbstverständlich auf Bremer Geschichte, versammelte unterschiedlichste Charaktere und Begabungen mit gegensätzlichsten Biografien und Weltanschauungen und hielt für Neue und Neues viele Einstiegsluken offen. Die Achtundsechziger hatten in Bremen ihre Inseln und Schauplätze, kulturelle Nischen. Der Bremer Theaterstil des unbequemen Intendanten Kurt Hübner schwappte mit seinen Protagonisten Peter Stein, Willfried Minks, Edith Clever, Jutta Lampe oder Bruno Ganz später an die Berliner Schaubühne. Hübner lud Rainer Werner Fassbinders Münchner Antitheater für eine Woche in das Theater am Goetheplatz ein. Ich erinnere mich an die verdutzten Mienen meiner Kritiker-Kollegen aus nah und fern; da saßen wir und waren neugierig, aber ratlos über diesen Einbruch einer anarchischen Szene in den normalen Spielbetrieb. Fassbinder ließ das mutige „Chaos" bald hinter sich, arbeitete sich an der bundesdeutschen Theaterszene, vor allem dem Frankfurter Theater am Turm ab, platzierte seine Schlüsselwerke im Film. Mit seiner trivialen Schauspieler-Typologie und Erzählweise hat er einen mächtigen Schub Realismus in das Theater gebracht. Die Bremer Stadtkultur lebte wie Radio Bremen von der Vielfalt und Wirkung einer damals weitgehend intakten föderalen bundesdeutschen Kulturszene. Kommunale Theater- und auch Rundfunkkultur strahlte noch aus, bevor die Mediatisierung zu kurzlebigen Trends und einer wachsenden Personalisierung führte und der öffentliche Kulturbetrieb an den Markt geriet.

Ein provokanter Abschied – Radio Bremen und sein Radio Verité

Bremen war schon damals arm. Die Honorare im Radio waren lausig – jedenfalls im Vergleich zu mittleren und großen Rundfunkanstalten. Aber der Bonus, den Radio Bremen seinen freien Mitarbeitern über den journalistischen Mindestlohn hinaus einräumte, war beträchtlich. Man konnte tun und lassen, was einem sinnvoll schien. Man durfte ungehindert kreativ arbeiten und ältere Hierarchen blieben mit ihren Bedenken und Ängsten eher allein. In meinem Fall war dieser weltoffene, von Zwängen freie „Hierarch" Hans Otte – schon im Sender eine Ausnahmeerscheinung: ein Musikchef, der vom Komponistendasein über den experimentell gesinnten Veranstalter bis zum Musikphilosophen alle möglichen Berufsbilder eines Kunst-Vermittlers auf sich vereinte, und dermaßen produktiv und vernetzt war, dass das kleine Bremer Musikressort zum Leuchtturm innerhalb des Musikgeschehens nicht nur des öffentlich-rechtlichen Rundfunks avancierte. Ich fand, Otte passte zu Radio Bremen. Seine Bremer Art ist in Wikipedia passend skizziert:

„Sich auf der Basis verinnerlichter Tradition gelassen und staunend ins unbekannte Neue fortzubewegen – diese Haltung charakterisierte nicht nur Ottes veranstalterisches Ethos, sondern auch seinen Werdegang als Komponist."

Damals wurden produktive Brüche mit der ästhetischen Vergangenheit gerne unter „links" abgebucht. Otte war kein Ideologe. Ich war es aus Unkenntnis auch nicht, verfuhr einfach respektlos mit Aufführungs-

Traditionen und alten „Größen". Als Theaterkritiker mit kulturpolitischem Interesse war ich zwar nebenan, beim damals in vielen Anstalten noch ehrfürchtig betitelten „Kulturellen Wort" angesiedelt, aber wir dachten wohl auf derselben Wellenlänge und begnügten uns nicht mit der fachlichen Zuordnung zu einer „Abteilung".

Hans Otte, als Redakteur, als Veranstalter und Komponist weithin bekannt und der junge Kollege, der kurz davor war, den Status eines umtriebigen freien Mitarbeiters mit der ersten Festanstellung beim Hessischen Rundfunk einzuwechseln, kamen sich schnell näher. Ich hatte mir im Bremer Kulturradio einen kleinen Namen gemacht mit kritischen Kommentaren zur Bremer Theaterpolitik, Reportagen und Dokumentationen bemerkenswerter Aufführungen aus der norddeutschen Theater-Provinz. Als ich Abschied von Radio Bremen nahm, meinte Otte, nun gehöre sich ein anständiges Abschieds-Geschenk an meine erste Sender-Heimat, die mir so viel Freiheiten gewährt hatte. Er bot mir dafür einen Sendeplatz in seinem „Radio Verité an. Das wöchentliche Format war ein Unikum. Auf der populären Hansawelle wurde Sonntagsabends zwei Stunden experimentiert. Die Freiheit war thematisch grenzenlos, verlangt wurde in allen denkbaren akustischen Formen und Programm-Formaten der Nachweis von Themen, Thesen und Einsichten mit Mitteln des Radios. Danach folgte eine einstündige Studiodiskussion, Hörer wurden telefonisch beteiligt. Die Chance des Radio Verité ließ ich mir nicht entgehen. Animiert von Bohumil Herlischkas aggressiver Bremer Inszenierung des „Othello" sah ich die Möglichkeit, gesellschaftliche Bezüge der Oper assoziativ ins Radio zu versetzen. Das Vorhaben ließ experimentell nichts zu wünschen übrig, schon sein Titel war Programm: „Nun in der nächt'gen Stille - Sexualität und Klassenkampf in Verdis Othello". Die Sendung teilte sich in drei Kapitel, behauptete zunächst mit den altehrwürdigen, von der historischen Aufnahmetechnik nahezu patinierten Stimmen Elisabeth Grümmers und Rudolf Schocks, dass und wie gründlich eine pathetische, gefühlig angelegte Interpretation den gesellschaftlichen Hintergrund der Oper verschmiert habe, legte zum Beweis unter das Liebesduett Schlüsselzitate aus Wilhelm Reichs „Funktion des Orgasmus". Solche Collage zur akustischen Beweisführung hatte mir in musikästhetischen Radio-Diskursen von Theodor W. Adorno mächtig imponiert. Schließlich belegte die Sendung den politischen Abstieg und persönlichen Verfall Othellos – in, wie ich meinte, akribisch Musik-journalistischer Weise.

Spätestens mit dem Vorhaben, das schmelzende Liebesduett mit dem Operntext entsprechenden Zitaten aus „Funktion des Orgasmus" von Wilhelm Reich zu unterlegen, dämmerte mir, dass die Sendung auf heftige Resonanz stoßen würde. Nacheinander weigerten sich drei Sprecher, die Texte zu Verdis Musik zu synchronisieren. Mich rettete Wilhelm Wieben, der später in der Tagesschau der ARD bekannt wurde. Ebenso unvermutet hatte ich Kolleginnen der Tontechnik auf meiner Seite, die die Tonbandschnipsel in einer Unzahl an Überstunden auf die richtige Ordnung dieser Collage schnitten und klebten. Inzwischen hatte sich das Vorhaben im großen Flurfunk des kleinen Senders herumgesprochen. Von Hans Otte während der mehrtägigen Produktion kein Ton. Ich bat ihn, sich das fertige Stück anzuhören, er sei schließlich der verantwortliche Redakteur. Er beschied kollegial souverän, dazu sei ja Zeit genug während der Sendung. Als er merkte, wie meine Nervosität stieg, lud er mich vor dem Sendetermin zum ablenkenden Abendessen mit seiner Familie ein. Nicht mess-, wohl aber hör- und fühlbar war die Resonanz auf die Sendung. Die Diskussionsrunde hatte sich nach dem Finale einigermaßen gefangen und wog ruhig die Provokation: „Sexualität und Klassenkampf in Verdis Othello" ab. Die Telefonanrufe fielen meist kurz und heftig aus, bewegten sich zwischen gerade noch nachsichtiger Ermahnung des vermeintlich klassenkämpferischen Adepten: „Verachtet mir die Meister nicht" bis zur Aufforderung zum Platzverweis aus dem öffentlich-rechtlichen Rundfunk. Mein letzter Auftritt bei Radio Bremen tags darauf begann mit einem kleinen Spießrutenlaufen. Der ältere Teil der Flurgänger grüßte nur noch knapp oder wie eine mir vorher zugeneigte ältere Literaturredakteurin gar nicht mehr, meist jüngere Kollegen grinsten, wenige wollten mit mir sogar über die Sendung diskutieren. Der Hauptabteilungsleiter Kultur, ein älterer Herr von langer, leicht gebeugter Statur, teilte mir in seiner üblichen Leidensmiene mit, dass der Intendant mich zu sprechen wünsche.

So habe ich Hans Abich kennengelernt, eine der großen Persönlichkeiten des öffentlich-rechtlichen Rundfunks. Abich war am Abend der Sendung vom Sendeleiter aufgeschreckt worden. Aufgebrachte Hörer hatten die Polizei wegen einer vermeintlichen Übernahme von Radio Bremen durch Chaoten auf den Plan gerufen. Abich fing, was die Wirkung seiner Ansprache verstärkte, quasi von hinten an. Ich wolle nun nach produktiven Jahren den Sender verlassen, er wünsche mir viel Erfolg, habe über meine Bremer Tätigkeit viel Gutes gehört, obwohl wir uns vorher nie begegnet seien, unverhofft und indirekt zuerst und zuletzt gestern Abend. Er habe die Sendung gehört und wolle nur zwei Anmerkungen machen; die erste als Intendant; da müsse er fragen, ob nicht die Grenze des guten Geschmacks überschritten sei; die zweite als neugieriger Hörer, da habe ihn die Sendung wegen ihrer ästhetischen Spekulation gefangen. Wer im öffentlich-rechtlichen Rundfunk Karriere machte, stieß immer wieder auf Abich, der wenig von sich reden machte, aber eine wirkungsmächtige Persönlichkeit, ja Instanz war. Zusammen mit einem Kollegen der Süddeutschen Zeitung führte ich Jahre später ein Gespräch über die von Abich eingeführten Tagesthemen im ersten Fernsehprogramm. Das war sein Versuch, Hintergrund in das bloße Nachrichten-Geschehen zu bringen. Jahre später begegnete ich Abich als Mentor eines mehrtägigen Workshops, der uns in das schwierige Thema Nachrichtensperre einweisen sollte, die es offiziell nie geben durfte, die es aber zum Schutz von Geiseln und Opfern in der ersten Phase der RAF zu praktizieren galt und die lange vor den Social Media noch weitgehend funktionieren konnte. „Nun in der nächt´gen Stille" wurde nicht nur unser Begrüßungscode, sondern Anlass von Gesprächen über die Rundfunkfreiheit, die wir meinten und praktizieren wollten. Hans Abich war es, der mit dem Mitbegründer des „Filmaufbau Göttingen " Rolf Thiele 1948 das Risiko einging, aus dem finanziellen Nichts den Film „Liebe 47" nach Borcherts „Draußen vor der Tür" zu produzieren. Eine lange Gründerzeit war der Rundfunk durchlässig für Seiteneinsteiger. Er wirkte interdisziplinär, förderte und versammelte, was Rang und Namen in der jungen Bundesrepublik hatte. Seine „braune" Rolle während der NS-Zeit verschwieg auch Abich, sie wurde lange nach seinem Tod entdeckt.

Ohne den Hintergrund der 68er wäre mir eine Collage wie „Nun in der nächtgen Stille" nicht eingefallen und anstandslos gesendet worden. Aber eine systematische Gesellschaftskritik an Institutionen, an der Leistungsgesellschaft mit ihren restaurativen Tendenzen ist von der Radiokultur nach meinem Empfinden zwar beständig reflektiert, aber seltener agitiert wurden. Die 68er fielen schon in den Universitäten höchst unterschiedlich aus. Die Provokation des Transparents: „Unter den Talaren - Muff von 1000 Jahren", das im November 1967 anlässlich einer festlich gedachten Rektoratsübergabe der Hamburger Universität von Studenten dem traditionell gewandeten Lehrkörper vorangetragen wurde, stieß beispielsweise in Münster auf unterschiedliche Resonanz. Juristen waren in der Mehrzahl systemtreu, verharrten im Denkmuster der bestehenden Ordnung, weshalb – als zufälliges Erlebnis - auf studentische Initiative vor einer Klausur im Bürgerlichen Recht regelrecht abgestimmt wurde, ob man nicht lieber streiken solle. Die Klausur wurde geschrieben.

Als Nährboden für gesellschaftskritische Umtriebe, für Demonstrationen war zur damaligen Zeit die von Universität und Beamtentum geprägte Domstadt mäßig geeignet. Es herrschte ein von studentischen Verbindungen beeinflusstes bürgerliches Leben. Unruhe verbreitete sich in die Provinz über das Fernsehen. Deswegen fühlte ich mich eher als unbeteiligter Zeuge einer gespenstischen Ballett-Premiere in Hamburg - ein halbes Jahr vor dem studentischen Showdown bei der Rektoratsübergabe. Einen Tag, nachdem der Student Benno Ohnesorg in Berlin von einem später als Stasi-Spitzel entlarvten Polizisten erschossen wurde, stießen an der Hamburgischen Staatsoper Polizeigewalt und pompöser Staats-Akt aufeinander. Draußen prügelte Polizei, unterstützt von den so geschmähten „Jubelpersern", drinnen gönnten sich der Staatsgast und der Bundespräsident Lübke eine glanzvolle Ballett-Premiere, die einen wenigstens mulmig stimmte. Ich schrieb zwar unangenehm berührt, aber innerlich weitgehend ungerührt, meine Premierenkritik. Lange vor den Flashmobs gab es selbst im friedlichen Münster meist nach Vorlesungen spontane Demonstrationen, dabei auch komische Zufälle. Ein vollkommen unsportlicher Studienfreund der Germanistik, der wie ich sein Studium journalistisch verdiente, eilte, bürgerlich ausstaffiert mit Aktentasche und Staubmantel nach einer Vorlesung aus dem Gebäude, wurde von einer Demo-Welle mitgerissen, in der ersten Reihe untergehakt. So avancierte er unfreiwillig zu einer kleinen Person der Zeitgeschichte, weil sich das Fernsehen in der Hauptausgabe der Tagesschau den optischen Kontrast von Demo und historischer Kulisse des Münsterschen Aegidimarkts nicht entgehen lassen wollte. Ich nahm die 68er Bewegung wahr, fühlte mich nicht involviert. Man sieht, wie mit Blitz und Donner eine Veränderung des Klimas aufzieht, registriert aber alles aus sicherer Ferne. Erst im Laufe meiner journalistischen Karriere habe ich mir die zunehmende Schwäche der gesellschaftlichen Institutionen in einer erstarrenden Leistungsgesellschaft eingestanden. Ich fand am studentischen Protest vieles zu theatralisch. Erst die Kampagnen der Springerblätter, schließlich das Attentat auf Rudi Dutschke empörten und ergriffen auch mich. Die Gewalt der RAF zwang die Öffentlichkeit zwar in ihren Bann, irritierte, erzeugte vor allem Abscheu und Entsetzen, aber über Reflexe hinaus drangen tiefer liegende Gedanken zu Defekten oder Verwerfungen der Leistungsgesellschaft langsam ins Bewusstsein. Ich machte keine Ausnahme, obwohl ich im Hessischen Rundfunk am Ort Frankfurt in diesen Jahren dem Thema nicht entgehen konnte. Mitglieder der RAF der ersten Generation entstammten eigenen privaten, beruflichen Kreisen. Ulrike Meinhof war als prominente Autorin dem Frankfurter Radio wohlbekannt, Irmgard Möller war Klassenkameradin im hannoverschen Gymnasium meiner Schwester. Frankfurt war Dreh- und Kristallisationspunkt mehrerer RAF-Dramen: an einem frühen Morgen an Fronleichnam weckte mich im ruhigen Wohnviertel am Dornbusch ein Megafon: Hier spricht die Polizei. Werfen Sie die Pistolen in den Hof und ergeben Sie sich. Ich wurde akustisch Zeuge der Festnahme von Baader, Meins und Raspe am 1. Juni 1972. Der Deutsche Herbst nahm seinen Lauf.

Dreizehn Gesellenjahre beim Hessischen Rundfunk

Damals wollte ich in erster Linie beruflich weiterkommen. Auch ich war ein Spross der Leistungsgesellschaft, der kritische Zeichen der Zeit bloss wahrnahm. Berufliche Neugier war der Antrieb für meinen Wechsel zur zweiten Radiostation, die im Ranking der ARD deutlich höher notiert war als Radio Bremen. Der Hessische Rundfunk rangierte in der Familie der Kulturradios ganz vorn. Ich kannte dort niemanden, wurde auf Empfehlung gefragt und engagiert. Die Anstellung ging geschäftsmäßig vor sich. Zwei Vorgänger hatten die Ansprüche des Abteilungsleiters an die Aktualität eines Kulturradios verschlafen. Innerhalb von eineinhalb Stunden wurde ich vor- und eingestellt. Der Programmdirektor entließ mich nach zehn Minuten mit den dürren Worten „dann können wir's ja mal versuchen" zur Personalabteilung, wo mir für den Anfang 1940 Mark brutto als Gehalt angeboten wurden. Das war finanziell ein tiefer Fall gegenüber den Honoraren als freier Mitarbeiter in den Jahren zuvor und reichte im teuren Frankfurt gerade fürs Überleben. Glücklicherweise galt die nahezu uneingeschränkte Freiheit für Nebentätigkeiten. Man konnte unter Opferung von Freizeit intensiv für Zeitungen, Funk und Fernsehen arbeiten, auf mehreren Gleisen fahren und so die ganze Spannweite zwischen kleinteiliger Rundfunk-Verwaltung und ungebundener Medien-Arbeit erproben.

Die Frankfurter Allgemeine und später die liberale, diskussionsfreudige Süddeutsche Zeitung hatten für mich denselben Stellenwert wie die Arbeit im Rundfunk. Die Süddeutsche lebte von einem feuilletonistischen Starensemble, Autoren wie Benjamin Henrichs, Joachim Kaiser, Ivan Nagel, dem Senior Karl Heinz Ruppel. Es galt in einem Wettbewerb, Monat für Monat zu bestehen und prominente Termine zu ergattern. Mit der anfangs eher exotisch eingeschätzten

Ballettkritik hatte ich es leichter. Und im Sommer wurde ich regelmäßig an die frische Luft geschickt. Gerade als jüngerer Kritiker durfte man die sommerlichen Festspiele im Freien nicht verschmähen. So habe ich denn in der Stiftsruine von Bad Hersfeld oder der Bregenzer Seebühne bei Wind und Wetter über Sinn und Unsinn von Sommerfestspielen nachgedacht, mich angesichts der oft mäßigen Qualität der Darbietungen gelegentlich als Gesellschafts-ja Klatsch-Reporter versucht. An die einwöchigen sommerlichen Musiktage Hitzacker, die kürzlich ihr 75-jähriges Bestehen gefeiert haben, sich nach ihrer Gründung schnell den Beinamen „Schwitzacker" verdienten, erinnere ich mich nicht so sehr wegen ihrer feinen Programme in meist kammermusikalischer Besetzung, sondern an einen kleinen „Skandal", der die Elbidylle Anfang der Siebzigerjahre sogar pressenotorisch beschäftigte. Da erlaubte der Gemeinderat nach heftigen Diskussionen für jeweils eine Stunde nach den Konzerten im städtischen Freibad Nacktbaden. Die Ferngläser in den Optikerläden der Region waren im Nu ausverkauft.

Frankfurt hatte in der gesamten Republik einen schlechten Ruf, war aber entgegen allen Zuschreibungen als amerikanisch geprägter kalter Finanzmetropole, als „Bankfurt" aus der Nähe besehen eine lebenswerte Kulturstadt. Dazu trug die in Stiftungen wirksame, auch von der Wirtschaft geförderte, von der zentralen Lage der Stadt begünstigte Souveränität, das Selbstbewusstsein ihrer Bürger bei. Die Frankfurter waren niemals einer Herrschaft, einem Fürsten untertan. Sie duldeten vieles respektvoll neben sich. Das Museum Städel war von Bürgern gestiftet, von Fischer bis Suhrkamp waren Buchverlage Bastionen des Literaturbetriebs. Frankfurt war eine offene Stadt, Kultur und Kapital standen sich zwar nicht unversöhnlich, aber oft genug kontrovers gegenüber, Gegensätze wurden ausgetragen. Die Frankfurter Schule war keine ideologische Leerformel; Marcuse, Horkheimer, Adorno, Habermas waren Träger eines auflebenden Diskurses. Jürgen Habermas hat sich zuletzt mit seinem sozialphilosophischen Ansatz zu den Freiräumen und Gestaltungsmöglichkeiten der digitalen Gesellschaft, seiner besonnenen Position zu Beginn des russischen Überfalls der Ukraine gemeldet. Der umtriebige, einflussreiche Iring Fetscher, Professor für Politikwissenschaft und Sozialphilosophie an der Goethe-Universität, ließ sich permanent zu aktuellen Fragen von Politik und Gesellschaft vernehmen. Die Mitscherlichs erhoben von Frankfurt aus ihre Befunde der Gesellschaft der Bundesrepublik, analysierten deren „Unfähigkeit zu trauern", markierten die Angestellten-Generation. Das war Aufklärung pur, der Versuch, Wohl und Wehe der jungen bundesdeutschen Zivilgesellschaft zu erklären.

Die Stadt wirkte äußerlich hektisch, geschäftsmäßig, nahm scheinbar unbedenklich amerikanische Konsumgewohnheiten an. AFN, der dem Hessischen Rundfunk benachbarte amerikanische ehemalige Soldatensender, importierte Rock und Pop in die Nachkriegsjahrzehnte. Die Buchmesse bildete Jahr für Jahr ein geistiges Epizentrum. Gemütlich ging es in Frankfurt seltener zu - in den touristisch verseuchten Äppelwoi-Kneipen von Sachsenhausen eher oberflächlich. Ganz anders als das zur Bundeshauptstadt gekorene Bonn, wo Skat in der „Rheinlust" gekloppt, „Mauscheln bei der Molle" betrieben wurde, wie dies die ZEIT befand. Bonn, so hieß es, sei als Hauptstadt ideal, weil man ungestört in Ruhe reden und beschließen konnte. Die rheinisch geprägte Haltung hatte ihren Preis. In der Bonner Hauptstadt wurden Risse und Verwerfungen der

Republik zuletzt registriert – in Frankfurt erreichten Kontroversen über Verdrängungen, Sünden der Politik früh und meist heftig die Öffentlichkeit. Manchmal habe ich mir im Rundbau des Hessischen Rundfunks, der einmal als Parlament geplant war, schließlich Teile der Verwaltung des Rundfunks und die Hörfunk-Technik beherbergte, vorgestellt, welche vielleicht spannendere Entwicklung die Bundesrepublik mit einer Bundeshauptstadt Frankfurt genommen hätte.

Haupt- und Nebensächliches trafen unvermittelt aufeinander. Aufbrüche kamen oft gerade, wenn man alles geregelt, in Ruhe wähnte. Und Gegensätze zogen sich an. Frankfurt war in seiner Gemengelage für jede Überraschung gut, es war was los. Die gesellschaftlichen Milieus waren gemischt und weitgespannt. Sie reichten von den gescheuerten Böden der Kneipen des Nordend bis zum blanken Parkett in den Bankentürmen. Und die Buchmesse war ein Hotspot gesellschaftlicher Umtriebe und Geschäftigkeit – und bot reichlich Ablenkung, wenn es zu ernst wurde. Ein Erlebnis ist in meiner Büchersammlung aufgehoben. Eigentlich sollte ich einen hoffnungsvollen Dichter entdecken helfen. Zusammen mit meinem Abteilungsleiter wartete ich am Eingang des Hessischen Rundfunks auf eine Taxe, die uns zu der Villa von Siegfried Unseld bringen sollte, zu einem Empfang seines Suhrkamp-Verlages, der jedes Jahr die Buchmessen-Gesellschaft zur Lesung eines noch nicht arrivierten Schriftstellers versammelte. Darauf hatten wir in diesem Jahr keine Lust, auch nicht auf die üblicherweise gereichten Pizza-Schnittchen. Also durchsuchten wir den Messekatalog und stießen auf eine kulinarische Attraktion. Paul Bocuse stellte 1977 sein „Kunstkochbuch vom König der Küche" in einem renommierten Frankfurter Hotel vor und hatte dazu die Besatzung seiner „L'Auberge du Pont de

Collonges" von Lyon einfliegen lassen. Nichts wie hin: eingeladen waren wir nicht, aber offenbar hatte man uns erwartet. Jedenfalls wurden wir vorbei an neidisch dreinblickenden Kollegen gelotst und am Prominenten-Tisch platziert. Nach einem gelungenen ausgiebigen Mahl gesellte sich der Meisterkoch zu uns und signierte nach kleinem Small Talk jeweils ein Exemplar seines Prachtbandes. Wir waren „Opfer" einer Verwechslung. Zwei Prominente waren woanders im Trubel der Buchmessen-Empfänge hängen geblieben. Wir schwiegen und haben einfach genossen. Nach der Rückkehr in den Sender erreichte uns die Nachricht von der Entführung der „Landshut."

Ein arriviertes Subzentrum der mitunter arroganten Frankfurter Gesellschaft bildeten die Rotary-Clubs; der älteste war angesiedelt in einer gediegenen Villa aus der Gründerzeit im begüterten Westend, das in den frühen Siebzigerjahren zugleich Zentrum der Frankfurter Hausbesetzerszene war. Die ehrenvolle Einladung, 1982 Mitglied bei Rotary zu werden, war zur Verjüngung des überalterten Clubs gedacht. Man redete, während der wöchentlichen Treffen montagmittags offen, respektvoll und vertraulich, verhielt sich zugleich zueinander distanziert. Nach dem Essen war ein kurzer Vortrag, in der Regel von einem Mitglied, angesagt. Einmal berichtete der gerade aus Japan zurückgekehrte Vorstandsvorsitzende des Hoechst-Konzerns langatmig und über die üblichen zwanzig Minuten hinaus von den Eindrücken seiner Reise. Der Präsident des Clubs, in der Klemme zwischen Rücksicht auf die Prominenz des Redners und den strengen Regeln von Rotary, warb darum, trotz Überziehung noch ein, zwei Fragen zuzulassen. Ein pensioniertes Mitglied des Vorstands der Deutschen Bank erhob sich und sagte einfach: Nein. Die Versammlung folgte, verließ abrupt den Mittagstisch, bevor die Glocke wie üblich das

Ende des Treffens einläuten konnte. Zum kameradschaftlichen Beisammensein lud die Frankfurter Gesellschaft nicht ein.

Als Glücksfall für Frankfurt, für uns Kulturjournalisten erwies sich mit Beginn meiner Anstellung beim Hessischen Rundfunk die Herausforderung, die der junge, von Oberhausen kommende, Kulturdezernent Hilmar Hoffmann der Bankenmetropole zumutete. Er verfocht eine neue, keinen Konflikt scheuende, ihn oft suchende kommunale Kulturpolitik. Da gab es viel zu tun, fast täglich Stoff für den Kulturjournalisten. Konzepte und Konflikte wechselten im Monatsrhythmus, die Szene wuchs mit dem ausladenden Museumsufer, dem Wiederaufbau der Alten Oper, die der Oberbürgermeister Rudi Arndt 1965 noch in Schutt und Asche gewünscht hatte, was ihm den Spitznamen Dynamit Rudi eintrug. Hilmar Hoffmann wollte sich kulturpolitisch ein sozialdemokratisch getöntes Denkmal setzen mit seiner Schrift „Kultur für alle", förderte einige erfolglose Anläufe zur demokratischen Mitbestimmung im Theater, setzte ebenso auf exponierte Autoritäten in der Oper wie Christoph von Dohnanyi oder Michael Gielen, spürte vermutlich selbst, dass, was bleibt, in Stein gemeißelt ist wie eben das Frankfurter Museumsufer. Hoffmanns Arbeit hat Frankfurt gutgetan, seine Kulturpolitik war selbst im Scheitern oft wegweisend. Einmal kam ich nicht daran vorbei, den Versuch zu organisieren, Intendantendiven zu einer Rundfunkdiskussion über Mitbestimmung im Theater zu bitten. Da saßen neben einer Schauspielerin, die tapfer die Mühen der Ebene des Theateralltags schilderte, Protagonisten der Szene, nicht eigentlich ausgewiesene Vertreter von Mitbestimmung. Am ehesten versuchte sich darin noch der Schauspieldirektor Peter Palitzsch, aber der andere Prinzipal, der Theater- „Diktator" Rainer Werner

Fassbinder, verteidigte eine Position, die bestenfalls eine patriarchalisch gefärbte Mitarbeit zuließ. Die Frankfurter kulturelle Wirklichkeit war bei allem oft unversöhnlichem Streit lebendig und blieb produktiv. In die Aufführungsgeschichte während Hoffmanns Zeit sind Inszenierungen eingegangen wie Hans Neuenfels provozierende Ausgrabungsarbeit an „Aida" oder Klaus Michael Grübers Abend mit Bartoks „Blaubarts Burg" und Schönbergs „Erwartung". Die erste Operninszenierung von Hans Neuenfels hatte ich davor in Nürnberg besichtigt – im Nachhinein eine Art Beginn des exponierten Regietheaters in der Oper der Bundesrepublik. Das Premierenpublikum seines Debuts mit Verdis „Troubadour" empörte sich anhaltend und so laut, dass der Nürnberger Kulturdezernent Hermann Glaser mittendrin ebenso lauthals einschritt und beschwichtigte. Neuenfels nahm die wirren Schicksale der Opern-Romanze realistisch, verwickelte sie in einen Opernstrip.

In dieser neuen aufregenden Opernzeit, die viele Bühnen erfasste, waren Betriebsunfälle unvermeidlich– ein spektakulärer ereignete sich in Frankfurt. Opernintendant von Dohnanyi wollte 1975 der schäumenden Welle des Regietheaters am prominenten Beispiel des „Ring", die Krone aufsetzen und ließ den jungen Regie-Novizen Peter Mussbach, der gerade mal in Augsburg eine Visitenkarte als Regisseur abgegeben hatte, die „Götterdämmerung" inszenieren. Die Aufführung ging im Tumult gerade noch zu Ende. Ich hatte meinen Platz neben dem 1977 von der RAF ermordeten Vorstandssprecher der Dresdner Bank Jürgen Ponto, der ziemlich gelassen, leicht amüsiert das Debakel der Premiere verfolgte. Zum Alleindarsteller der bundesdeutschen Musikkritik avancierte ich an diesem Abend, weil die meisten Kollegen anlässlich einer veritablen musikalischen Uraufführung in

Donaueschingen versammelt waren und die „Götterdämmerung" nachholen wollten. Die zweite Aufführung gab es indes nicht, von Dohnanyi setzte die Aufführung ab und geriet mit Mussbach in einen Rechtsstreit über die Frage, ob die Inszenierung urheberrechtlich relevant sei. Als musikkritischer Kronzeuge und dank juristischer Vorbildung wurde ich tagelang für Medien im In- und Ausland zum journalistischen Auskunfts-Büro. Eine weitere Begegnung mit den Arbeiten Peter Mussbachs endete privat als Betriebsunfall. In Ulm inszenierte der vielfach begabte promovierte Mediziner als Akt der Rehabilitierung im Opernbetrieb Mozarts „Hochzeit des Figaro". Ich konnte kurz vor Premierenbeginn mein Gepäck wegen einer Zugverspätung gerade noch ins dunkle Hotelzimmer schieben, genoss die gelungene Inszenierung, danach ein feucht-fröhlichen Abendessen und meinte danach, einer Erscheinung aufzusitzen. Im Zimmer, das anderntags renoviert werden sollte, fehlte das Bett, einen Nachtportier gab es nicht. Ich wurde am anderen Morgen mit einer Litanei von Entschuldigungen und einem üppigen Frühstück entschädigt, bezahlen musste ich natürlich nicht.

Nach Frankfurt wollte ich zuerst nicht, weil ich auf seinen schlechten Ruf hereingefallen war: zu unpersönlich, zu amerikanisch, zu teuer. Dass die Frankfurter Allgemeine, bei der ich ständiger freier Mitarbeiter war, in der Bankenmetropole siedelte, war mir wegen der besonderen Stellung der Wirtschaftsredaktion verständlich. In der Tat lief die Berichterstattung im Lokalteil, der „Zeitung für Frankfurt" publizistisch lange nebenher. Meine Distanz zur Stadt schwand mit der Arbeit. Aus der knappen Begrüßung des Hörfunkdirektors des Hessischen Rundfunks wurden gut ein Dutzend Jahre und das ganze Programm der Rundfunklehre als Redakteur, Moderator, Autor -schließlich im

Management. Der Sender wäre zur beruflichen Heimat geworden, wenn mich nicht der Sog der sogenannten Neuen Medien erfasst hätte. Zur damaligen Zeit hatte der Hessische Rundfunk den Ruf einer gut geführten Anstalt mit familiären Zügen. Man konnte sich beruflich einrichten. Bei unbefristeter Anstellung winkte ein Auskommen - vor Augen ein ordentlicher Rentenbescheid. Viele erhofften sich eine Anstalts-Karriere. Dieses „Beamtentum" hatten die meisten mit seiner sozialen Sicherung und dem System automatischer Gehaltssteigerungen verinnerlicht. Man musste sich nur gedulden, Gratifikationen wurden in der Regel ersessen.

Einige Kollegen wollten mehr, ohne gleich wegzuwollen. Das gefestigte Organisationsschema wies zwar jedem seine feste Stelle zu, die Sendeplätze wurden regelmäßig befüllt. Die Hierarchen Hauptabteilungsleiter, einander meist fremd, hielten ihre Sprengel beisammen und genossen eine außertarifliche Sonderstellung. Es gab aber einige, die Kreativität fördernde Lücken und ein interdisziplinäres Klima - eine woanders unübliche Kooperation zwischen der elitäreren Kultur und der Unterhaltungsabteilung, Annäherungen an eine journalistisch orientierte Musikredaktion, die tägliche Sitzung der Politik, die der Chefredakteur tolerant für alle Programmbereiche offenhielt und ein Erfindergeist, der sich meist auf Abteilungsebene organisierte und seine Ideen zum Programmdirektor schleuste. Der pflegte zwar seine Granden, ließ aber auch viel zu, sodass sich Neuerungen unter der Hand einstellten. Ich hatte das Glück, an mehreren innovativen Sendeprojekten beteiligt zu sein; ein Jahrzehnt an der Idee, die Premieren der Bayreuther Festspiele als große Reportage mit kritischem Rückblick live zu senden, wöchentlich am Sonntagabend ein aktuelles Kulturmagazin zu verantworten und zu moderieren, herausragende Ereignisse wie die Theater-Experimenta oder die Buchmesse jeweils mit aktuellen Zusammenfassungen des Tages zu begleiten. Die Spannweite des „Kulturellen Worts" war atemberaubend: Sie reichte vom „Geist der Zeit", dem „Buch der Woche", Betrachtungen von Edelfedern der Republik bis zum eher klein gestrickten regionalen Angebot im Magazin „Das Prisma – Kultur in Hessen". Hörbar bildete Frankfurt das Zentrum. Ausflüge in die Provinz, zumal nach Nordhessen, wurden als lästige Pflicht des Rundfunkauftrags empfunden, von der Zentrale oft als quälerisches Muss versehen: Willst Du schon wieder nach Hessisch Katanga, wurde Kollegen hinterhergerufen, die pflichtgemäß „ab nach Kassel" unterwegs waren. Fulda fühlte sich von der zuständigen öffentlich-rechtlichen Rundfunkanstalt vollends abgeschaltet.

Viele Projekte des Kulturradios erwiesen sich als Nachhutgefechte. Man wollte Kultur vielseitig vermitteln, sich nicht abhängen lassen vom Fernsehen, in dessen Schatten das Radio unaufhaltsam geraten war. Der Programmdirektor, wegen schwindender Hörerzahlen immer stärker in der Defensive, von Aufsichtsgremien und Presse bedrängt, schwang sich zu innovativer Stabsarbeit an der Redaktionsbasis auf, bildete aus der Schar der Jungredakteure eine Reformkommission. Wir versetzten auftragsgemäß das gewohnte Programmschema in Bewegung, rüttelten sogar an der Hierarchie. Am Morgen nach der Abgabe des Reformpapiers stürmte der Hauptabteilungsleiter in mein kleines Büro und fertigte unser stolzes Papier empört mit den Worten ab: wenn unsere Empfehlungen praktisch würden, könnte er gleich zu Hause bleiben. Nichts anderes hatten wir beabsichtigt. Von unserem waghalsigen Reformwerk blieben ein paar Vorschläge wie eine monatlich versendete Collage von „gehobener" Musik und Literatur, dieser oder jenem Sendeschnipsel im Programmschema hängen, was wir Reformer gleich selbst ins Werk zu setzen hatten.

Wir endeten mit unserer Papier-Reform im Rahmen der damaligen Programmordnung, überhörten wichtige Zeichen der beginnenden Dämmerung der alten Radiokultur, das heißt, der Veränderung des Radio-Hörens. Wirkliche Reformen spielten sich in einer Art Sturzgeburt ohne große Planung ab. Eher nebenbei, mit ganz kleiner Mannschaft, Bordmitteln der Sendeleitung wurde mit der Einrichtung der Verkehrswelle hr3 dem stattgegeben, was man später als Begleit-Funktion des Radios propagierte. Vorbei war es, das haben die Protagonisten der Radiokultur, unterstützt von den Feuilletons der Zeitungen, bis heute nicht begriffen, mit dem Lauschen auf und dem Verinnerlichen von Inhalten. Radio wurde zusehends nebenbei gehört. Der Medienforscher Will Teichert, der einige Jahre die Medienforschung des Hessischen Rundfunk verantwortete, identifizierte das Radio als „Teil der psychischen Grundversorgung".

Im Hessischen Rundfunk der Siebzigerjahre fand die Revolution im Kleinen statt. Mein Ausbruch aus dem System bahnte sich in einem Pub in Cardiff an. Mein Abteilungsleiter, kreativ im Auffinden neuer Programmideen, suchte mit mir nach Stoff für eine sogenannte, dieses Mal englische Länderwoche. Jedes Jahr machten sich Journalisten des Senders in ein anderes Land auf, solange die Hörer noch neugierig waren auf andere Lebensformen und Verhältnisse, nicht nur auf touristische Handreichungen zu fremden Sitten und Gebräuchen. Wir glaubten, einen Nachholbedarf zu befriedigen. Quer durchs Programm wurden die Angebote dieser Länderwochen gestreut.

Meine erste Länderwoche war politisch riskant, eine Reise nach Polen 1972 zu Beginn der Ära Gierek, wir mussten um jedes freie Interview kämpfen, stießen zwar auf viel Sympathie bei unseren Gesprächspartnern, Plakatkünstlern, Filmregisseuren, Schriftstellern, standen mehrmals kurz vor der Ausweisung. Noch beim Abschied auf dem Warschauer Flughafen wurde, wenn auch vergeblich, auf die Herausgabe von Tonbändern gedrängt. Ebenso bedeutsam wie die politischen Hindernisse für unsere Arbeit, waren die Folgen eigener historischer Unkenntnis. Bei einem Interview mit dem Intendanten des Nationaltheaters in Warschau unterlief mir die peinlichste Frage meiner Journalisten-Laufbahn. Ich fragte Adam Hanuskiewicz, warum die Inszenierung des Hamlet, die vom Regime abgesetzt worden war, weil sie zu politisch geriet, nur mit jungen Schauspielern besetzt war. Seine Antwort: Die Älteren haben Eure Leute im Krieg umgebracht.

Meine zweite, englische Länderwoche begann mit einem fast gescheiterten Interview. Der streng katholische Earl of Longford hatte gerade eine Streitschrift gegen Pornografie und Prostitution verfasst, machte damit über die Grenzen Englands hinaus Furore, ließ sich zum Interview herab. Wie üblich bat ich, um den exzentrischen Adligen und seine Kampagne vorzustellen, eingangs um eine kurze Zusammenfassung seiner Thesen, worauf der Lord schroff erwiderte, ich solle sein Buch erst einmal lesen, dann könne ich wiederkommen. Solchermaßen aufgeschreckt, gelang dann doch eine Art Streitgespräch.

Die Tätigkeit als journalistischer Jäger und Sammler für die englische Länderwoche 1973 gestaltete sich im Übrigen routiniert. Wir kamen deshalb fern der Heimat auch auf Gedanken über das Programmangebot des Heimatsenders, hatten die letzte Aufführung des Sommernachtstraums in der Inszenierung von Peter Brook mit der Royal Shakespeare Company hinter uns und nach mehreren Pints eine damals nicht gerade naheliegende Programmidee im Kopf: wäre es angesichts der Veränderungen der elektronischen Kommunikation und ihrer Folgen für die etablierte Medienlandschaft nicht vonnöten, dies in einer eigenen Sendereihe zu thematisieren - nicht im Sinne einer Nabelschau nach dem Motto „Wir unter uns", sondern offen für die Zukunft der Medien, mit dem Blick über alle möglichen Zäune. Der Arbeits- und spätere Sendungstitel war schnell geboren: „Media - die Zukunft der Information." Aus der – wie viele Kollegen hinter kaum vorgehaltener Hand raunten - Schnapsidee wurde ein ernst gemeinter Vorschlag. Der Hörfunkdirektor ließ das Konzept in der wöchentlichen Routinesitzung vortragen, Reaktionen blieben aus. Man könne das mal probieren, wer wolle und solle es denn realisieren? Betretenes Schweigen; am liebsten wären alle, vor allem die Mitglieder der im Grunde zuständigen politischen Redaktion vor einem drohenden Zuschlag im Erdboden versunken - keiner wollte. Ja, da wir das vorgeschlagen hätten, sollten wir es selbst realisieren, entschied der Programmdirektor.

Media – meine Zukunft der Information

So wurde ich im Sender zuerst zum Solisten in Medienfragen, später zur Auskunfts-Adresse für die Medien-Zukunft nicht nur des Hessischen Rundfunks. Das neue Medienmagazin kümmerte sich um das Große Ganze, startete mit einer Sendestunde pro Monat und einem mühsamen learning by publishing. Zwar winkten jede Menge Nachrichten aus dem überquellenden Medienland USA. Bei uns waren die Verhältnisse scheinbar geordnet, ja langweilig, die Balance zwischen dem Monopolrundfunk und den kommerziell verfassten Printmedien Mitte der Siebzigerjahre gewissermaßen gottgegeben. Kein Wunder, dass sich der Programmdirektor nach einem Vierteljahr besorgt erkundigte, ob wir denn noch genug Stoff zum Senden hätten. Das aber war nicht unser Problem, die Ausrichtung, das Programmprofil der Sendereihe schon. Wir publizierten zuerst wahllos nach allen Seiten und Themenbereichen von Computertechnik bis Wirkungsforschung. Das Magazin sortierte sich zwischen einem eingefahrenen Medienbetrieb und den aufkommenden Neuen Medien. Der Vorteil war, dass wir uns gänzlich frei wie auf einer Spielwiese tummeln konnten. Der Hessische Rundfunk war, was die Freiheit der Programmgestaltung anging, gegen seinen weitverbreiteten Ruf keineswegs „links" fixiert. Er konnte auf einen souveränen Rundfunkrat bauen – wenn es nicht wie in den anderen Anstalten auch und heftig um die Besetzung von Leitungspositionen ging. Selbst bei heiklen medienpolitischen Themen, die die Anstalten selbst betrafen, blieben Sendefreiheit und Unabhängigkeit unangetastet. Da gab es etwa zum Verdruss der nicht beteiligten Zeitungsverleger den Plan eines ersten lokalen Kabelfernsehpilotprojekts in Kassel unter der Ägide des Hessischen Rundfunks. Ich interviewte dazu Betreiber und Gegner des

Projekts. Auf dem Weg ins Studio meinte ich, den Intendanten des eigenen Hauses, Werner Hess, vorsorglich über den Inhalt der Sendung informieren zu müssen. Er unterbrach mich unwirsch, ich sei schließlich für die Sendung verantwortlich und gab mir vor dem Mikrofon ausführlich Auskunft.

Mit der wachsenden Beschäftigung geriet ich schnell ins offene Fahrwasser einer rasanten Medienentwicklung. Anstalts-Insassen wie die Kollegen der schreibenden Zunft wussten wenig über ihren Berufsstand und seine Zukunft – getreu einer menschlichen bequemen Einstellung, nach der man sich über die Zukunft eher keine Gedanken machen muss, solange die Gegenwart auskömmlich scheint. Das „Morgen" gehört in der Bundesrepublik erst einmal in Kommissionen. Das war im Falle der Neuen Medien von Kabel und Satellit die vom Bundestag eingesetzte Kommission für den Ausbau des technischen Kommunikationssystems" (KtK), wobei die Wirklichkeit alle Gedankenspiele und Pilotprojekte überholte: Direktsatelliten bestrahlten ohne Umwege den Endverbraucher, eine neue Programmflut spülte in die Fernsehhaushalte. Geplant war das nicht. Die Medien-Produzenten, ob in Rundfunk oder Zeitung, hatten sich in ihren Unternehmen eingerichtet, wobei für die Insassen des öffentlich-rechtlichen Rundfunks eine schizophrene Sondersituation herrschte: nach innen konservativ bis orthodox, auf Besitzstände pochend, nach außen fundamentale Kritiker bestehender Verhältnisse und selbst ernannte Propheten von Innovationen.

Der Hessische Rundfunk hatte dafür ein beinahe anrührendes personelles Beispiel: der Leiter des Sozialfunks, in dessen Sendung „das sozialpolitische Forum" Tarifpartner im Wochen-Rhythmus gesittet aufsagten, wie harmonisch das Arbeitsleben gestaltet werden kann, hatte eines der ersten Computer-Handbücher für den täglichen Gebrauch verfasst und sollte in einem Morgenmagazin der Unterhaltung darüber erzählen. So weit, so mutig, innovativ und natürlich werblich. Als der Verfasser dort morgens auftreten sollte, überkam ihn der Schrecken: „Was, das ist live, das geht gar nicht." Als ich mit ebendiesem Kollegen nach einem heftigen Druckerstreik das sonntägliche „Frankfurter Gespräch" mit dem Vorsitzenden der Druckergewerkschaft bestreiten sollte und wir dafür nach Stuttgart reisen mussten, streikte er wiederum - der Zumutung „live" und der Reise wegen. Erst per ordre Mufti und versehen mit Pausenbroten, die seine Frau für die lange Bahnreise von Frankfurt nach Stuttgart geschmiert hatte, ließ er sich bewegen. Der Kollege war für mich ein Paradebeispiel „beschützten Sendens", des Rundfunk-Beamten. Als besonderes Beispiel systematisch gestörter Selbstwahrnehmung von Radiomachern ist mir eine Präsentation der Hörerzahlen aus der jährlichen Medienanalyse in Erinnerung. Medienforschung gehörte in der Intendanz zu meinem Verantwortungsbereich. Aber damals, zu Beginn der 80er Jahre war sie für die meisten Kollegen ein Buch mit mindestens sieben Siegeln und der Hörer demzufolge ein weitgehend unbekanntes Wesen. Die Präsentation vor der versammelten Mannschaft der Hörfunkdirektion belegte mit vielen Schautafeln, dass sich das Hörverhalten wandelte, dass Radio immer mehr zum Begleit-Medium wurde und die Nutzungszahlen schrumpften. Ich erinnere mich, dass wiederum besagter Leiter des Sozialfunks mit seinem Zwischenruf den meisten Teilnehmern der Präsentation aus dem Herzen sprach – sinngemäß: Das ist doch alles Unsinn. Da haben wieder einige Soziologen im stillen Kämmerlein, bar jeder Kenntnis von Rundfunk, ihr Süppchen gekocht.

Unser Medien-Magazin wurde getragen von der Anwendung meiner verinnerlichten existenziellen Grundformel der normativen Kraft des Faktischen, von Technik und Markt, mit den Folgen für die traditionelle Medienlandschaft - die Orientierung war mühsam genug, die Spannweite der Themen passend zur rasanten Medienentwicklung weit gefasst, beinahe überspannt: hinter uns die von der Mutter allen Rundfunks, der BBC und der alten Londoner Zeitungsmeile, der Fleet Street entlehnte ausbalancierte bundesdeutsche Medienordnung - vor uns die Übermacht des US-amerikanischen Marktes mit seiner verkabelten Medienlandschaft und dem aufscheinenden Satelliten-Horizont. Natürlich war Silicon Valley mit seinen big five noch unendlich weit und China sowieso.

Die Bundesrepublik fing mit der Praxis der Neuen Medien ganz von unten an - sozusagen schriftlich: Bildschirmtext – von der Bundespost veranstaltet – und Videotext waren Fingerübungen in Sachen Neue Medien, wiederum von England importiert, wo sich neben dem System Ceefax der BBC das kommerzielle Oracle etabliert hatte –in der Bundesrepublik begann damit der erste fundamentale Streit zwischen öffentlich-rechtlichem Rundfunk und Zeitungsverlagen um die publizistische Elektronik. In der zweiten Hälfte der Siebzigerjahre ging es erstmals fundamental um den elektronischen Wettbewerb: ob die sogenannte Austastlücke des Sendesignals noch den Rundfunkanstalten gehört oder diese mit ihren zusätzlichen Textangeboten den Zeitungsverlegern ins Handwerk pfuschten. Da begann für mich eine erste informelle inhäusige Berater-Tätigkeit. Im prominenten ARD-Treff auf der Berliner Funkausstellung stieß ich auf einen etwas ratlosen Intendanten Hess. Der musste als amtierender ARD-Vorsitzender Stellung beziehen. Fraktur reden war eigentlich seine Begabung, nur diese technisch-medienpolitische Causa nicht.

Also fragte er mich, was er denn auf der tags darauf drohenden Pressekonferenz für die ARD zu dem Streit sagen sollte. Verärgern wollte er die Verleger nicht, also gefiel ihm der Rat, auf die viel größere Bedrohung für die Publizistik abzulenken, auf die Bundespost mit ihrem ausufernden Bildschirmtext, der ins Handwerk jeden unabhängigen Journalismus „funken" würde. Die Zeitungen nahmen den Ball nach der Pressekonferenz der ARD gerne in ihre Schlagzeilen auf und Werner Hess erzählte stolz herum, dass ihm da wohl eine glänzende Ausflucht aus dem Konflikt Zeitungsverlage contra öffentlich-rechtlichen Rundfunk gelungen sei. Ich lernte, dass Lehrjahre im Stab eines Anstaltsoberen keine Herrenjahre sind und dass in einer solchen Stabsstelle Erfolg hat, wer sich selbst erst einmal aufgibt. Das fällt namentlich Journalisten schwer, wobei ich nach Büroschluss auch in der Intendanz das Glück des respektierten freien journalistischen Auslaufs hatte. Da kam mir immer wieder das Vorbild meines prominenten Kollegen John Percival in den Sinn: Den Tag über organisierte er als Beamter die medizinischen Vorsorge-Untersuchungen von Schulkindern für Groß-London, abends besuchte er für die ehrwürdige Londoner Times Ballett-Vorstellungen.

Videotext markierte den Anfang vom Ende meiner ersten Rundfunkkarriere, den Wechsel ins Management. Ich war an zwei Pilotprojekten auf der Funkausstellung beteiligt. Für das Duell mit den Zeitungsverlegern taten sich ARD und ZDF zu einer gemeinsamen Redaktion zusammen. Mir machte es großen Spaß, zusammen mit dem unorthodoxen Sportjournalisten Holger Obermann am Wochenende die Kämpfe der Fußball-Bundesliga journalistisch mit einem Pilotprojekt der Verleger fortzusetzen. Glücklicherweise scheiterte eine Bewerbung des Hessischen Rundfunks, Videotext federführend als Regelbetrieb für die ARD zu betreuen. Das hätte mich auf lange Zeit auf ein experimentelles Nebengleis gesetzt. Auch hier galt das Notopfer Berlin, der Sender Freies Berlin erhielt den Zuschlag. Aber bei anhaltend hoher Schlagzahl der Bemühungen um die Deutungshoheit in Medienfragen, angesichts der Präsenz im üblichen Konferenz- und Diskurs-Betrieb der wachsenden Medien-Republik war ein Stellungswechsel in Sicht. Wolfgang Lehr, langjähriger Justiziar, dann Intendant des Hessischen Rundfunks, köderte mich für die Leitung der Öffentlichkeitsarbeit, was sich ausweitete zur Beratung in Medienfragen, Beteiligung in Kommissionen der ARD, Redenschreiben, Pflege und „Bespaßung" der Rundfunkräte, Bearbeitung von Beschwerden über das Programm.

Die Vermittlung zwischen meinen nun ehemaligen Journalisten-Kollegen und beleidigten Rundfunk-Konsumenten oder Politikern bildete eine Art Kollateralschaden meines Stellungswechsels, weil ich in der Mehrzahl unsinnige Anwürfe abwehren, oft genug auch lächerliche Ausrutscher im Programm ausbügeln musste. Nicht nur Politiker fühlten sich angegriffen. Auch Pittoreskes war an der Tagesordnung wie die Beschwerde eines mittelständischen Unternehmers, den ein Moderator anlässlich des Jubiläums seiner Firma im Regional-Magazin „Unterwegs in Hessen" interviewte und mit den Worten verabschiedete: Weiterhin viel Erfolg, Herr Zwergwerksdirektor. Dies brachte mir zwecks Abbitte für den Fauxpas den Besuch der Manufaktur in einem mittelhessischen Städtchen ein. Ich lernte Gartenzwerge kennen und schätzen und kehrte mit einem von Hand gearbeiteten Prachtstück nach Frankfurt zurück. Journalistische Fehltritte und Fauxpas´ wuchsen mit der „Magazinitis" der Siebzigerjahre. Man hörte nicht mehr genau hin und plante weniger sorgfältig - meist wie am Fließband nach den Programmpunkten aufs Stichwort, weniger nach dem Inhalt. Die Zahl der Magazine stieg inflationär, die Inhalte wurden flüchtiger - es versendete sich. Abgründe lauerten in den Magazinen aufgrund der Musikauswahl, nicht nur in „falschen", unbedachten Moderationen. So geschah es, dass dem assoziativ denkenden Kollegen der Musikredaktion auf das Stichwort „Entführung" Udo Lindenbergs Album „Votan Wahnwitz" einfiel. Er suchte den Titel „Guten Tag Herr Filmproduzent," für eine Überleitung aus. Ich moderierte die aktuelle Ausgabe des Kulturmagazins zur Zeit der Entführung des Berliner Politikers Lorenz durch die RAF und erstarrte förmlich bei den Zeilen der Zwischenmusik: „Ich sag': Ich könnt' ja zur Not auch inkognito mal ein Drehbuch schreiben für 'ne Wahnsinnsshow über Terri Terror und Anna Anarcho und deren Flugzeugentführung nach Addis Abeba, nach Beirut oder nach Jemen und ich schwör' Ihnen, das Publikum weint vor Rührung, wenn Sie Inge Meisel als Geisel nehmen". Der Musikgestalter erschien nach schlafloser Nacht bleich, aber gefasst auf seinen Rausschmiss im Büro. Aber: kein Mensch rief uns an, niemand hatte sich beschwert. Auch die Funklöcher wurden immer größer, die Hörer waren eben sehr früh nebenbei dabei.

Lehr-Jahre unter einem Rundfunk-Intendanten

1980 begannen weitere Lehr-Jahre mit einem vierjährigen Aufbaukurs in Sachen Rundfunk-Management. Ich lernte Stellung und Arbeit eines Rundfunkintendanten kennen. Mein Dienstherr Wolfgang Lehr drängte sich mit dieser Rolle nicht auf, betrieb mit Sachverstand, großer Geduld, tolerant nach innen, beharrlich und auch eigensinnig nach außen sein Geschäft. Wenn nichts mehr half, tröstete ein Goethe-Zitat. Ein Schlüsselerlebnis markierte diese damals noch mögliche Gangart: nach einer der üblichen Gremiensitzungen ging es eilig nach Kassel zum Jahresempfang der Evangelischen Kirche Deutschlands. Lehr war eingeladen, sich zum Verhältnis von Kirche und Rundfunk zu äußern. Mehrere Wochen zuvor kamen der Intendant und sein Mitarbeiter überein, den publizistischen Schutz von Minderheiten zu thematisieren. Ich lieferte den Entwurf der Rede Wochen vor dem Auftritt ab, wurde täglich vorstellig mit der Frage, ob Lehr ihn schon gelesen habe und dem Hinweis, der Text beziehe ziemlich exponiert Stellung. Lehr hatte jeweils anderes im Sinn, zum Lesen kam er in buchstäblich letzter Minute, als wir in seinem Dienstwagen bereits Frankfurt auf dem Weg zum kirchlichen Empfang hinter uns gelassen hatten. In der Höhe von Gießen hatte er ausgelesen und fragte lapidar: muss ich das denn sagen? Natürlich nicht, das sei seine Entscheidung, ich hätte ihm aber die Ansprache frühzeitig geliefert. Ende des Wortwechsels und stumm ab nach Kassel. Im Haus der Kirche kam es zu einem überraschenden „Showdown." Lehr lockerte die Versammlung mit einem amüsanten Medienwitz auf, kam zur Sache: viele von Ihnen arbeiten mit Menschen zusammen, die für Sie Reden schreiben – natürlich nach Absprache und Vorgaben. So auch im aktuellen Fall. Der von ihm geschätzte Mitarbeiter, der erfreulicherweise anwesend sei, habe folgende Rede geschrieben, mit der er im großen Ganzen übereinstimme. Lehr setzte demonstrativ seine Lesebrille auf und trug den fremden Text, den er wahrscheinlich viel zu ungeschminkt fand, wie bei einer Lesung vor. Er tat das ernsthaft, eindringlich, mit deklamatorischem Duktus und „kam an". Der Applaus war spontan und stark.

Die intensive Zusammen - nicht eigentlich Zuarbeit – brachte mich schnell dazu, über die schon damals heftig diskutierte Rolle des Rundfunkintendanten nachzudenken. Der pompöse Titel bezeichnete eine kleine elitäre Gattung „mit unklarer Stellenbeschreibung und höchster Verantwortung. Intendanten haben's schwer" leitete Gerhard Becker seinen Versuch ein, ein Bild vom „Karriere-Intendanten seit 1946" zu zeichnen. Ich habe noch die alte Intendanten-Herrlichkeit wahrgenommen, aber schon damals deren Anfang vom Ende gespürt. Die Rolle begann, sich mit den neuen Konstellationen des Medienmarktes zu verändern, an gesellschaftlicher Bedeutung abzunehmen, schließlich zum Funktionsträger des Rundfunks ins digitale Zeitalter zu mutieren, zunehmend als Relikt wahrgenommen zu werden. Entrückt, jedenfalls herausgehoben wirkte der Intendant wie viele Würdenträger der Republik anfangs - am Ende beginnen diese „Leuchttürme" mehr und mehr zu erlöschen. Person und Institution haben sich wie zwischen kommunizierenden Röhren gegeneinander verschoben. Die Größe „Intendant" schrumpfte, der Apparat „Rundfunk" blähte sich auf. Schon der Aufbruch zum dualen Rundfunk, das Ende des öffentlich-rechtlichen Sendemonopols, relativierte die Rolle. Die vollmundigen Sprüche aus Intendanten-Mund von der Integration der Gesellschaft durch den öffentlich-rechtlichen Rundfunk wurden lauter, pathetischer, aber auch hohler, widersprachen vor allem der wachsenden Individualisierung einer Anspruchs- und Befindlichkeits-Gesellschaft.

Die Anfänge waren legendär. Beginnend mit dem Rundfunk der Weimarer Republik führten Gründerväter wie Hans Bredow eine imposante Reihe von Leitfiguren an. Rundfunkintendanten hatten einen großen Spielraum zwischen Kultur und Macht, ihre Stellenbeschreibung war offen, die Abhängigkeit von allen gesellschaftlichen Gruppen, vor allem der Politik wuchs. Lange hielt sich gerade in der ersten Phase noch etwas von dem Geist, der den legendären Impresario der Balletts Russe Diaghilew beseelte. Als Cocteau ihn fragt, wie er seine Arbeit für die Kompanie vorstellen, wie er seinen Entwurf für das kubistisch angehauchte Ballett „Parade" gestalten solle, das 1917 in Paris in einem handfesten Theaterskandal endete, antwortete Diaghilew ebenso einfach wie umfassend: setzen Sie mich in Erstaunen.

In den ersten Jahrzehnten nach dem Zweiten Weltkrieg wurde ein Intendant, zumal, wenn er aus dem Kulturbetrieb stammte, gelegentlich sogar lobgepriesen. So rühmte der eher zurückhaltende Chef des Fernsehspiels einer großen Rundfunkanstalt den Intendanten einer kleinen Anstalt – gemeint war wieder Hans Abich – als „Voltaire der ARD": „In seiner Gegenwart wurden alle und alles augenblicklich besser; ein sogenannter Verzauberer und ein augenblicklich wirksamer." Was für ein Schock, als dieses Idol posthum vom Sockel gerissen, in einem Zeitungsartikel seine Belastung aus der NS-Zeit bekannt gemacht wurde. Sein Name wurde aus einem Titel eines Preises für Film- und Fernsehschaffende der Deutschen Akademie für darstellende Künste und des Kultur-Senders 3Sat getilgt, weil Abich nicht einfach Parteiglied gewesen war, sondern zeitweise wissenschaftliche Hilfskraft im

Reichspropagandaministerium und Redakteur zweier NS-Propaganda-Zeitschriften. Er hatte dies verschwiegen, wohl verdrängt, mit seiner Kultur-Arbeit nach dem Krieg vergessen machen wollen. In meine persönliche „Galerie" der unbeirrbaren NS-Belasteten gehört er jedenfalls nicht. Er übte eine Art „tätiger Reue." Als die kulturellen Spielräume enger wurden, der Medienmarkt mit Kabel und Satellit eröffnete, die Medienpolitik in der Bundesrepublik sich je nach parteipolitischer Couleur aufspaltete, die Bürgerlichen auch ihren Frust am scheinbar linken öffentlich-rechtlichen mit der Zulassung des kommerziellen Rundfunk abbauen wollten, übten Intendanten mehr oder weniger direkt zum letzten Mal ihre Gestaltungs-Macht aus: Der Produzent Günther Rohrbach geißelte 2011 aus Anlass eines Engagements von Günther Jauch für die ARD noch ein „Intendantenfernsehen":

„Das fundamentale Problem der öffentlich-rechtlichen Fernsehanstalten ist, dass sie die Redakteure in den zurückliegenden Jahrzehnten systematisch entmachtet haben. Aus dem (linken) Redakteursfernsehen ist das Intendantenfernsehen geworden. Nicht von heute auf morgen. Es war ein schleichender Prozess, der mit dem Aufkommen der privaten Sender begann und sich in dem schärfer werdenden Wettbewerb allmählich entfaltete."

Zwar wurde die Treppe weiter von oben gekehrt, aber der Wettbewerb um Film- und Sportrechte verschärfte sich, der Spielraum für Information und Kultur schrumpfte. Aus den großen Persönlichkeiten wurden Getriebene, mittlerweile eine gerade noch Intendant genannte neue Spezies, die ihre Rolle als Supervisoren und Internet-Dispatchern verstehen muss. Die jüngsten Diskussionen um die Zukunft des

Rundfunks gehen an Ihnen vorbei. Diese handeln nicht so sehr von inhaltlicher Rückbesinnung, vielmehr von Ausspielwegen und multimedialen Artefakten – und dem Outsourcing von Programmen an auswärtige Produzenten selbst in Kernbereichen der politischen Information. Vom definitiven Ende der alten Herrlichkeit und Verantwortlichkeit erzählt ein aktueller Auftritt des Intendanten des großen Westdeutschen Rundfunk exemplarisch: Tom Buhrow gab den Mantel des Intendanten an der Garderobe des Überseeclubs ab und beschwor Ende 2022 „privat", allerdings ohne Rücktrittsabsicht, in seiner „Hamburger Rede" das Ende des herkömmlichen Rundfunks.

Der Intendant Lehr sah schon voraus, wie systematisch neue technische Möglichkeiten die Medienordnung verändern würden. Über dem Horizont der heilen Welt des Rundfunks tummelten sich Satelliten, die ins Wohnzimmer strahlten. Ich erinnere mich an eine die Beteiligten im Direktoren-Rang irritierende Einladung zu einer außerordentlichen Besprechung, in der Lehr mitten in der Diskussion um eine zukünftige Rundfunkordnung leicht resignativ und nahezu prophetisch darlegte, dass und wie sehr die neue Programmflut jedwede Medienordnung und -politik aushebeln könnte. Die Leitmedien in Rundfunk und Presse gehorchten immer mehr dem Markt, der Wettbewerb mündete in Variationen des Rezepts „More of the same", mit dem Ergebnis einer wachsenden Konvergenz zwischen privaten und öffentlich-rechtlichen Anbietern. Wir bewegten uns nach den überkommenen Mustern unbeirrt im nun gespaltenen System, eingeklemmt zwischen Einschaltquoten und Medien-Macht. Weil ich als Medien-Journalist ausgewiesen, überdies einer der Ersten war, die vom öffentlich-rechtlichen Rundfunk zur privaten Konkurrenz gewechselt waren, wurde ich 1984 als Redner zum Reuters-Forum nach Kassel eingeladen. Mein Versuch, nicht nur neue elektronische Formate und Vertriebswege, sondern ebenso die Veränderungen der Nutzung zu erklären, wurde beifällig aufgenommen, eine nachfolgende Diskussion verengte sich wieder schnell zur Machtfrage, wer im dualen Rundfunksystem die Oberhand behalten würde, verlor dabei die Perspektiven einer mediatisierten Gesellschaft aus den Augen. Die Verlustängste der früheren Alleindarsteller wuchsen, weil das elektronische Monopol aufgebrochen, seine Protagonisten vom Sockel gestoßen wurden. Vorher, von 1964 bis 1984, der Hoch-Zeit des Ersten Deutschen Fernsehen, trauten viele Bürger einer Verlautbarung des Bundeskanzlers erst, wenn sie der Chefsprecher Karl Heinz Köpcke in der Tagesschau beglaubigte. Der letzte treue Verbündete der alten längst gebrochenen Position eines unabhängigen öffentlich-rechtlichen Rundfunks ist das Bundesverfassungsgericht. Es hat die immer schwierigere Balance zwischen ungebremstem Medienmarkt und der Sicherung eines unabhängigen Rundfunks gehalten. Dem gelernten Juristen Wolfgang Lehr war dies bewusst, er war in der medienpolitischen Szene auf seine zurückhaltende, aber beharrliche Weise bestens vernetzt. In Erinnerung ist mir eine zweitägige, aufwendig vorbereitete Einladung für die Mitglieder des Bundesverfassungsgerichts in den Hessischen Rundfunk während der Amtszeit des Präsidenten Ernst Benda.

Die Zweiteilung des Rundfunks bekamen zuallererst die zu spüren, die den Wandel persönlich vollzogen. Wer 1984 eine öffentlich-rechtliche Rundfunkanstalt verließ und zu den neuen Privatfunkern wechselte, beging eine Art publizistischer Landesverrat. Auch mir wurde dieses Urteil zuteil, das Verständnis innerhalb des Hessischen Rundfunks ging gegen null, war doch meine Stellung in der Intendanz komfortabel.

Als unruhiger Geist galt ich schon. Intendant Lehr schätzte mein Verbleiben in einem Aufgabenfeld realistisch mit höchstens sechs Jahren ein, verschätzte sich zuletzt nur in der Verfallszeit. Nach neun Jahren Redaktion und vier Jahren Stabsarbeit waren Neugier und Engagement in einem saturierten, sichtlich ermüdenden öffentlich-rechtlichen Rundfunk aufgebraucht und scheinbar Neuland in Sicht, mit Gründung der Tele FAZ, dem elektronischen Ableger der Frankfurter Allgemeinen. Ich folgte meistens einer Art innerer Stimme: Immer, wenn die Neugier schwand, eine Aufgabe in Routine überging, hielt es mich nicht mehr lange. Wolfgang Lehr war sichtlich getroffen, als ich beklommen ins Intendantenzimmer schlich und ihm meinen Entschluss mitteilte. Da half kein Goethe-Zitat. Lehr ließ sich zu dem für ihn ungewöhnlichen Ausruf hinreißen „das ist ja ein Hammer" und verwies mich nach einer Schweigeminute auf den schönen Frankfurter Wellenschrank, der sein Büro zierte. Sie wissen ja, wo der Kognak steht, ich glaube, wir brauchen beide jetzt einen. Lehr war menschlich unerschütterlich fair, anständiger als die meisten Kollegen. Ich wurde von vielen wie ein Aussätziger behandelt. Wie nach der Provokation des Radio Verité „Nun in der nächt´gen Stille", meiner Abschiedsvorstellung bei Radio Bremen, grüßte von nun an ein Teil der Anstalts-Insassen nicht mehr, einige zollten Respekt, wenige beneideten mich. Die Vorsitzende des Personalrats rief mir auf dem nachfolgenden hausinternen Neujahrsempfang des Intendanten sinngemäß nach: ... den man kaum noch als Kollegen bezeichnen kann. Es meldete sich die Versorgungsanstalt von Bund und Ländern, um mir einen gekürzten Ausgleich für meinen bisher erworbenen Anspruch auf eine Betriebsrente des Hessischen Rundfunks in Aussicht zu stellen, denn die übliche Regelung, wonach man nach zehn Jahren den erworbenen Anteil mitnehmen durfte, war in den

Rundfunkanstalten zur Strafe gestrichen, man wurde „nachversichert." Der prominente Abtrünnige Günter Müggenburg und Journalisten-Kollegen, die wie ich die Seiten gewechselt hatten, erstritten bis zur letzten Instanz die überfällige Korrektur. Acht Jahre später wurde ich zum Hörfunkdirektor des SFB gewählt, und dank der menschlichen Größe von Wolfgang Lehr erlebte die Geschichte vom verlorenen Sohn ein kleines Remake: Auf einem Empfang der Media Perspektiven, dem gedruckten Gewissen des öffentlich-rechtlichen Rundfunks, sichtbar in einem umfangreichen Archiv und einem Monatsmagazin, führte mich Lehr stolz und demonstrativ Arm-in-Arm durch deren Räume.

Unerledigt – das Ende eines Kritiker-Daseins

Der Abschied vom Hessischen Rundfunk bedeutete zugleich das Ende meines Kritikerdaseins vor allem bei der Süddeutschen Zeitung. Es hieß Abschied nehmen von einer Doppel-Existenz. Das wachsende Bürodasein in der Anstalt und die Umtriebigkeit als Kritiker vertrugen sich immer weniger, das permanente Nomadendasein hatte seinen privaten Preis. Außerdem fing ich an, mich im Kulturbetrieb und seiner kritischen Begleitung gleichsam tot zu siegen. Ich begann, mich unbewusst selbst zu zitieren. Immer öfter fiel mir der Journalisten-Witz ein: Das Wenige, was ich lese, schreibe ich mir selbst. Die Zeit war reif, einen neuen, halbwegs vorgezeichneten Weg zu gehen, sich auf ein Thema zu konzentrieren. Halb zog mich die Frankfurter Allgemeine, halb sank ich hin, mit der halbherzigen Erwartung, der Tageskritik nicht ganz zu entsagen – was sich schnell als Illusion erwies. Ich verabschiedete mich vom Metier an der Stelle, an der ich zwanzig Jahre davor begonnen hatte, besuchte für die Musikredaktion der FAZ die Premiere von Alban Bergs „Wozzeck", inszeniert von Ruth Berghaus an der Berliner Staatsoper. Einen schöneren, wenn auch schweren Abschied hätte ich mir nicht wünschen können.

Bis heute träume ich von Artikeln, die ich als Kritiker unter besonderen Umständen oder gar nicht geschrieben habe. 1969 verließ ein Teil des amerikanischen Living Theatre die Truppe. Die Avantgarde-Truppe verabschiedete sich in ihrer Urbesetzung zu Silvester in der Westberliner Akademie der Künste. Ich saß in der ersten Reihe. Julian Beck, der die Company zusammen mit seiner Frau Judith Malina leitete, trat am Beginn der Vorstellung plötzlich an mich heran, nahm mir Bleistift und Notizblock weg und meinte, ich solle mir die Aufführung lieber gleich vor Ort ansehen. Jahrzehnte später, kurz vor seinem Tod, nahm Julian Beck Abschied von Europa. Er besuchte die Casa Anata, ein kleines Museum auf dem Monte Verità von Ascona, der um die vorletzte Jahrhundertwende eine Art Hotspot alternativen Denkens, Lebens und Theaterspielens beherbergte. Ich traf als Stipendiat der „Von der Heydt-Stiftung", die bis 1989 auf dem Berg eine Art Sommerschule veranstaltete, auf Julian Beck. Wir erinnerten uns fröhlich an Berlin.

Eine nahezu Freud'sche Fehlleistung verdanke ich einer langweiligen Opern-Uraufführung in Stuttgart. Ich hatte mich über Nacht an der Premiere handschriftlich abgearbeitet. Bevor ich meine Kritik zur Süddeutschen telefonierte, zerriss ich in Gedanken und verärgert über das Werk mein Manuskript, musste in Windeseile den Artikel aus dem Gedächtnis rekonstruieren, was ihn lesbarer machte, zugleich verschärfte.

Journalistisch verschweigen musste ich ein aufwühlendes Erlebnis während des Gastspiels des Moskauer Bolschoi in Ostberlin 1969. An einem Abend wurde eine Befreiungs-Oper über den großen Vaterländischen Krieg gegeben. Bedankt und geehrt wurden mit der Aufführung Arbeiter des Tiefbaukombinats, das Berlins Mitte saniert hatte. Die Karte für die geschlossene Vorstellung steckte mir ein Mitarbeiter der Dramaturgie der Staatsoper zu, mit dem Versprechen, nicht über die Vorstellung zu schreiben, vorher aber schon an einer Feier und einem Essen teilzunehmen, weil ich sonst zur Aufführung nicht eingelassen würde. Die Dramaturgie der Veranstaltung war tückisch, weil sich auf viele Trinksprüche und gutes Essen eine langweilige, pathetisch überladene Oper hinzog. Mitten im Schlussapplaus trat ein sichtlich angetrunkenes Mitglied des Kombinats an die Empore des ersten Rangs und rief „Russen raus". Er wurde auf der Stelle abgeführt und in die eisige Stille auf der Bühne „spontan" eine Verbrüderungsfeier inszeniert. Der traurige Zwischenfall erinnerte mich an die allerdings komödiantische Film-Variante „Genosse Don Camillo" von 1965. Dort wird ein Bankett für die italienischen Gast-Genossen auf der Kolchose abrupt abgebrochen, weil gerade Chruschtschow gestürzt worden ist. Tags darauf, nach der Inthronisation seines Nachfolgers Breschnew als Parteichef, wird einfach weitergefeiert.

Auf der Höhe des Stuttgarter Ballettwunders lud die deutsche Ausgabe eines amerikanischen Herrenmagazins zu einer Gastkolumne über Tanz in Deutschland ein. Nach meinem Hinweis, das sei nicht so meine publizistische Adresse, gab der Redakteur der Einladung den Rest: „Macht gar nichts, wir haben einen ‚Neger', der schreibt Sie um." Mein Glück war, dass ich Zeit meines Kritikerdaseins bei meinem publizistischen Leisten bleiben konnte.

Mehr instinktiv, ohne damals die vollständige Geschichte meiner Herkunft zu kennen, habe ich eine Reportage für das Magazin der FAZ über meinen Besuch an meiner Geburtsadresse Bad Polzin abgesagt - aus doppelter Verstörung: einmal fand ich deplatziert, wie umstandslos die deutschen Kurgäste vom früheren Heim des Lebensborn Besitz ergriffen und wie selbst die polnischen Verwalter über die Vergangenheit hinweggingen. Zum anderen kam mir mittlerweile die Erzählung der Eltern nach dem Ortstermin zu glatt, zu widersprüchlich vor.

Der kurze Traum vom neuen Journalismus – das Fernseh-Abenteuer der FAZ

Aufregend schien am Journalismus im Privatfunk, dass sich alles wie handgemacht anfühlte, ursprünglich wirkte. Die Tele FAZ wollte weg von den Apparaten und wieder so unabhängig am Produkt arbeiten, wie das bei einer Zeitung üblich war. Dafür wurden Archive nach der Zauberformel Newsroom zu Senderäumen umgerüstet. Später dominierten zwei geräumige Studios das Erdgeschoss eines luxuriösen neuen FAZ-Gebäudes, in das die gesamte Redaktion einzog. Das Gebäude an der Hellerhofstraße verkörperte das alte Arbeiten in einer noch heilen Medienwelt. Der Verlag selbst schrieb aus Anlass eines neuerlichen Umzugs vor einem Jahr:

Das in nobler Gediegenheit ausgeführte Innere kündete von wirtschaftlicher Prosperität. Es gab viel Platz. Für viele großzügig geschnittene Einzelbüros und Flure von erhabener Breite. Jedes Ressort hatte sein eigenes Stockwerk.

Der Ende 2022 fertig gestellte Neubau im sogenannten Europaviertel ist nach eigenem Verständnis Ausdruck der Dynamik der digitalen arbeitsteiligen Zeit:

„Vier Kuben, die leicht verschoben übereinander gestellt und gegeneinander versetzt sind. Diese Formensprache wird möglicherweise einmal als typisch für die Zwanzigerjahre des 21. Jahrhunderts gelten."

In der Zeit des Aufbruchs Mitte der Achtzigerjahre konnte man schneller Karriere machen als in den fest gefügten alten Leitmedien. Einige jüngere Kollegen in der FAZ wagten den Sprung ins elektronische Abenteuer. Im Schnellgang wurden Seiteneinsteiger zu Fernsehjournalisten, beziehungsweise, was Sie dafür hielten. Mit unendlich geduldiger Unterstützung eines gestandenen Nachrichtenjournalisten vom Österreichischen Rundfunk entstand wie aus dem Nichts eine Crew, die sich im SPIEGEL den Beinamen „die sympathischen Stotterer aus Frankfurt" verdiente. In der Tele FAZ fanden sich zwei grundverschiedene Gruppierungen aus der bis dato gegeneinander ausbalancierten Medienwelt: auf der einen Seite ehrgeizige Journalisten aus der stolzen Zeitung, die zwar wenig Handwerk aufzuweisen hatten, aber ein frisches Sendungsbewusstsein mitbrachten. Mit im Boot waren erfahrene Fernsehredakteure, die eine Art Lokalfernsehen auf verschiedenen Videosäulen in der Stadt per Kassette versuchten und später größere Formate wie Magazine, monatliche Gesprächsrunden, die tägliche kleine Wirtschaftssendung „Netto" bei RTL oder gar Übertragungen von Tennisturnieren überhaupt erst möglich machten.

Wir fühlten uns als Speerspitze eines neuen Informationsjournalismus im Fernsehen – auch wenn uns dafür bewegte Bilder fehlten. Wir meinten, dies wettmachen zu können durch Hintergrund-Informationen. Infotainment verabscheuten wir. Das stieß den Machern des kommerziellen Fernsehens, zuerst bei Sat.1, dann RTL oft als sperrig und zu seriös auf. Die kommerziellen Anbieter wollten unterhalten, mussten schnell erfolgreich sein, um Verluste auszugleichen, waren bedingungslos auf Werbung und Zuschauer-Quote angewiesen. Die TeleFaz war ihr „seriöses" Aushängeschild, die Privatfunker brauchten uns als publizistischen Ausweis, als medienpolitisches Alibi. Die alten Platzhirsche von ARD und ZDF bestärkten uns im Übrigen in dem Glauben an unsere Arbeit, indem sie die Weisheit bestätigten, dass beinahe jede Art von PR der Bekanntheit nützt. Kurz nach Sendebeginn führte uns das ZDF in einer Dokumentation zur besten Sendezeit vor, beklagte die Armseligkeit unserer Bemühungen auch am Beispiel einer von mir moderierten Nachrichtenausgabe. Am Tag nach der Abreibung im Abendprogramm des ZDF wurde ich auf offener Straße um ein Autogramm gebeten. Das wiederholte sich, als Harald Schmidt bei Sat.1 das zehnjährige Jubiläum des Senders und dessen Anfänge ironisch, mit kollegialer Sympathie aufs Korn nahm samt der Legende vom medialen „Urknall".

Die Marke FAZ und damit wenigstens das Ansinnen eines hintergründigen Journalismus wirkte, wenn uns auch das Nachrichtengeschäft beim deutschen Kommerzsender Sat.1 schnell aus der Hand genommen, zu einem teuren Nachrichten-Apparat der Zeitungsverleger aufgeblasen wurde. Die FAZ wechselte die Adresse, ging mit der minimalen Beteiligung von gerade einem Prozent nach Luxemburg zu RTL, weshalb sogar Bundeskanzler Kohl eines weiteren unterstellten publizistischen Landesverrats wegen intervenierte.

Wir verlegten uns auf image-trächtiges Stückwerk, passend zu den Schwerpunkten der gedruckten Zeitung. So wurde ein Redaktionsgespräch mit dem gerade ins Amt gekommenen Bundespräsidenten Richard von Weizsäcker, den prominenten Fragestellern Joachim C. Fest und Johannes Gross wenigstens im Kassetten-Verkauf zum „Quoten-Renner". Die Prominenz der Bundespolitik leistete für den kleinen neuen Anbieter trotz der geringen Reichweite des RTL-Programms Entwicklungshilfe. Im sogenannten Winterwahlkampf für den Bundestag 1987 drängten sich nacheinander die vier Spitzenkandidaten ins kleine Studio einer Bonner Produktionsfirma. Das einstündige Gespräch mit Bundeskanzler Helmut Kohl geriet zur journalistischen Mutprobe, denn meine beiden Kollegen aus der politischen Redaktion der gedruckten FAZ wollten wie ich als Gastgeber jeden Eindruck vermeiden, mit einem der Zeitung besonders gewogenen Politiker ein Kaffeekränzchen zu veranstalten. Also ging es mit frechen Fragen und abwehrenden, ja patzigen Antworten bissig zur Sache. Nach kurzem Schlagabtausch - wir hatten Kohl gleich zu Beginn einschlägige Karikaturen vorgehalten – nahm mich der Kanzler aufs Korn und fragte empört, ob er die ja wohl zu erwartenden polemischen Fragen nicht gleich selbst stellen solle. Der einstündigen Aufzeichnung folgte eine unheilvolle Generalpause. Kohl fixierte seine „Geheimwaffe", den persönlichen „Regierungssprecher" Eduard Ackermann, der im Hintergrund des Aufnahmestudios verharrte und gleich nach der Aufzeichnung den Daumen demonstrativ hob, worauf Kohl eine freundliche Miene aufsetzte, fast eine halbe Stunde einfach sitzen blieb und leutselig aktuelle Anekdoten aus dem Politikgeschehen zum Besten gab. Natürlich blieb das Gespräch nicht ohne interne Reaktion. Am Morgen nach der Sendung meldete sich telefonisch der zuständige Herausgeber für Innenpolitik mit harscher Kritik, schließlich der bangen Frage, was er dem Kanzler denn sagen solle, wenn er am nächsten Tag als Vorstand der Ludwig-Erhard-Stiftung bei deren Jahrestagung neben ihm sitzen würde. Ich war nun selbst sauer, weil stolz auf unsere Leistung und riet aufsässig zur Flucht nach vorn: da habe sich eben die FAZ ein paar dieser Fernsehleute holen müssen, das Ergebnis sei entsprechend. Allerdings sprach für das offene Binnenklima der Zeitung, dass sich tags darauf besagter Herausgeber wieder meldete und berichtete, der Kanzler habe ihn auf die Sendung angesprochen. Er sei sehr angetan gewesen von diesen jungen Leuten, die die Sendung mit wenig Aufwand und ohne Furcht vor Fürstenthronen bestritten hätten.

Die alte Tante FAZ schlug sich meist mit Niveau, jedenfalls tapfer mit ihrer kleinen Tele FAZ im verminten Gelände des neuen Fernsehgeschäfts. In Kooperation mit dem Wirtschaftsmagazin Capital und der tatkräftigen Unterstützung seines Herausgebers Johannes Gross gelang es sogar, eine Art trojanisches Pferd in das seichte Nachmittags-Programm von RTL zu schleusen, mit dem kurzen werktäglichen Wirtschaftsmagazin „Netto". Es gab sehenswerte Dokumentationen, etwa den später im Kommunalen Kino präsentierten Film über den Bombenkrieg in Frankfurt – mit letzten noch lebenden Zeitzeugen und der Entdeckung ungewöhnlichen Filmmaterials.

Vor allem aber gab es kein tragfähiges Geschäftsmodell. Das hatte die FAZ im kleinen Rahmen mit größeren Verlagen gemein: vor allem bei Sat.1, aber auch anderen neuen Anbietern wie VOX wurde unendlich viel Geld verbrannt. Die bundesdeutschen Verleger hatten die Gründerzeit nach dem Krieg im Gedächtnis, als eine Lizenz für die Herausgabe einer Zeitung identisch war mit der Einladung zum Gelddrucken. Bedrängt von der Konzentration des Zeitungsmarktes und wachsenden Betriebskosten verlockte das elektronische Neuland zu neuem Ruhm und vermeintlichem Mehrwert. Erst die mehr und mehr zu Konzernen gewachsenen Medienunternehmen bekamen die finanzielle Dimension des Fernsehgeschäfts in den Griff, voran RTL mit dem Bertelsmann-Konzern im Rücken. Bertelsmann war dem traditionellen Gewerbe der Verleger, Rundfunkintendanten, den Journalisten lange Zeit fremd. Man grüßte seine Vertreter höchst ungern „unter den Linden", Reinhard Mohns erste repräsentative Buchmessen-Empfänge in Frankfurter Hotels noch zu Zeiten der kommerziell-öffentlich-rechtlichen Harmonie rochen ziemlich nach Gütersloh.

Im Fall der Frankfurter Allgemeinen vertiefte sich das Missverständnis über Aufwand und Ertrag des neuen Marktes aufgrund ihrer Unternehmens-Verfassung in Gestalt einer Stiftung. Exponiert als gedrucktes Leitmedium, geradezu die Speerspitze der Vermittlung von sozialer Marktwirtschaft, traute man sich jede Menge publizistischer und unternehmerischer Kompetenz zu, überforderte und verzettelte sich beinahe zwangsläufig nicht nur im Fernsehgeschäft. Schließlich hatte man heftig Tag für Tag das duale Rundfunksystem mit der Forderung nach einer Beteiligung der Zeitungsverleger herbeigeschrieben. Mehrdeutiger als 1984 erhofft traf die Schlagzeile meines ersten Leitartikels in der FAZ zu: „Versuche machen klüger." Das kleine Pionier-Unternehmen gewann im Geleit des Flaggschiffs FAZ außen und in der Selbstbetrachtung innen eine Bedeutung, die publizistisch wie wirtschaftlich nie eingelöst werden konnte. Die Marke FAZ befeuerte den Trugschluss. Selbst Mielkes DDR-Stasi ließ sich nicht lumpen. Ein Kameramann wurde im fünften Jahr der Tele FAZ an der Grenze zur DDR angehalten, weil er unerlaubt Filmmaterial dabeihatte. Er verpflichtete sich als sogenannter inoffizieller Mitarbeiter (IM) der Stasi unter dem Decknamen „Schrotti". Der Name, für die Adresse: Tele FAZ nicht gerade Sympathie erregend, wurde genau zwanzig Jahre später mit der Rolle des Pkw-Schraubers Schrothmann, genannt „Schrotti", in einem Vorabend-Krimi des ZDF bekannt. Die Stasi schätzte die Mediengröße der Tele FAZ realistisch ein. Schrotti erhielt laut Stasi-Akte bei der Anwerbung ein Handgeld von gerade mal 500 Mark und lieferte ein internes Telefon-Verzeichnis.

In der FAZ herrschte mit der Herausgeber-Verfassung die wunderbare Konstellation, keinem allmächtigen Chefredakteur die Geschicke der Zeitung zu überlassen, stattdessen nach Fachressorts aufgestellt eine innere, oft genug zu Spannungen, auch personellen Konflikten führende Vielfalt auszuleben. Das war für die journalistische Arbeit nahezu ideal, verführte aber auch zu kollektiver Lähmung, zumal die Herausgeber gegenüber der Geschäftsführung des Verlags das Sagen hatten. Die Tele FAZ wurde kollegial respektiert und von neugierigen Kollegen unterstützt. Einige beteiligten sich mit Kommentaren und Gesprächen. Geschätzt, die Mehrheit der Redaktion fremdelte mindestens und fühlte sich aus ihren Redaktionsstuben herausgerissen. Entscheidend für den Misserfolg wurde das kleine Format, das für ein eigenständiges Fernsehgeschäft wenig taugte: Man lebte von Sat.1, später von RTL, von mancherlei Aufträgen wie einer ganzen Feature-Reihe im Programm-Fenster des DCTP von Alexander Kluge, das die Medienanstalten den kommerziellen Sendern als kulturelle Nische verordnet hatten. Ein eigenes publizistisches Profil konnte daraus nicht wachsen – anders als etwa SPIEGEL TV, das sich zwar an das gedruckte Magazin lehnte, aber zum kleinen, aber feinen Spezialitäten-Laden entwickelte.

Kein Wunder, dass uns gestandene Fernseh-Unternehmer für ihr eigenes Fortkommen benutzten. Eines Tages erschien völlig überraschend und unangemeldet ein baumlanger, nicht nur körperlich gewichtiger Amerikaner im Büro: Bob Briner, vom Daviscup bekannter Tennis-Matador, nun im texanischen Dallas Chef von Proserv TV, einer Agentur, die Tennisstars betreute und Inhaber mannigfaltiger Übertragungsrechte von Tennisturnieren war. Briner hatte uns zur kommerziellen Belebung der Vermarktung seiner Rechte in Deutschland ausgeguckt, fahndete nach Wettbewerbs-Impulsen. Er tat dies in Ansehung des großen Namens FAZ. Privat ließ mich Briner an der konservativen, religiös getönten und texanisch geprägten Form des American Way of live teilhaben, half mir tatkräftig bei der Produktion eines Porträts über den ersten deutschen Basketball-Millionäre Detlev Schrempf, der sich in der NBA den Spitznamen „Detlev, the threat" verdiente. Das Interview mit dem damaligen Besitzer der Dallas Mavericks verlief so entspannt und persönlich, dass mich Don Carter, im Hauptberuf Tycoon im Möbelgeschäft, spontan zu einer Besichtigung seiner Fabriken einlud. Vor dem Vereinsheim parkte sein offener Chevi. Carter, im weißen Stetson, Markenzeichen der Mavericks und in Cowboy-Stiefeln gewandet, bedeutete: here it starts. Gefühlt mehrere Kilometer lang ging es vorbei an riesigen Fabriksilos, bis der „Gastgeber" schloss: here it ends. Das war die Besichtigung. Ich hatte kein einziges Möbelstück gesehen, wohl aber eine Anschauung vom Ausmaß amerikanischen Unternehmertums bekommen. Der Gründer von CNN, Ted Turner, lud die Tele FAZ ein, in seinem World Report neben dem ZDF das deutsche Fernsehen zu vertreten und belohnte die Arbeit aller Zulieferer mit einer fulminanten Einladung nach Atlanta. Dort wechselten über mehrere Tage Begegnungen mit Jimmy Carter, Loretta King, einem Grillabend mit Jane Fonda, Turners damaliger Verlobter. So durften wir kleinen TeleFAZ-ler ab und zu an der großen weiten Medienwelt schnuppern, die wiederum verwundert zur Kenntnis nahm, mit welch kleiner Statur so große Ansprüche im Fernsehgeschäft gestellt wurden. An der Goldgräber-Stimmung auf dem Feld von Film und Unterhaltung hatte die Tele FAZ kaum Anteil und wenig Interesse.

Wir übertrugen allerdings 1985 bei Sat.1 dank Bob Briner das Turnier von Cincinnati nach Boris Beckers erstem Wimbledon-Triumph respektabel, was sogar Springers Zeitung „Die Welt" zu einem anerkennenden Kommentar animierte, aber mangels Verbreitung unter Ausschluss der Öffentlichkeit stattfand. Für die Übertragungsrechte verlangte Proserv TV einstweilen kleines Geld. Den Mehrwert aus dieser Inszenierung von Wettbewerb kassierte die Agentur später bei den großen Anstalten. Vor der aufregenden Übertragung des Finales des Grand Prix von Cincinnati traf ich auf einen Hausmeister der FAZ, der sich beschwerte, dass irgendeiner dieser überflüssigen neuen kleinen Sender, die er nicht auf seinem Fernsehschirm habe, die Übertragung weggekauft hätte. Ich lud ihn ins Studio ein. Damals konnte man die Zuschauer noch per Handschlag begrüßen.

Das neue Fernsehgeschäft ging schnell an uns vorbei. Die TeleFaz verkümmerte zusehends, wurde zum Ende nur noch mitgeschleppt und schließlich von einer, was das Management betrifft, ziemlich inkompetenten Doppelspitze in Redaktion und Verlag abgewirtschaftet. Mir blieb persönlich als Trost der Kommentar der deutschen Ausgabe des Wirtschaftsmagazins Forbes, der mir gleich von fünf frustrierten Kollegen der FAZ per Fax zugeschickt wurde: Der Niedergang der Tele FAZ begann, als ihr erster Chefredakteur sie verließ. Obwohl, schuld waren die Verhältnisse. Das Experiment mit dem kleinen Geld und den großen Ambitionen endete 1993, von RTL zog sich die FAZ später ganz zurück, verkaufte ihr kleines ein Prozent für eine ordentliche Summe an die mächtige Verlagsgruppe der Westdeutschen Allgemeinen Zeitung in Essen, womit die Vorlauf-Verluste jedenfalls nach Hörensagen ausgeglichen waren. Die WAZ mischte von Beginn an bei den Neuen Medien mit und wurde 1989 meine zweite Adresse im privaten Fernsehen.

Die Erdung des Kommerzfunks - Tele West

Je mehr sich die medienpolitische Verheißung verflüchtigte, mit der Beteiligung der Zeitungsverleger am Fernsehen würde eine neue Programmvielfalt entstehen, desto heftiger entwickelte sich das Rennen um Sport- oder Filmrechte, wurden Unterhaltungs-Formate für teures Geld importiert und schnell verschlissen. Information geriet vollends in den Sog des Infotainments. Die Bewährungsprobe, die Aufforderung zum Nachdenken, haben die öffentlich-rechtlichen Anstalten zum damaligen Zeitpunkt nachlässig verfolgt. Sie gingen im neuen Wettbewerb in die Breite, nicht in die Tiefe. An Bedeutung gewann der oft unterbewertete regionale, der lokale Journalismus. Er hat sich auch als Domäne nicht nur des öffentlich-rechtlichen Rundfunks erhalten und soll nach mancherlei Plänen in Zukunft den Bestand der ARD-Funkhäuser sichern. Journalistisch war mein vermeintlicher Abstieg von der großen FAZ zu Tele West, dem Regionalfenster der Zeitungsverleger in Nordrheinwestfalen, ein Aufbruch. Nachrichtenprogramme begannen im lokalen Umfeld ein anderes Gesicht zu bekommen, so bei meiner zweiten Adresse im dualen Rundfunksystem: Tele West in Essen, dem Regionalfenster bei RTL im größten Bundesland. RTL hatte früh auf ein Geschäftsmodell geachtet, zog von seinem ersten Provisorium in Bertrange am Rande des Zentrums von Luxemburg nach Köln, expandierte in der berechtigten Hoffnung, neben dem bundesdeutschen Sat.1 die zweite große Sendefrequenz in Nordrheinwestfalen zugeteilt zu bekommen. Ich war allerdings immer noch von der Stadt Frankfurt eingenommen, ja verwöhnt. Mit dem bewundernswert selbstgenügsamen Ruhrgebiet, das nur durch äußerste Anpassung die gewaltsame Strukturveränderung seiner alten Schwerindustrie bewältigen konnte, wurde ich nie recht warm. Tele West war deshalb eine Art Zwischenspiel – für mich persönlich wie später für seine ersten Veranstalter. Das Regionalfenster wurde 1993 von RTL übernommen, das Engagement der Zeitungsverleger von Rhein und Ruhr endete in einer filmreifen Posse, von der ich aus der Presse erfuhr. Morgens sperrte der Düsseldorfer Geschäftsführer die Produktions-Räume, weil er aus Kostengründen das Magazin „outgesourct", an eine Produktionsfirma vergeben hatte. Abends verschloss der Statthalter der Essener WAZ den Sendekomplex, weil ihm das zugelieferte Produkt journalistisch zu armselig erschien.

In seinen Anfängen war das kleine Regional-Fenster gut positioniert. Tele West wurde einer der Protagonisten der regionalen Flurbereinigung im dualen Rundfunksystem, obwohl die werktägliche aktuelle Sendung zunächst nur im Kabel verbreitet wurde. Die Pionierarbeit dieser zweiten Generation neuer Fernsehmacher in Essen bestand vor Ort auch darin, ein wenig Glamour in einen auf Sparsamkeit und schmales Format getrimmten Zeitungs-Betrieb auf dem Gelände der Westdeutschen Allgemeinen zu bringen – oder vielmehr das, was sparsame bis geizige Verleger zuließen. Unser Ehrgeiz konnte nicht sein, Fernsehen noch einmal neu zu erfinden. Da hatte der Privatfunk bereits viel Pulver verschossen. So etwas wie eine Programm-Philosophie hatten wir nicht. Wir verfielen auf die üblichen Strickmuster, waren frecher und unterhaltsamer. Ein überzeugender Programm-Bezug zum Bindestrich-Bundesland Nordrhein-Westfalen ließ sich kaum herstellen. Das war unser Vorteil: Wir verhielten uns kaltschnäuzig ohne Gemütserregung oder vorgetäuschte Liebe zur Region, vermittelten keine NRW-Folklore, machten, weil wir dort zu Recht die meisten Zuschauer vermuteten, vorrangig Ruhrpott-

Fernsehen, hatten keine Scheu vor Boulevard. Aktualität gab es oft nach Polizeibericht, regelmäßig Sport. Alles wirkte unausgewogen, vor allem schnell. Das verschaffte uns Platzvorteile gegenüber der „abgehangenen" Berichterstattung der Aktuellen Stunde des Westdeutschen Rundfunks. Der zuerst sperrig anmutende Programmplatz für längere Reportagen von sozialen Brennpunkten bis zum Feature über eine regionale Bauausstellung entwickelte sich überraschend, wir wurden eingeschaltet. Ein markanter Schwerpunkt wurde der Freitag mit einem „Minitalk", für den wir den ehemaligen Kölner Oberstadtdirektor Kurt Rossa gewinnen konnten, einen literarisch beschlagenen Cello-Spieler, der Kojak verdammt ähnlichsah. Seine Gäste kamen einfach vorbei. Der Opernstar Edda Moser wechselte mit politischer Prominenz wie dem Skandal-umwitterten Jürgen Möllemann oder dem Präses der Evangelischen Kirche im Rheinland Beyer, der als Kenner muslimischer Kultur die religiösen Hintergründe des damaligen Irakkriegs erklärte. Da uns wenig Mittel für Übertragungsleitungen zur Verfügung standen, riskierten wir die Zuspielung über semiprofessionelle Netze. Wie schon bei der Tele FAZ sind wir beim „Wetter" gescheitert, weil neue erschwingliche elektronische grafische Formate noch nicht verfügbar waren. Da frischten wir höchstens die langweiligen Texte der amtlichen Wetterfrösche ein wenig auf. Die Gangart des Programms verwirrte die Geschäftsleitung anfangs sichtlich. Günther Müggenburg, Geschäftsträger vonseiten der WAZ erstaunte sich, man habe mich von der seriösen FAZ geholt und dann dies, worauf ich meinte, wenn ich das Fernsehen machen würde, das mir gefiele und überdies noch eingefahrenen Standards entspräche, könnte er die Zuschauer wahrscheinlich namentlich aufrufen. Ich empfand entschieden Sympathie für das Mantra des Promoters von RTL: „Der Wurm muss dem Fisch schmecken, nicht dem Angler." Helmut Thoma, erfolgreicher Manager der Luxemburger Rundfunk-Unternehmung, etablierte das erste kommerziell erfolgreiche Radio- und danach Fernsehprogramm in der Bundesrepublik. Das war insgeheim wie folgerichtig ein schräges Gegengeschäft: deutsche Anleger trugen ihr Geld nach Luxemburg zwecks Steuerersparnis und das kleine, reiche Land mischte kommerziell die deutsche Rundfunk-Provinz auf. Der anhaltende Erfolg von RTL ist dem Umstand zu verdanken, dass die Sendergruppe mit Bertelsmann im Rücken von Beginn an als Medienkonzern agierte und nicht den Fehlspekulationen des deutschen Verleger-Fernsehens erlegen ist.

Für den vom Verlag der Rheinischen Post aus Düsseldorf abgestellten zweiten Geschäftsführer, einen ältlich wirkenden ängstlichen Hagestolz, der aufs Geld achten und Werbung akquirieren sollte, müssen viele „Ausgaben" von Tele West ein Graus gewesen sein. Mit einer halbstündigen Reportage über Treber am Essener Hauptbahnhof ließ sich in den Clubs der Düsseldorfer Schickeria, den Lounges der Werbebranche kein Staat machen. Eine übermütige bis profilierte bunte Redaktions-Truppe, angereichert mit Altmeistern des RTL-Fernsehens, stützte das Programm. Abenteuerwillige Newcomer begannen in mehreren Fällen mit Tele West ihre Karriere. Eine Volontärin, die es unbedingt wissen wollte, bekam früh die Chance, sich mit einer größeren Reportage zu beweisen. Schnitt- und Produktionstermine waren knapp bemessen, nur in der frühen ersten Schicht konnte produzieren, wer zuerst kam. Also schlug die junge Frau, um nicht zu spät zu kommen, ihr Nachtlager neben ihrem Schreibtisch in der Redaktion auf. Der Unmut der Reinigungskräfte am nächsten Morgen entlud sich, übermittelt vom Düsseldorfer

Nadelstreif-Geschäftsführer, auf den Chefredakteur. Die Kollegin hat Karriere beim ZDF gemacht. Ähnlich unkonventionell verfuhr der Chef vom Dienst bei vermuteter Aktualität auch auf den letzten Drücker, er brachte es zum Chefredakteur unter anderem beim Nachrichtensender N24. Die größere Entdeckung fürs Fernsehen wurde Frauke Ludowig, als Moderatorin eine Überraschung für die gesamte Branche beim Start von Tele West. Frauke Ludowig engagierte sich als kollegial eingestellte, kreative Reporterin, wurde später zur Boulevard-Ikone von RTL. Wir sendeten nach einem Jahr auf schmaler Erfolgsspur. Für mich wurde das Unternehmen endlich, das Milieu in Essen nicht vertrauter. Eines Tages wurde ich zusammen mit meiner Frau von Erich Brost, dem Begründer der Westdeutschen Allgemeinen Zeitung und seiner Frau zum Abendessen eingeladen. Der Abend verlief offenbar erfolgreich, wie mir Müggenburg, der das kulinarisch verbrämte Casting wohl eingefädelt hatte, signalisierte. Wenige Tage später rief mich der mächtige WAZ-Zeitungspapst Erich Schumann, den Brost adoptiert hatte, um seine Position in der WAZ-Gruppe zu festigen, in sein Büro, meinte, nun sei es nach dem erfolgreichen Start genug für mich bei Tele West. Ich müsse etwas Neues machen. Ob ich denn Ungarisch könne? Man überlege, ob ich die Zeitungsgruppe in Budapest übernehmen solle. Doppeltes nein. Ich konnte kein Ungarisch und wollte auch kein angestellter Verleger werden, sondern bei meinem „Leisten" als Journalist und Programm-Manager bleiben. Da kam der Anruf aus Berlin.

Vorgeschmack auf Berlin: Erinnerungen an die DDR - und der Mauerfall

Das Angebot, 1991 an den Hotspot der Wiedervereinigung zu gelangen, war verführerisch. Die inzwischen entleerte Integrations-Aufgabe des Rundfunks nahm noch einmal Gestalt an für das Zusammenwachsen Ost/West. Nach der Wiedervereinigung an der Zukunft der Radiokultur mitwirken zu können, und damit zum öffentlich-rechtlichen Rundfunk zurückzukehren, weckte Neugier – zugleich Erinnerungen an Reisen in die DDR. - vor allem aus meiner Zeit als Kulturkorrespondent der Süddeutschen Zeitung. Der Grundlagenvertrag zwischen der BDR und der DDR vom Dezember 1972 gewährte permanenten Einlass, erlaubte regelmäßige Presse-Besuche von Oper und Schauspiel. Das waren Begegnungen, in denen vor und nach den Vorstellungen die Gedanken ziemlich frei waren. Sie fielen, weil man in der DDR meist gegen einen inneren „Feind", den eigenen Staat oder Teile davon, dachte, besonders fundamental aus. Die Gespräche fanden zu passenden und unpassendsten Gelegenheiten und in überraschend gemischten Besetzungen statt – was sich eben inoffiziell ereignete. Reisen in die DDR trugen abenteuerliche Züge, waren oft beschwerlich, die Kontrollen unheimlich, was nicht eben viele westdeutsche Kritiker anzog. „Der Schuhu und die fliegende Prinzessin", eine Oper von Udo Zimmermann" nach dem gleichnamigen Märchen von Peter Hacks wurde im Dezember 1976 im Großen Haus der Dresdner Staatsoper Dresden uraufgeführt. Im Schlafwagen prüfte ein DDR-Grenzbeamter gewichtig und langwierig die Reiseunterlagen. Gegen fünf Uhr morgens erreichte der Zug Dresden. Auf dem menschenleeren

Bahnsteig kam mir ein junger Mann entgegen, begrüßte mich mit meinem Namen. Es war der Komponist der Oper Udo Zimmermann. Nach der Aufführung lud er in sein Zuhause an der Elbflorenz. Dort traf ich auf den damaligen SED-Bezirkssekretär, nach dem Mauerfall ersten Regierungschef der DDR Hans Modrow und den späteren Dresdner Oberbürgermeister Wolfgang Berghofer. Es entspann sich ein spontaner Streit über Möglichkeiten politischer und gesellschaftlicher Reformen in einem Gedankenaustausch in offener Atmosphäre, wie sie sich nach der Wiedervereinigung nicht mehr herstellen ließ. Der Hunger nach Information und Kommunikation war beidseitig spürbar. Als die Grenze geöffnet wurde, begannen viele, sich innerlich abzugrenzen, gingen in der neuen Nähe auch Freundschaften verloren. Unabhängige „Stimmen" wurden schnell als Eigenbrötler markiert und isoliert. Karriere-Schneisen führten von den Blockparteien der DDR zu den Westparteien, die Sozialdemokratie hatte verständliche Aversionen gegen die Nachfolge der Staatspartei, grenzte sich ab von der historisch belasteten neuen alten DDR-Linken, der PDS.

Von den Theaterereignissen selbst ließ sich zweierlei mitnehmen: ein dramaturgisch skrupulöser Umgang mit den Werken, hochgehalten als „Kulturelles Erbe" und eher schüchtern oder subversiv versehen mit Signalen einer freieren Ästhetik. Die orthodoxe Verpflichtung auf ein kulturelles Erbe ist in einer gut ausgebildeten Schauspieler-Generation bis heute erkennbar. Sie spielen weniger sich selbst als viele ihrer westlichen Schauspieler-Kollegen. Auch dies ein spannender Kontrast zum ästhetisch spekulativen Theater der alten Bundesrepublik. Der Umgang mit der Tradition bestimmte das journalistische Format. Kritiken waren informative, durchaus bildungsbürgerlich ausgerichtete

Referate mit ideologischem Schnörkel - als spröder Lesestoff oft schwer zu verdauen. Das „klassische Erbe" eignete sich vorzüglich als Reservat, ästhetische Kategorien und Traditionen schützten oft das kritische Urteil. Wenn allerdings die journalistische Arbeit die Staatsmacht berührte, schloss sich der Vorhang. „Reiter der Nacht" hieß eine politisch gemeinte Oper von Ernst Hermann Meyer. Sie fiel unter Robert Musils Klassifizierung als „Musikstellerei" und beim Kritiker der ZEIT durch als „afrikanischer Kunsthonig". Ich wollte mich für die Süddeutsche Zeitung in der Kritik der Uraufführung 1973 an der Lindenoper besonders originell aus der Opern-Langweilerei ziehen und schrieb sinngemäß, die sozialistische Kulturpolitik der DDR müsse achtgeben, wenn sie ein solches Zeugnis bürgerlich ästhetischen Zuschnitts feiere. Das war der entscheidende Punkt zu viel. Der Komponist war Mitglied des Zentralkomitees der SED und angesichts dieser vermeintlichen schweren Beleidigung erwies Erich Honecker dem hinterlistigen West-Kritiker die Ehre, ihn für ein Jahr von Besuchen der DDR freizustellen. Proteste der Süddeutschen Zeitung halfen scheinbar. Als ich, wie üblich mit dem Auto von Frankfurt anreiste, die Grenzkontrolle in Marienborn passierte, um das journalistische Visum für die Premiere der „Götterdämmerung" in Leipzig abzuholen, wurde ich beschieden, die Süddeutsche sei ja in München beheimatet, das Visum läge also am Grenzübergang bei Hof bereit. Für den Besuch war es nun zu spät. Die kreativ gestellte Falle machte mir Eindruck. Der Abteilungsleiter für journalistische Beziehungen im Außenministerium der DDR hatte sich sportliche Anerkennung verdient, ich schickte ihm meinen Glückwunsch als Schmucktelegramm.

Meine Begegnungen mit der Staatsmacht der DDR entsprachen einer Nebenrolle, sie waren Randereignisse eines penibel gestrickten Kontroll- und Überwachungs-System, nachzuverfolgen in den Unterlagen der ehemaligen Bundesbehörde für die Stasi-Unterlagen. 1964 besuchte ich als Student mit einer kleinen Abordnung des evangelischen Hamannstifts in Münster die Leipziger Studentengemeinde aus Anlass der Leipziger Buchmesse. Eines Morgens erschien in meinem Privatquartier ein Herr, der sich als freier, international arbeitender Schriftsteller vorstellte und mich einlud, am deutsch-deutschen Gedankenaustausch unter jungen Kulturschaffenden mitzuwirken. Der Mann stellte attraktive Einladungen in Aussicht. Er wirkte in seinem schwarzen, leicht speckigen Ledermantel und einer Sprache, deren Formeln sichtlich einstudiert waren, wie die Karikatur eines Außendienstmitarbeiters der Stasi. Ich brachte es ohne jeden weiteren Kontakt, den ich höflich, aber unmissverständlich ablehnte, ungewollt zum Kandidaten eines informellen Mitarbeiters mit dem fantasielosen Decknamen „Land". Der wurde zugeteilt beim zweiten Anlauf zur Anwerbung als IM während der folgenden Buchmesse. Kurz nach Erscheinen seines aufsehenerregenden Romanerstlings „Die Aula" wurde ich zu einem Gespräch mit Hermann Kant und dem Vorsteher des Deutschen Börsenvereins des Buchhandels – Ost Klaus Gysi, dem Vater von Gregor Gysi eingeladen. Die Diskussion war spannend, weil Hermann Kant damals zwischen den Positionen „Kompromissliteraf" und durchaus selbstkritischem Chronisten der DDR verortet wurde und sich erst später mit politischen Ämtern, staatstragenden Bekenntnissen, auch seiner Verpflichtung als IM „Martin" vollends auf die Seite der Staatsmacht schlug. Der Journalist und Schriftsteller Karl Corino hat dafür genügend Belege in seiner Studie „Die Akte Kant – ein Dokument der Verstrickung" geliefert. Lanciert hatte unseren Gedankenaustausch ein sogenannter GM, ein geheimer Mitarbeiter der Stasi, der so geheim war, dass ich mich an ihn nicht im Mindesten erinnern kann. Kant, so steht es in den Dokumenten aus der Stasi-Unterlagen-Behörde, war eine Art Pate des Anwerbungsversuchs, der wiederum ansatzlos scheiterte. Ich wurde zu den Akten gelegt, versehen mit einer zum Teil unfreiwillig komischen stereotypen Beurteilung - „mit gutem Aussehen und hochdeutscher Aussprache" war da vermutlich von einem sächsischen Mitarbeiter der Stasi vermerkt.

Die Arbeit als Reisekorrespondent machte mich immuner, intensivierte den Überwachungs-Aufwand der Stasi-Späher aber beträchtlich. Mit einem befreundeten Kollegen wurde ich – wiederum bei der Leipziger Buchmesse vom Schriftsteller Erich Loest zum Abendessen eingeladen. Wir tauschten uns über die DDR aus, leisteten unfreiwillig einen kleinen Beitrag zu Loests Publikation „Die Stasi war mein Eckermann oder: mein Leben mit der Wanze". 1990 waren Loest 330 Seiten Kopien von Stasi-Akten angeboten worden, die samt und sonders dokumentierten, was in seiner Wohnung gesprochen wurde. Die Stasi scheute keine Mühe, schrieb alles mit, viel Nichtssagendes. So entstand vor dem Zeitalter der „Mediatisierung" eine Art handgestricktes, formularmäßig dokumentiertes „Second Life" der Gesellschaft der DDR nach Maßgabe der Stasi. Der Kulturaustausch, an dem privilegiert die Theaterprominenz der DDR teilhaben durfte, ermöglichte in wenigen Fällen freundschaftliche Kontakte - etwa mit dem Regisseur Joachim Herz, dessen Leipziger „Ring" in Ost wie West zum wohl differenziertesten Zeugnis eines „realistischen Musiktheaters" wurde. Den anderen international umtriebigen, ästhetisch spekulativen Schüler Walter Felsensteins lernte ich für die Frankfurter Allgemeine in Kopenhagen mit seiner Inszenierung des „Eugen Onegin" kennen und aufgrund seines Bayreuthers Debüts schätzen. Sein „Tannhäuser" endete 1972 mit einer Art Arbeiter- und Bauernchor, welcher nicht nur die in Abendrobe gewandete Besatzung des Tonstudios des Bayerischen Rundfunks, der die Aufführung in alle Welt übertrug, entsetzte. Als ich die Inszenierung nach der Übertragung in einem Live-Interview positiv bewertete, wurde ich von den Kollegen der Hörfunk-Technik des Bayerischen Rundfunks grußlos geschnitten. Tags darauf drohte Franz Josef Strauß mit dem Entzug von Subventionen für die Festspiele. Götz Friedrich drängte es in den offenen, internationalen Musikbetrieb. Es war der einzige Anlass, an dem ich meine Beobachterrolle aufgab, für und zusammen mit Friedrich nach seinem Wechsel in den Westen eine Presseerklärung zu seiner „Ausreise" verfasste, die nach seinem ziemlich überstürzten Abgang aus der DDR den Eindruck von „Republikflucht" abmildern sollte.

Zwei kleine Erinnerungen erhellen die breite Grauzone des Miteinanders Ost-Westberlin. 1980 fuhren wir vor dem Start des Videotext-Service der ARD in den Ostteil von Berlin. Freunde aus Marzahn wollten unbedingt dem Fußballreporter Holger Obermann leibhaftig begegnen. Sie „kannten" ihn von der Sportschau. Also machten wir uns auf den Weg in eine der vielen, einander zum Verwechseln ähnlichen sogenannten Bezirksgaststätten. Das Treffen geriet zur Begegnung mit einer ungewöhnlichen Sportfamilie, denn plötzlich tat sich die Tür zum benachbarten Versammlungssaal auf, ein Major der Nationalen Volksarmee kam an unseren Tisch, wies auf meinen Freund: sind Sie Holger Obermann? Der Bestätigung folgte die

Einladung in ein Treffen von NVA-Offizieren. Die Gespräche verliefen lebhaft und herzlich. Alle bekannten sich zum TV-Fremdempfang der westdeutschen Sportschau. Eine halbe Stunde vor Mitternacht wagte ich den Einwurf, wir würden zu spät an die Grenze kommen. Der NVA-Major beruhigte, fragte, über welchem Grenzübergang wir nach Westberlin fahren wollten. Wir machten uns beklommen auf den Weg und wurden von den DDR-Grenzern einfach durchgewunken. Schwieriger wurde es diese eine mal auf der Westberliner Seite. Natürlich mussten wir die „Flucht" nach vorn antreten, erzählten die Begebenheit, stießen auf Verständnis und feierten in der Hotelbar unsere Freiheit. Sieben Jahre später wohnte ich im Ostberliner Palasthotel. Die Frankfurter Allgemeine eröffnete mit einem Empfang das Büro ihrer gerade akkreditierten Ostberliner Korrespondentin. Wir ließen das Ereignis in der Bar des Palasthotels ausklingen. Als der Nachtportier den Zimmerschlüssel aushändigte, bemerkte er, ich sehe ziemlich müde aus: „wenn Ihnen das Aufstehen schwerfällt und Sie dringend einen Kaffee brauchen, rufen Sie einfach Ihre Bestellung an die Decke". Das Palasthotel war komplett verwanzt.

Der öffentlich-rechtliche Rundfunk stilisierte sich als Bollwerk des freien Westens und belehrte die DDR-Insassen. Da war vor und kurz nach der Wende beispielsweise der kommerzielle Sender RTL spontaner und offener: Die Tele FAZ produzierte noch zu DDR-Zeiten in Wiesbaden eines der frühen Westkonzerte der legendären DDR-Rockband Puhdys für das RTL-Fernsehen. Kurz nach dem Mauerfall sendeten RTL und das zweite Programm des DDR-Fernsehens ein gemeinsames Magazin - ein Unikat, weil die Jugendredaktion elf 99 und Tele West Reporter austauschten, um einen möglichst fremden Blick auf die andere Seite zu werfen. Etwas von diesem journalistischen Aufbruch stellte sich später im Kulturradio des Sender Freies Berlin ein, als der Feature-Redakteur und weitsichtige Radio-Denker Peter Leonhard Braun seine Feature-Kooperation mit dem Mitteldeutschen Rundfunk und dem Ostdeutschen Rundfunk Brandenburg einging, bereits 1991 im „Hörkino" des Deutschen Historischen Museum, mit der Dokumentation über den Anschluss der NVA an die Bundeswehr „die Hochzeit mit dem Feind" die Grenzen für eine neue Wahrnehmung öffnete. Das war zunächst die Ausnahme, die Regel war Selbstbetrachtung.

Ich kannte den Sender Freies Berlin von einer guten Seite, war bis zu meinem Abenteuer bei der FAZ ständiger Mitarbeiter der Theaterredaktion und kannte zwei persönlich gegensätzliche Kollegen aus der Radiokultur des SFB – den aufgeschlossenen, über die Mauer hinweg schreibenden Kritiker Dietrich Steinbeck und seinen Chef Joachim Werner Preuß, eine ziemlich einmalige Figur des Westberliner Theaterlebens. Preuß verwaltete umsichtig die wöchentliche „Galerie des Theaters", blieb aber hoffnungslos im Schatten der Stimme des konkurrierenden RIAS Friedrich Luft. Er versuchte dies wettzumachen durch orthodoxe ästhetische Bekenntnisse und trat gerne auf als missmutig wirkender, immer korrekter, gelegentlich aufbrausender Redaktions-Patron. Ein kleines, feines Kritik-Projekt hatte er mir in den Siebzigern zugedacht. Weil ich bekannt dafür war, thematisch oder ästhetisch vergleichbaren Produktionen in den Spielplänen nachzureisen, schickte mich Preuß zu vier Antiken-Aufführungen, allesamt Bemühungen des grassierenden Regietheaters. Das Finale spielte im Westberliner Schillertheater. In der „Galerie des Theaters" tags darauf hörte sich Preuß meine positive Kritik geduldig an, um dann ein Gespräch über den bundesweiten Antiken-Zyklus mit der Provokation zu eröffnen, er habe ja schon immer gesagt, dass dieses ganze Regietheater an den Werken vorbeigehe. Entschieden anderer Ansicht hielt ich dagegen. Das nachfolgende, live versendete Scharmützel währte eine gute Viertelstunde, der Sendeplan geriet aus den Fugen, drei Kollegen verdienten sich Ausfallhonorare. Das Ende der Sendung war abrupt, die Kollegen der Tontechnik grinsten unverhohlen. Ich fürchtete um meinen Nebenverdienst, sah mich vollends am Ende meiner freien Mitarbeit beim SFB, als Preuß darauf bestand, mich zum Ausgang zu begleiten. Dort bedankte er sich, meine Haltung habe ihm imponiert und er freue sich auf unsere weitere Zusammenarbeit. Duckmäusern bin ich im eingemauerten Westberlin kaum begegnet.

Mein anhaltendes Abenteuer Berlin begann mit einer Geburtstags-Einladung für Günther Müggenburg und mich. Ulrich Schamoni, der umtriebige Filmemacher, Radio- und Fernseh-Promoter, wurde fünfzig und feierte ausgiebig zwei Tage lang. Müggenburg vertrat nach seiner Zeit beim Westdeutschen Rundfunk den Essener Zeitungskonzern WAZ in den Aufsichtsgremien von RTL. Ich wurde von der FAZ mit ihrer ein-prozentigen Beteiligung in den Programmbeirat geschickt, spielte dort meist die Nebenrolle des ceterum censeo in Sachen Programm-Qualität, befreundete mich mit Müggenburg, der mich schließlich 1989 zu Tele West lotste. Ich war gerade in Essen gelandet, da kam die Einladung zur Geburtstagsfeier. Schamonis Fünfziger wurde an diversen Westberliner Bars und Vergnügungsstätten gefeiert, weil nicht nur einer der Väter des Neuen Deutschen Films geehrt, sondern die Existenz eines erfolgreichen deutschen Privatradios beworben wurde. Im Westberliner Radiomarkt hatte sich 100,6, der sogenannte Froschfunk, binnen kurzer Zeit zum Marktführer gepuscht. Die Medienbranche samt lokaler Politik gab sich ein Stelldichein. Zum großen abschließenden Festakt mit mehreren hundert Gästen ging es in die Festsäle der Kindl-Brauerei nach Neukölln. Gerade hatten die Berliner Sängerknaben Schamoni ein Ständchen gebracht, hob der von Herbert Wehner als Übelkrähe verlästerte Berliner CDU-Politiker und Filmkaufmann Wohlrabe zu einer Laudatio an, da begegneten mir im Saal-Getümmel der Chefredakteur von 100,6 und Berlins Polizeipräsident. Beide teilten, offenbar unter dem Eindruck der verhaspelten Information des DDR-Pressechefs Schabowski, mit, dass gerade die Mauer falle. Es war der frühe Abend des 9. November 89. Ich dachte: nichts wie hin, aber wie, eilte zum Eingang der Festsäle und traf auf einen jungen Mann, der sich, lässig an einen grauen VW-Käfer gelehnt, eine Zigarette genehmigte. Meine Frage: was machen Sie hier, verbat er sich eher verdutzt, setzte sich aber sofort ins Auto, als ich ihm sagte: Die Mauer fällt, da müssen wir hin. Wir waren mit die Ersten an der Bornholmer Straße, stießen auf verunsicherte DDR-Grenzsoldaten, die wenig später angesichts des Besucherstroms aus Ostberlin nicht ein noch aus wussten, dann auf ein Fernsehteam der BBC, das ohne aktuellen Anlass eine Dokumentation über die Mauer drehen sollte und nun angesichts des historischen Falls jeden Ankömmling interviewte. Der Ansturm von Menschenmassen und Kolonnen von Trabis trennte mich von meinem Zufalls-Gefährten. Ich ließ mich die ganze Nacht über völlig verstopfte Straßen bis zum Ku'damm treiben. Am nächsten Morgen bezahlte ich das ungenutzte Hotelzimmer. Am Taxistand fragte ein junger Ostberliner, ob er mitfahren dürfe, er sei noch nie am Flughafen Tegel gewesen. Um das Schweigen während der Fahrt zu überbrücken, fragte ich ihn, was ihm denn im Westteil der Stadt am meisten aufgefallen sei. Seine spontane Antwort: „Das kann ich ihnen sagen, ich bin gleich in die erste Mac-Donalds-Filiale gegangen und habe einen ausgewachsenen Whopper bestellt. Und was soll ich Ihnen sagen: den haben die sofort rüberwachsen lassen". Ein Jahr später fragte mich der RTL-Programmdirektor Thoma bei einer Präsentation der deutschen Cannes-Rolle in Düsseldorf, er habe gestern den Film „Novembertage" über den Fall der Mauer von Marcel Ophüls abgenommen – was ich denn darin zu suchen hätte. Im Vorspann stehe ich zur Begrüßung der Ostberliner – einfach mitgerissen, euphorisch - erst Jahre später mitgenommen von den Verwerfungen in der wiedervereinigten Nation. Diese haben mich auf meiner letzten aktiven Medien-Station beim Sender Freies Berlin eingeholt – als Hörfunk-Kulturchef, dann Hörfunkdirektor bis zur Fusion des SFB mit dem Ostdeutschen Rundfunk Brandenburg im Jahr 2003.

Die Wiedervereinigung in Westberliner „Köpfen"

Zuerst ging es um die Radio-Kultur des Sender Freies Berlin. Der Hörfunkdirektor des SFB kam zum Kennenlernen eigens nach Essen. Referenzen rührten von alten Rundfunk-Beziehungen in der ARD, den dreizehn Jahren beim Hessischen Rundfunk. Wahrscheinlich kam eine Empfehlung aus dem Westdeutschen Rundfunk, dessen Regionalmagazin „Aktuelle Stunde" wir mit Tele West gerade erfolgreich Zuschauer abjagten. Ausschlaggebend dafür, die Einladung nach Berlin anzunehmen, war die attraktive Kombination der Themen Radiokultur und Berlin als offener, wieder vereinigter Stadt – trotz finanzieller Einbußen, vor allem aber trotz des Zustands des Senders. Vor dem SFB wurde ich von allen Seiten gewarnt. Als ich telefonisch dem WAZ-Geschäftsführer Schumann kleinlaut und entschuldigend meinen Entschluss, nach Berlin der Kultur wegen zu gehen, gestand, riet er mir, ich solle zuerst einen Arzt aufsuchen. Schumann hat sich, kurz vor seinem Tod, für die nicht ganz unbegründete Häme bei einem Treffen in Berlin aufrichtig entschuldigt. So lösten sich an einem einzigen Abend bei und nach einem Essen in der Düsseldorfer Staatskanzlei die Bestätigung der Arbeit von Tele West und mein Abgang zum SFB ab: Johannes Rau lud zum jährlichen Abendessen der Chefredakteure in die Staatskanzlei. Der Neuling von Tele West wurde neben den Landesvater platziert. Rau ließ es sich nicht nehmen, genüsslich auf den Publikumserfolg des jungen Programms zu verweisen und diese Ansage an den säuerlich dreinblickenden damaligen Fernseh-Chefredakteur des WDR Fritz Pleitgen zu richten. Pleitgen bin ich wenige Jahre später als Kollege in der Hörfunkkommission der ARD und Mitglied seiner Zukunftskommission RUTE häufiger begegnet. Nach dem Essen sagte ich dem Intendanten des SFB, Günther von Lojewski telefonisch zu, nach Berlin zu kommen.

Einem internen Kandidaten, der die Kultur im Hörfunk übernehmen wollte, traute die Geschäftsleitung des Sender Freies Berlin offenbar nicht. Er war ihr zu „links", scheute offene Konflikte, hätte die Verhältnisse der Kulturwelle mehr zementiert denn reformiert. Vor allem die aktuelle kulturkritische Tagessendung „Journal in 3" und das Frauen-Magazin „Zeitpunkte" hatten sich quasi eingemauert, waren als ziemlich geschlossene Gruppe streng auf alter, vermeintlich linker Spur und setzten auf eine bekenntnisstarke, in Westberlin einflussreiche Zielgruppe - nach außen und innen eine eingeschworene Community, jederzeit gegen jedwede Veränderung sofort mobilisierbar. Der Vorteil eines Berliner Stadtsenders war seine lokale spürbare Wirkung, der Nachteil, dass alle untereinander, Macher wie deren öffentliche Aufseher, der Rundfunkrat, permanent per Nahverkehrstarif und bei geringen Telefonkosten miteinander kommunizieren konnten. Dieselben Leute riefen sich zu Mauerzeiten nicht nur beständig an, sondern trafen bei verschiedensten Anlässen und in diversen Funktionen alle Tage aufeinander. Bei Empfängen gab es die sogenannte „Senatsbrause", woanders Sekt genannt. Das Westberliner Brauchtum setzte sich nach der Wiedervereinigung erst einmal fort, beförderte indes nicht Innovationen und Kreativität. Es mangelte an Luftzufuhr, Zuzügen von auswärts. Es wurde viel kurzgeschlossen, oft genug durchgestochen. Besonders der Programmausschuss des SFB agierte unberechenbar, war damit zugleich eine Art Seismograf für Konflikte und Unverträglichkeiten Ost-West und transferierte zwei Besonderheiten des Senders aus Westberliner Zeiten: die Personalvertretung, nicht nur zur Mitwirkung, sondern Mitbestimmung aufgerufen, machte davon umfassend

Gebrauch und mischte sich permanent in Programmfragen ein; und die Mitglieder des Rundfunkrats wurden nicht mit einer Monatspauschale, sondern pro Sitzung vergütet, was insbesondere den Programmausschuss zu einer ungewöhnlichen Sitzungs-Frequenz verleitete. So viele Sitzungen wie im Sender Freies Berlin habe ich in meinem ganzen Berufsleben nicht durchstehen müssen – auch im internen Betrieb, was einfach zum Westberliner Milieu gehörte, aber ebenso der umfassend unsicheren Zukunft des Senders geschuldet war. Für das Schicksal des SFB war das austauscharme Binnensystem Segen und Fluch zugleich. Zuallererst beförderte es Westberliner Bequemlichkeiten, konservierte weit über die Wiedervereinigung hinaus lieb gewonnene Gewohnheiten. Geradezu wienerisch war der SFB ein fruchtbarer Boden für Intrigen aller Art. Natürlich fühlten sich alle, gleich welcher politischen Einstellung, als personifizierte Vorposten, als kleines Bollwerk gegen den real existierenden Sozialismus, zu einem Teil als Speerspitze der nonkonformen Linken in aller Welt. Der eine Teil, vor allem einige Kulturredaktionen des SFB, der früher crossmedial organisiert war, in dessen Programmen sich also Hörfunk- und Fernseh-Redakteure tummelten, demonstrierte gen Osten wie Westen, was eine linke Harke ist. Der andere Teil des Programms konservierte einen kleinbürgerlichen Mief, in den vereinzelt kreative, „eingekaufte" Exoten eintauchten. Existieren konnten alle Teile dieser Stadt-Gesellschaft auskömmlich bis zur Wiedervereinigung. Sie lebten von der Versprechung: haltet durch, wir schicken die Brötchen und genossen bei mancher Vergünstigung wie der Berlin-Zulage noch die großzügige Subventionierung Westberliner Leuchttürme gen Osten, blendende Festwochen und anderes. Eines Tages, ich arbeitete noch bei der Frankfurter Allgemeinen, rief mich der Berliner Kulturstaatssekretär, mit dem ich seit Bonner Studienzeiten per Du war, an und fragte um Rat: Was ich denn davon hielte, wenn man den großen russischen Tänzer Barischnikoff dauerhaft an Berlin binden würde. Angesichts meines eher bescheidenen Finanz-Horizonts wandte ich ein, den könne man sich gar nicht leisten. „Das lass mal unsere Sorge sein", war die zu Zeiten einer ausgehaltenen Berliner Leih-Kultur einschlägige Antwort. Was dagegen beispielsweise die eigenständige Tanzkultur, die ich als Kritiker seit Ende der Sechziger skeptisch verfolgt hatte, betraf, war die Ballettprovinz Berlin mit einem überlebten Personalstil und einem engen, ja inzüchtigen Netzwerk wiederum Beleg einer geschlossenen Gesellschaft mit wenig Spielraum für Neues.

1991, knapp zwei Jahre nach dem Mauerfall, kam ich in ein Westberlin, für das der Strom reichlicher Gaben aus dem Westen verebbte – nach der Euphorie der Wiedervereinigung und der dramatischen Entscheidung des Bundestags für Berlin als Bundeshauptstadt, die drei Wochen nach meinem Dienstantritt beim Sender Freies Berlin fiel. Es ging scheinbar erst einmal steil nach oben. Man registrierte den äußeren Aufbruch an den neuen Wahrzeichen, einer Legion von Baukränen, was mir, als ich nach Berlin kam, besonders aufstieß, weil die Vergangenheit im Gegensatz dazu ganz schnell abgeräumt wurde: die Mauer. Aus schlechtem Gewissen hat zuletzt der während des Mauerfalls amtierende Regierende Bürgermeister Momper noch einmal ihren schnellen, bis auf symbolische Reste kompletten Abriss gerechtfertigt. Die Berliner hätten verständlicherweise von der Mauer nichts mehr wissen wollen – allerdings beherrschten die Baulöwen schon im eingemauerten Westberlin das Gesicht der Stadt und machten bundesweit mit Bauskandalen in finanzieller und politisch beträchtlicher Größenordnung zeitweise mehr Furore als mit einer kreativen Stadtplanung. Geplant und in Windeseile gefüllt wurden nach der Wiedervereinigung die vielen Freiflächen vor allem in Ostberlin und dem Bezirk an der Mauer nach dem Prinzip: Wer zahlt, schafft an. Vorstellungen, der wiedervereinigten Bundeshauptstadt ein neues Gesicht zu geben, versandeten in Alibi-Veranstaltungen wie dem „Stadtforum Berlin". Mein Gastspiel bei dieser ständigen Diskussionsrunde leitete sich aus der Illusion her, man könnte an eine alte Zeitungs- und Rundfunkgeschichte anknüpfen. Ein ganzes Wochenende redete sich auf Einladung des damaligen Senators für Stadtentwicklung und Umweltschutz Volker Hassemer eine illustre Runde aus Literatur, Architektur, Philosophie zum Thema: Die neue Stadtmitte die Köpfe heiß und war danach so klug als wie zuvor. Ich sollte zusammen mit dem Alltags-philosophisch allgegenwärtigen Peter Sloterdijk in einer Routine-Sitzung des Stadtforums nach der Klausur in Wahrheit nicht existente Konzepte präsentieren und habe einmal mehr Sloterdijks unübertroffene Begabung bewundert, auf der Glatze eine Locke zu drehen. Hoch subventioniert, aber eben auch ideenreich und gegen den Strich der miefigen Stadtpolitik ist so manches Berliner Bauwerk lange vor der Wende entstanden: die „Schwangere Auster", das heutige Haus der Kulturen der Welt oder die Philharmonie. Vom Regelwerk öffentlicher Baukunst nach der Wiedervereinigung sind mir die einfallslosen Bau-Leitlinien, die berühmt-berüchtigte Traufhöhe des damaligen Senatsbaudirektors oder die einfallslosen Fassaden-Module in der Berliner Mitte gewärtig. Auch dies ein Akt allgemeiner Verdrängung: der Vergangenheit wollen wir nicht unvermittelt begegnen, sie wird ästhetisiert, stilisiert, weggerückt. Risse werden verkleistert, Geschichte wird harmonisiert, in Gedenkstätten wie die an der Bernauer Straße - eingefasst oder verfremdet wie das zur monströsen Wippe gewandelte Einheitsdenkmals mit dem vagen Namen „Bürger in Bewegung" vor dem Hauptportal der Berliner Schlosskopie. Öffentliche Kunst stört nicht mehr, sie bestimmt sich nach verordnetem Maß und Mitte:

Doch jetzt droht neues Ungemach: Vor das Schloss soll eine gigantische begehbare Wippe gestellt werden, ein Denkmal für die Revolution von 1989. Es sieht aus wie eine surreal überdimensionierte Obstschüssel. Wenn man mit vielen Menschen in eine Richtung läuft, neigt sich die Wippe. Dies soll zum Ausdruck bringen, dass große Mengen wie 1989 zusammen etwas bewegen können.

Tatsächlich war es so, dass nach 1990 in atemberaubendem Tempo alle Leerstellen, die Krieg und Teilung hinterlassen hatten, zugebaut worden waren. Kommenden Generationen ließ man wenige Bauflächen übrig.

Das hatte in der Frankfurter Allgemeinen Niklas Maak bemerkt, der sich wie viele fundamental kritisch mit der kalten Fassade des wieder errichteten Berliner Schlosses auseinandergesetzt hatte, was einen am Bau beteiligten Architekten zur Demarche an die Herausgeber der Zeitung veranlasste, man möge solch schlosskritische Kommentatoren doch aus der Redaktion entfernen. Freier sind die Gedanken in der zunehmend restaurativen Phase unserer Gesellschaft nicht geworden. Das Freiheits- und Einheitsdenkmal ruht zum Jahresende 2023 noch in einer ostwestfälischen Montagehalle.

Kreative Gegenbeispiele aus früheren Zeiten der Bundesrepublik: 1977 fasste der Aktions-Künstler, Maler und Bildhauer Wolf Vostell den Plan, auf den First des ehrwürdigen Kassler Museums Fridericianum einen Starfighter zu platzieren. Das Projekt scheiterte, die Leitung der Documenta wollte sich dazu nicht verstehen, nach meiner Erinnerung wurden schließlich vom Ordnungsamt statische Probleme vorgeschoben. Dokumentiert wurde das dann wahrlich abgehangene Projekt später in einer Ausstellung in Karlsruhe. Auch ich hatte Vostell zu dem Projekt animiert, er vermerkte das Motto zum Dank handschriftlich auf einem eigens für die Documenta hergestellten Plakat: „Das Flugzeug ist das Ei in der Hand des Himmels." Allerdings wertete gerade die Kassler Documenta etwa mit der zweimaligen Bestellung des Schweizer Ausstellungsmachers Harald Szeemann die Rolle des Kurators auf, es ging subjektiver, innovativer, wagemutiger zu. Wie sehr unorthodoxe Kunst in aller Öffentlichkeit den Blick für neue Anschauungen wecken, ja bannen kann, ist mir bewusst geworden angesichts der „Floating Piers", die Christo 2016 in den norditalienischen Lago Iseo verlegt hatte. Kilometerweit konnten tausende Spaziergänger auf den gelben Kunstmatten die malerische Weite des Sees erlaufen. Unvergessen bleibt Christos und Jeanne-Claudes Verpackung des Berliner Reichstags 1995: ihr Symbolcharakter, die einladende wie entrückte monumentale Gestalt des Volkswillens glänzte in einer fantastischen Hülle. 1962, im Jahr nach dem Mauerbau stand ich als Schüler an der Sektorengrenze unweit der geschwärzten Ruine des ehemaligen Reichstags, DDR-Grenzer installierten eine akustische Störkulisse gegen eine Kundgebung auf der Westseite der Mauer. Pflichtschuldigst war meine Schulklasse zwei Jahre vor dem Abitur, gesponsert vom damaligen gesamtdeutschen Ministerium, ins geteilte Berlin gefahren; wir kletterten wie mancher Staatsgast auf das Aussichtsgerüst, blickten verständnislos über die riesig erscheinende, militärisch bewehrte menschenleere Grenz-Brache des Potsdamer Platzes. Mehr als dreißig Jahre später saß ich inmitten dieser „Brache" aus Anlass der Grundsteinlegung von Bankentürmen und dem Sony-Center.

Nicht nur Baukräne imponierten in den Neunzigern. Ausländische Investoren und Unternehmen schickten ansehnliche Voraustrupps nach Berlin. Gruppen von Japanern tauchten überall auf. Westberlin war schon zu Zeiten der Mauer kein Industriestandort, beherbergte vor allem der Subventionen wegen diverse „verlängerte Werkbänke". Und West und Ost der Stadt rochen eben nicht nur anders. Die Entscheidung des Bundestags für Berlin als Hauptstadt im Juni 91 weckte Neid bis in die Sitzungen der Hörfunkkommission der ARD, der ich seit 1993 angehörte. Dort bekam ich regelmäßig, wie man sagt, mein Fett weg: dass dieser kleine, ideologisch durchseuchte westberlinerische Stadtteilfunk SFB eine solch hervorgehobene Position als Hauptstadt-Sender gar nicht verdiene, war der Grundtenor. Vor allem der mächtige Westdeutsche Rundfunk, der die gegenüber dem SFB schmächtige, als „schlanke" Anstalt belobigte Neugründung des Ostdeutschen Rundfunks Brandenburg coachte, nutzte die Gunst der Stunde und dominierte schnell die Berichterstattung aus der neuen Hauptstadt - begünstigt von der provinziellen Einstellung der Mehrheit des Berliner Rundfunkrats, die den Schwerpunkt des SFB auf die Sendemission: „wir sind wieder wer" legte, einen eigenen Satellitenkanal für das lokale Fernsehprogramm anmietete. Die Berliner Schnauze hatte nun ihre Satelliten-Schüssel, der Kiez war im Weltraum angekommen.

Berichte aus der neuen Hauptstadt anlässlich von Besuchen in Frankfurt etwa bei Freunden in der FAZ wurden aufgenommen wie Tartaren-Nachrichten aus einem fremden tiefen Osten. Der Weg war weit zu den feuilletonistischen „Berliner Seiten", die für die FAZ ein teurer Fremdkörper blieben und nach drei Jahren ersatzlos gestrichen wurden. Und noch mühsamer, wenn auch einträglicher war der Weg zur Einverleibung von Berlin in die allgemeine Mediatisierung der Bundesrepublik wiederum beispielsweise für die FAZ, die über den Erwerb der ehedem Ostberliner Tageszeitung Neue Zeit inklusive deren schöner Immobilie heute eine große Berliner Redaktion vorhält. Die holprigen Anfänge gerieten in Vergessenheit, als sich Bundesregierung und Lobbyisten auf Berlin konzentrierten. Da kam der listige Intendant des Mitteldeutschen Rundfunks Udo Reiter noch auf die Idee, Berlin zum exterritorialen Sendegebiet zu erklären und den Stadtsender à la Washington DC zu einem Gemeinschaftswerk der ARD umzuwidmen. „Apokalyptischer Reiter" war noch einer der netten Beinamen für diesen Einfall.

Mein Empfang im Sender Freies Berlin wie der allgemeine Umgangston in der Stadt waren urberlinerisch, die Erwartungen an Zuwendung und Stil ohnehin gering nach einschlägigen Erfahrungen aus früheren Jahren und wiederum festgehalten mit einer markanten, dem getreuen Eckermann mitgeteilten Beobachtung des Dichterfürsten Goethe, der Berlin gerade einmal besucht hatte:

„Es lebt aber, wie ich an allem merke, in Berlin ein so verwegener Menschenschlag beisammen, dass man mit der Delikatesse nicht weit reicht. Sondern dass man Haare auf den Zähnen und mitunter etwas grob sein muss, um sich über Wasser zu halten."

Mittlerweile gibt es in Berlin immer weniger „Berliner", vor allem ältere Busfahrer vermitteln in Restbeständen die knarzige mittlerweile nostalgisch anmutende Ansprache. Berlin ist und war immer ein Ort zum Durchhalten, spannend und zu seinem großen Vorteil nicht

200

zentralistisch als Kapitale angelegt. Die berühmt-berüchtigten Kieze sind Orte der Vielfalt geblieben. Berlin ist eigentlich keine Stadt, sondern ein Zustand. Berlin sei „dazu verdammt, immerfort zu werden und niemals zu sein". So umriss der Kunstkritiker Karl Scheffler schon 1910 den Aggregatzustand der deutschen Hauptstadt. Meine Tätigkeit im Hörfunk des Sender Freies Berlin ließ sich entsprechend stillos an: Das großräumige hohe Büro, während der NS-Herrschaft Schaltzentrale des NS-Sendeleiters im historischen Haus des Rundfunks an der Masurenallee, das der stilbildende Architekt Hans Poelzig entworfen hatte, war am Morgen meines Dienstbeginns leergeräumt. Die klobigen ramponierten Büromöbel mit einem durchgesessenen Sofa hatte die Hausverwaltung vor der Tür aufgeschichtet und mit einem Flatterband gesichert. Immerhin wurde auf diese Weise ein neuer Tatort gekennzeichnet. Eigentlich sollte der neue Chef der Radiokultur ein renoviertes Büro beziehen, das hielt die Hausverwaltung am Morgen meines Arbeitsbeginns schließlich für überflüssig. Die Sekretärin, es war Montag, kam zu spät. Sie brachte mir gleich zum ersten Wochenende eine der ehernen Westberliner Gepflogenheiten am Arbeitsplatz bei: am Freitag, ab halb eins, macht jeder seins. Zuallererst wurde ich in die Direktorensitzung gebeten, man wollte den neuen Hauptabteilungsleiter kennenlernen; eigentlich wiederum nicht, denn die Teilnehmer hörten kaum zu, bereiteten sich innerlich auf die vielen kleinen Scharmützel untereinander, vor allem gegeneinander vor, was ich später als Programmdirektor Hörfunk selbst zur Genüge kennenlernen sollte. Nur der Verwaltungsdirektor, der mich vor meinem Amtsantritt überraschend einladend angerufen hatte, meldete sich aufmunternd zu Wort. Die wöchentliche Sitzung der Programmdirektion nachmittags lief nach eingeübtem Ritus, das anschließende Treffen der Hauptabteilung Kultur in kollektiver Lauer. Man ließ mich gewissermaßen kommen.

Der Sender Freies Berlin und der „Beitritt"

Ich traf auf einen verunsicherten Sender, der ins Schlingern geraten war, dies aber nicht wahrhaben wollte und weiter in der Illusion verharrte, nach der Hauptstadt-Entscheidung auf neue Weise privilegiert in alter Verfassung leben zu können. In Wahrheit ging es darum, sich in der wiedervereinigten Stadt neu zu erfinden, programmlich wie wirtschaftlich nach neuer Statur zu suchen. Der Sender Freies Berlin wurde erst 1954 als Landesrundfunkanstalt gegründet, neben dem beliebteren Sender des damaligen amerikanischen Sektors, dem RIAS, drohte der Hörfunk, im überbesetzten Berliner Rundfunkmarkt unter ferner liefen zu senden und damit seine Legitimation als gebührenfinanzierter Landesrundfunk zu gefährden. Schamonis „Froschfunk" hatte mit einem einzigen Programm die vier Wellen des SFB an Hörerzahlen weit überholt. Der Versuch, das ehedem meinungsstarke, eher alternativ gestrickte SFB 2 in eine „Turnschuhwelle" zu verwandeln, war gefloppt. Die neue kommerzielle Programm-Flut erfasste auch das gediegen unterhaltsame, alternde Stadtradio, die frühere Leitwelle auf der Frequenz 88.8. Der RIAS profitierte bis zur Wiedervereinigung von seiner Stellung als Stimme des Freien Berlin, wurde dann nach 1991 abgeräumt und fand sich schließlich zu Teilen erhalten und vereint mit Überresten des DDR-Radios im medienpolitisch ausgedachten Artefakt des Deutschlandradios. Der Berliner Radiomarkt verdiente sich als Modellfall der neuen Wirklichkeit des dualen Rundfunksystems das Gütesiegel eines Haifischbeckens. Das Fernsehen des SFB hatte es nicht leichter. Sein prozentualer Anteil im ersten Fernsehprogramm schrumpfte, der Sender musste sich auf das ganze Berlin ausrichten, konnte nicht mehr im Verbund mit dem NDR das dritte FS-Programm einfach weiter betreiben. Der SFB lebte über seine Verhältnisse, das „Notopfer" Berlin war passé. Das regelmäßig von Intrigen aufgemischte innere Gefüge, in dem sich die Macher in Westberlin komfortabel eingerichtet hatten, begann zu implodieren. Zwei Jahre nach dem Mauerfall sehnte sich der Sender nach einer Zukunft der eigenen Vergangenheit. Das führte zu einer Art krampfhafter innerer Selbstversicherung: nicht selbstkritisch, nicht innovativ, sondern zuerst ziemlich stolz bis arrogant im Kulturflügel, später dann allerdings zunehmend hilflos in der Anstrengung, sich auf eigene Füße zu stellen und zu überleben. Die Anstalt, seine Insassen wie seine Kontrollorgane, wie der Rundfunkrat und die Berliner Kiezpolitik lavierten nach dem untauglichen Muster: wasch mir den Pelz, aber mach mich nicht nass. Das alles war nach fast einem halben Jahrhundert subventionierter Existenz im eingemauerten Biotop Westberlin nur zu verständlich.

Die Notwendigkeit einer grundlegenden inneren Reform wurde lange Zeit überspielt von der Suche nach Hilfe von außen, dem Fortkommen unter dem vermeintlich rettenden föderalen Dach der ARD, welches auch die Wiedervereinigung beschirmen sollte. Nordostdeutsche Rundfunkanstalt, kurz NORA, hieß das wie eine Zauberformel gehandelte Projekt einer Mehrländer-Anstalt, die Berlin, Brandenburg und Mecklenburg-Vorpommern umfassen sollte. Ich kam im Juni 1991 gerade zurecht, das kleinmütige Ende dieser Idee mitzuerleben. Der politisch erfolgreiche Versuch des Norddeutschen Rundfunks, sich Mecklenburg-Vorpommern einzuverleiben, also auch hier nach dem Muster eines „Beitritts" zu verfahren, fand seine Entsprechung in der abweisenden Berliner Provinzpolitik nach altem Muster. Es galt der mindestens finanziell ungedeckte Anspruch, den SFB als

Hauptstadtsender zu positionieren und ja nicht an arme Flächenstaaten wie MacPom Geld und vielleicht auch Programmkompetenz abgeben zu müssen. Medienpolitik und Wirtschaft verfuhren nach demselben Muster: Die Übernahme von Strukturen der alten BRD wurde beflügelt von der „Mission", die Brüder und Schwestern mit den Errungenschaften des westdeutschen Medien-Systems zu beglücken. Dies erwies sich als kurzsichtig, der Versuch der Beglückung funktionierte auch in den Printmedien nicht. Mit der Bildung von Zeitungsgruppen als Ersatz für die alten Bezirks-Ausgaben der Parteienpresse der DDR wurden erst einmal Kapazitäten geschaffen. Ich erinnere mich an eine voluminöse Feier 1994 zur Eröffnung eines Druckzentrums in Potsdam, mit dem die Frankfurter Allgemeine GmbH ihren ostdeutschen Auftritt krönen wollte. Das dicke Ende kam relativ schnell: Die hundertprozentige Tochter der FAZ, die Märkische Allgemeine Zeitung wurde 2012 verkauft, gehörte zu den deutschen Tageszeitungen mit den größten Anzeigenverlusten. Gleich nach der Wende erwarb der FAZ-Verlag das ehemalige Blatt der CDU in der DDR „Neue Zeit". Vier Jahre später stellte die Zeitung aus wirtschaftlichen Gründen mit einer auf dreißigtausend Exemplare geschrumpften Auflage und fehlenden Anzeigen ihr Erscheinen ein. Das Vorhaben, eine führende Qualitätszeitung für Ostdeutschland zu publizieren, erwies sich als Illusion.

Auch im Rundfunk vollzog sich, was man historisch unbelasteter den „Beitritt nennen lernte. Und zwischen Rundfunk und „Beitritt" bestand ein innerer, enger Zusammenhang. Festgesetzt hatte sich in vielen Köpfen in Ostdeutschland das westdeutsche Werbefernsehen. Es übertrug den Konsum-Bazillus in die DDR. Der 1. Juli 1990 war der Tag der Wiedervereinigung des Geldes. Eines der Themen in einem Gespräch mit dem damaligen VW-Vorstand Daniel Goeudevert für die Radiokultur des SFB war 1991 die beinahe rhetorische Frage, warum DDR-Bürger ihr dermaßen günstig umgetauschtes Geld in Autos und nicht etwa in ihre Zukunft, etwa für die Ausbildung steckten. In dieser Zeit konnte ich von Berlin aus den Wandel besichtigen. Die Brandenburger Naturschutzinsel Kiehnwerder habe ich öfter besucht, weil sie im Kleinen die größere Entwicklung nach der Wiedervereinigung spiegelte. An diesem DDR-Biotop legten keine Ausflugsdampfer an, es gab nur eine Telefonleitung zum Kiosk des Inselwarts. Man war jahrzehntelang unter sich – privat und geschützt. Nach der Wende entleerte sich die Insel schlagartig, weil seine Bewohner lieber Sehnsuchtsorte des Westens und des Südens mit nagelneuen Pkws erkundeten. Viele kehrten später desillusioniert zurück. Die Wirklichkeit war nicht wie im Fernsehen beworben und das Startkapital schnell verbraucht. Vor ein paar Jahren habe ich den alten Pächter von Kienwerder zwar unter seiner Telefonnummer, aber nicht mehr auf der Insel erreicht. Er erzählte, dass nach einer nostalgisch gestimmten Renaissance der Insel ein Schweizer Investor die Planskizze für ein komfortables Ferienresort lieferte, das indes nie gebaut wurde. Subventionen für den „Aufbau Ost" verschwanden, die Insel mutierte zum menschenleeren Reservat für den Naturschutz, zum Sehnsuchtsort für einen modernen Robinson Crusoe.

Der Rundfunk der DDR als verordneter Staatsrundfunk hatte ausgedient. Also ging die Konkursmasse in der Rundfunkordnung der Bundesrepublik auf. Möglichkeiten, aus der publizistischen Insolvenz Kreativität und Unabhängigkeit gerade aus der Endzeit der DDR zu generieren, wurden weitgehend vertan. Dazu nahm man sich weder Zeit noch hatte man Lust, weil zusammengeführt werden musste, was auf Anhieb nicht zusammengehörte. Jeder hatte mit sich selbst genug zu tun. Auch die Fusion von SFB und ORB zum späteren RBB, dem Rundfunk für Berlin und Brandenburg vollzog sich mehr aus der Not. Dieser Zwang machte nicht wirklich erfinderisch. Anpassung war das Gebot, was nicht dazu einlud, die demokratisch verfasste, aber in Vielem ermüdete Rundfunkordnung der Bundesrepublik auf den Prüfstand zu stellen. Bezeichnend war, dass der bürokratisch anmutende Name des später fusionierten Senders Rundfunk Berlin-Brandenburg in den Staatskanzleien der beiden Länder ersonnen wurde.

Da stand ich nun mit meiner neuen Sympathie für Berlin und seiner Kultur - angezogen vom vermeintlichen Aufbruch der neuen Bundeshauptstadt, dem Beginn der Wiedervereinigung, mit den Möglichkeiten, die ein Stadtsender eigentlich hätte. Ich landete indes mitten im bedrohlichen Szenarium eines Worst Case mit der Möglichkeit des denkbar Schlimmsten - im Hintergrund erschien wie ein Wetterleuchten das Menetekel einer dieses Mal nicht ostdeutschen Abwicklung. Der blöde Spruch: heute stehen wir am Abgrund, morgen sind wir einen Schritt weiter, drohte zum zweiten Mal wirklich und dieses Mal wirklich schmerzhaft zu werden. Einmal hatte ihn der Verlagschef für Neue Medien der FAZ halb scherzhaft, halb verzweifelt ausgestoßen, als er sah, wie bei der ersten waghalsigen Fernseh-Übertragung der Tele FAZ vom Tennisturnier in Cincinnati das Halbfinale mit Boris Becker wegen eines Dauerregens abgebrochen werden musste, aber die Gebühren für den angemieteten Satelliten-Kanal den kleinen Produktionsetat aufzufressen drohten, weil der

Satellit nur noch schöne Regenbilder übermittelte. Damals hatten wir einen Chef vom Dienst, der sich mit solchen Unbilden logistisch bestens auskannte. Frontal und umfassend erwischte mich die Bedrohung vor einem Abgrund beim Sender Freies Berlin. Ungern und immer noch so lebendig, als wäre es gestern, erinnere ich mich an Personalversammlungen des SFB in ruppiger Berliner Art, in der die Geschäftsleitung, die ähnlich zerrissen war wie der gesamte Sender, mehr oder weniger lau hinter dem Intendanten Günther von Lojewski verharrte; Lojewski provozierte, was indes durchaus realistisch schien: Die Anstalt stehe absehbar finanziell vor dem Ende, mit allen möglichen Folgen wie betriebsbedingten Kündigungen sei zu rechnen, weil eine „Liquiditätsklemme drohe. Da war im Jahre 1994 nicht nur das Scheitern von „Nora" zu konstatieren, sondern eine drohende Pleite des SFB zu befürchten.

Das große Ganze der Wiedervereinigung entschwand, zerkleinerte sich in medienpolitischen Krämpfen und Konkurrenzen. Das Bild vom personell überbesetzten und überalterten, über seine Verhältnisse lebenden, zu programmlicher Innovation unfähigen SFB ließ sich vorzüglich als abschreckendes Beispiel zitieren. Der kleine, feine und scheinbar unendlich flexible Ostdeutsche Rundfunk Brandenburg machte davon gerne und reichlich Gebrauch, verdankte seine Existenz vielfältigen Anleihen und konnte seit seiner Gründung immer auf den überalterten Sender Freies Berlin verweisen. Ein knappes halbes Jahr nach meinem Amtsantritt als Hörfunkdirektor wurde ich im Mai 1993 mit den Ergebnissen der sogenannten Medienanalyse konfrontiert, zu verantworten hatte sie mein Amtsvorgänger. Die Ergebnisse waren niederschmetternd. Der kommerzielle Froschfunk 100,6 hatte in Berlin doppelt so viele Hörer wie der gesamte SFB. „Hörer gestern" - das war neben dem sogenannten Marktanteil die harte Konsumenten-Währung. Und die Radioprogramme des ORB waren auch in Berlin im Aufwind. Zufällig am Tag der Veröffentlichung dieser verheerenden Bilanz kam der Hörfunkdirektor des benachbarten ORB mit seiner Leitungs-Crew zu einem informellen Erfahrungsaustausch ins Berliner Haus des Rundfunks. Ich glaube, das Mitleid der Kollegen war nicht gespielt, an ihre gut gemeinten Vorschläge zur Rettung kann ich mich – damals wie betäubt von den Resultaten der aktuellen Media-Analyse – nicht mehr erinnern.

Hörfunk-Programmdirektor des SFB und andere
Berlinische Vabanque-Spiele

Wohl aber an die Umstände meiner Wahl zum Hörfunkdirektor, für deren Anbahnung der Begriff Personalplanung ein Euphemismus gewesen wäre. Meine einzige negative Erfahrung mit einem Aufsichtsgremium des SFB hatte ich hinter mir, nämlich die wie ein Verhör angelegte Sitzung des Programmausschusses, die ich mit einem zugegeben vorlauten Interview im „Tagesspiegel" befeuert hatte. Eingebrockt hatte der damalige Hörfunkprogrammdirektor dem Musik- und dem Wellenchef des Kulturradios die Idee, zusammen mit dem Hessischen Rundfunk eine Art kultureller Luftbrücke einzurichten. Der Urheber war auf Kur. Die beiden Abgesandten des SFB verhandelten mit dem in Berlin absehbaren Ergebnis zuerst im Programmausschuss, danach in einer eigens einberufenen Redakteursversammlung: Wir erhielten die Gelbe Karte für den vermeintlichen Verrat an einer Berliner Radiokultur, die allerdings kaum mehr bezahlbar war. Mein Vorgänger im Amt des Hörfunkdirektors hatte überhaupt gute Ideen, dachte konzeptionell in die Zukunft, hatte sich nach den gesitteten Umgangsformen beim WDR, wo er zuletzt den Vorsitz der Kultur-Koordination innehatte, nicht an die sprunghaften Entscheidungsprozesse und den rauen Wind und Umgangston im SFB gewöhnen können. Er war klug, nicht gerade mutig, seine Vorhaben blieben auf halber Strecke stecken. Als er seinen Programmchefs eine Handreichung für ein neues effizientes Organisations-Schema schickte, hinterlegte er das zielführende Konzept einer Neuordnung der Radioprogramme mit dürren Worten und einem nichtssagenden Organigramm. Aufgrund seiner furchtsamen Art, mit der er sich nach allen Seiten offenhielt, aber absehbar zunehmend unglaubwürdig machte, brachte er sich selbst um seinen Posten und mich ins Spiel. Ich hatte um einen Termin beim Intendanten gebeten, um mich zu beschweren, warum er mich nach Berlin geholt hätte, wo doch Kultur im Hörfunk abgebaut zu werden drohte. Bei diesem Treffen an einem Freitagmittag beklagte ich mich über die Behandlung des Hörfunks im Allgemeinen und die Respektlosigkeit gegenüber dem Programmdirektor im Besonderen. Nach einem längeren Scharmützel raunzte mich Günther von Lojewski an: dann machen Sie es doch selbst. Ich verließ die Intendanz mit dem Angebot, als Programmdirektor zu kandidieren, nahm das „Angebot" nicht ernst, wurde vom Intendanten am Montag darauf telefonisch gedrängt, wie ich nun entschieden hätte, nahm widerwillig an und wurde bis zur Wahl die gesamte Woche in eine interne Schlammschlacht um meine Person verwickelt. Beim Rundfunkrat hatte ich keinen sonderlichen Vertrauensvorschuss, wenn auch immerhin gerade frische, überraschend gestiegene Hörerzahlen für das Kulturradio vorzuweisen. Man wollte mich erst einmal anhören, mich kennenlernen und dann einen Monat später zur Wahl schreiten. Darüber hätte sich vor allem der TAGESSPIEGEL gefreut, dessen Medienseite als verlässliche Plattform zur Ausbreitung innerbetrieblicher Konflikte des SFB frischen Stoff erhalten hätte. Eingedenk der internen Machtkämpfe befristete ich meine Bereitschaft zur Kandidatur bis zum Ende der laufenden Sitzung des Rundfunkrats. Vorstellung und Wahl verliefen wiederum Berlinerisch. Die heftige, persönlich zugespitzte Diskussion um ein Zukunfts-Konzept für das marode Radio des SFB veranlasste den umsichtigen, später in Vielem hilfreichen Versammlungsleiter aus dem Lehrerstand zu der Mahnung an seine Räte, es handele sich hier nicht um eine medienpolitische

Debatte, sondern um die Vorstellung eines Kandidaten. 23 der insgesamt 30 Rundfunkräte entschieden sich für das ihnen weitgehend unbekannte Wesen.

Schon diese Wahl war ein realistischer Spiegel von Entscheidungs-Prozessen in Berlin. Ich bin damit nach allem gut gefahren, habe noch alle Verkrustungen des zu Zeiten der Mauer hochgepäppelten Medien- und Politbetriebs durchlebt und gleichzeitig, was eine Qualität Berliner gesellschaftlichen Zusammenlebens ausmachte: auf ein abschreckendes Beharrungsvermögen und dramatische, oft theatralische Inszenierungen folgt immer noch in gemeinsamer Not eine ebenso haltlose Befriedung. Nur musste der Leidensdruck groß genug sein. Den Leidensdruck, der Veränderungen provoziert, erzeugen auch in Medien-Unternehmen am ehesten Unternehmensberater mit Endzeit-Szenarien. Sie nisteten sich schon in den analogen Medien ein. Sie suchten auch den krisengeplagten Sender Freies Berlin während meiner Amtszeit als Hörfunkdirektor in Serie heim. Ihr Vorteil war, dass sie Zustände benannten, welche die Leitung des Hauses niemals dermaßen radikal hätte vermitteln können und wollen. Unternehmensberater waren fürstlich bezahlte Boten der schlechten Nachrichten über den Zustand des SFB. Ihr Nachteil: die Berater hatten in der Mehrzahl wenig Ahnung vom Gegenstand ihrer Untersuchung, dem Rundfunk, lernten selbst dazu. Betriebswirtschaftliches Kauderwelsch kollidierte mit der Rundfunkpraxis. Abstrakte Begriffsungetüme wie „Ressourcen" und „Synergieeffekte" haben mich bis in den Schlaf verfolgt. Der Webfehler solcher Unternehmensberatung war, dass sie selbst in alten Denkweisen verharrte, Sieger und Verlierer auflistete und damit jedenfalls im SFB neue Formen der Selbstverteidigung in Programm,

Technik und Verwaltung provozierte. Sie gaben Zeugnisse aus, viel „Zukunft" hatten sie nicht parat. Das darbende Radio des Senders war besonders angezählt, und dies rief uns auf den Plan: Wir nahmen die „Beratung" nach dem schlechten Zeugnis der Consultingfirma selbst in die Hand, konnten realistische Sparziele vorweisen und rückten ein wenig enger zusammen.

Und man spürte in Westberlin mit Beginn der 90er auch noch etwas vom Durchhaltewillen aus der Zeit der sowjetischen Blockade. Durchhalten war nach meiner Wahl in jeder Beziehung zum Programmdirektor angesagt: als der Sender Freies Berlin gerade dabei war, innerhalb der Gemeinschaft der ARD mühsam seinen neuen Platz zu finden und deshalb seine finanzielle Verfassung durchleuchten musste, platzte die Nachricht von der Asbestverseuchung des Fernsehgebäudes. Die Sanierung fand bei laufendem Betrieb statt. Der Weg zur Direktorensitzung über die Stockwerke im Fernsehzentrum erinnerte mich an einen Besuch untertage in einem still gelegten Bergwerk des Ruhrpotts. Als Mitglied im Aufsichtsrat der Werbung des Sender Freies Berlin stellte sich bei einer anderen Baustelle zur Beseitigung von Asbest heraus, zu welchen Sündenfällen die verwöhnte, zu Teilen korrupte Westberliner Bauwirtschaft fähig war. Die Wasserversorgung des Neubaus des Hotels am Studio bestand, anders als bezahlt, Großteils aus gebrauchtem Material.

In der Not ging es oft berlinerisch pragmatisch zu: im Nachhinein erscheint es mir immer noch fantastisch, dass der Hörfunk ohne jedwede Dienstvereinbarung zur Eröffnung des Inforadios vom Band-Betrieb auf Computer umschaltete. Der Nachrichtenkanal war fürs Überleben wichtig, eine Art Rettungsanker im Berliner Radio-Markt und vor allem das erste gemeinsam realisierte Projekt von SFB und ORB. Seine Programm-Struktur – und die revolutionäre neue Form der Herstellung des

Programms veränderten ohne jedwede „Regierungserklärung" oder Tarifvertrag die Arbeit von Technik und Redaktion von Grund auf. Der Bandteller verschwand, Computer und Produktionstechnik erzeugten und versendeten „Files".

Zum Beginn der Internationalen Funkausstellung und dem Start des Inforadio Ende August 1995 veranstaltete das Publizistische Institut der Freien Universität im akustisch legendären Saal 3 des Funkhauses an der Masurenallee, dem Schauplatz der ersten Opernübertragung zu Zeiten der Weimarer Republik (live in Kostümen) eine wissenschaftliche Tagung über die Zukunft des Rundfunks. Mir fiel die Aufgabe zu, die Verbindung von Computerarbeit und Radio-Produktion programmlich einzuordnen. Die Digitalisierung stand bevor, die zivile Nutzung des Internets hatte gerade begonnen. Wie sehr sich das Bild der Internationalen Funkausstellung von der lärmenden Unterhaltungsshow zum multimedialen Forum zu wandeln begann, sollte der Titel des Vortrags „Es dröhnt nicht, es klickt" anzeigen. Soweit die Ausführungen als Signale an die Radio-Belegschaft des Sender Freies Berlin gerichtet waren, blieben sie nicht unerhört, lösten Befremden, ja Empörung aus. Der einzige Wellenchef, der sich die Tagung angetan hatte, meinte in einer Mischung aus Grausen und Verwunderung, es sei toll, was sich ein Hörfunkdirektor so alles ausmale. Und die Publikation des Vortrags in gekürzter Form in der Süddeutschen Zeitung brachte die Kultur-Bewahrer im SFB-Hörfunk dazu, einen Kommentar gegen solchen Verrat am herkömmlichen Radio zu planen, was schließlich in einem ziemlich lahmen Streitgespräch versandete.

Allem Elend zum Trotz: über ein Jahrzehnt schälte sich ein Profil der schließlich mit dem ORB zum Rundfunk Berlin-Brandenburg (RBB) fusionierten Anstalt heraus - beginnend 1994 mit der Entwicklung einer

Senderfamilie, sortiert nach Zielgruppen und Sparten; deren innovative Projekte bildeten das Jugendradio Fritz und das Nachrichtenformat für die Hauptstadt: Inforadio. Dies vor allem wurde die neue Adresse für viele „heimatlos" gewordenen Redakteure vornehmlich der Politik, der Wirtschaft und des Sports. Die angestammte Kultur war sich zu fein für diesen Programm-Aufbruch, blieb weitgehend unter sich auf der alten Welle.

Inforadio – ein Bypass für das alte Radio

Der Nachrichtenkanal von ORB und SFB erwies sich für beide Anstalten als erste win-win-Unternehmung, obwohl beide Sender weit auseinanderklaffende Vorstellungen über ein Inforadio hatten. Der ORB wollte seine offensive Programm-Politik sogar im Rahmen eines kommerziell-öffentlichen joint ventures testen. Davor hatte sich der TAGESSPIEGEL an einem kommerziellen Infokanal versucht, die Werbekundschaft hielt sich wegen der fälschlich vermuteten Kürze der sogenannten Verweildauer zurück. Im SFB erwärmten sich Intendant und Fernsehdirektor, von Hause aus politische Journalisten, für das Programmformat. In der Bundeshauptstadt drängte sich ein Nachrichtenkanal förmlich auf. Der SFB konnte ihn allerdings allein nicht stemmen. Zunächst wurde eine Kooperation mit dem Mitteldeutschen Rundfunk angestrebt. Die Gretchenfrage: wie hältst Du es mit den Nachrichten? entschied das Schicksal dieses Projekts. Nach seiner Vorstellung im Rundfunkrat rief eine resolute lokale CDU-Politikerin spontan: Nachrichten aus Leipzig, nein danke! Das begründete die erste gemeinsam entwickelte Welle von ORB und SFB, mit Sitz in Berlin bei wechselnder Federführung, unter Leitung des eher ängstlichen, redaktionell skrupulösen Nachrichtenchefs des SFB. Da war der öffentlich-rechtliche Rundfunk noch einmal ganz bei sich, mit einem reinen Wort-Programm in größtmöglicher Distanz zu jedwedem Dudelfunk. Der Anfang war mit seinem kleinteiligen Schema, das die Chronik der laufenden Ereignisse in einer strengen Stundenuhr sortierte, schwer genug. Das Programm wurde gegen jedes eingefahrene Regelwerk geplant. Spannungen zwischen den Sendern, die sich blitzschnell in die Anstaltsspitzen hochschaukelten oder dort erzeugt wurden, belasteten den Betrieb. Schon der feierlich gedachte

Sendestart geriet demzufolge skurril. Kurz vor sechs Uhr zankten sich die beiden Intendanten vor versammelter Redaktions-Mannschaft darum, wer das erste Grußwort an die ersten Hörer von Inforadio richten durfte. Kurz vor der mühsamen Absprache in letzter Minute, rief mir mein ORB-Kollege für alle vernehmbar sinngemäß zu: so ist das, wenn man Intendanten machen lässt! Inforadio wurde zu einem schnell messbaren Erfolg. Und im SFB stabilisierte zusätzlich der neue Erfolg der alten Stadtwelle den Hörfunk: 88.8 wurde mit einer Mischung aus Schlagern, Veranstaltungen, gelungener Ansprache und Service eine Art Quotenrenner für das reifere Publikum.

Dass der SFB im Radio den Vorwärtsgang einschaltete, erklärt sich aus der Einsicht seines Intendanten: Günther von Lojewski galt als konservativer "Lonely Wolfe", war aber trotz seiner pingeligen Beharrungsweise mit durchaus rechthaberischen Zügen im Großen pragmatisch, dachte an die Zukunft. Konfliktscheu war er nicht. Eine seiner Redewendungen, mit der man nach hin und wieder lautstark ausgetragenen Konflikten verlässlich leben konnte, hieß: Sie haben mich nicht überzeugt, aber überredet. Lojewski hätte sich als gebürtiger Berliner nach einer Karriere-Rallye durch die journalistische Landschaft westdeutscher Leitmedien von FAZ und ZDF, schließlich dem Bayerischen Rundfunk sicher lieber ungestört mit seinem Fernsehen in der neuen-alten Hauptstadt gesonnt. Die Wiedervereinigung kam ihm zupass. Dass ihm die „linke" neue Schöpfung des ORB mit unliebsamen Resten DDR zuerst gegen den Strich ging, ließ sich erahnen. Lojewski hatte seine persönliche Vorstellung von Wiedervereinigung. Aber in der Not trat er die Flucht nach vorn gleich doppelt an: Er verordnete dem Haus eine Unternehmensberatung und zielte auf eine enge Kooperation mit dem

ORB - zuerst im Fernsehen. ORB und SFB planten ein gemeinsames drittes FS-Programm, was den Neid des maroden SFB-Hörfunks weckte, in letzter Minute aber vom Intendanten des ORB abgesagt wurde. Der Hörfunk des SFB tastete sich in eine gemeinsame Senderfamilie, beginnend mit der Verlagerung der erfolgreichen, aber gefährdeten Jugendwelle „Radio 4U" zum ORB, der damit seinen Jugendsender Rockradio B nicht vollends abwickeln musste.

Die Voraussetzungen für eine Kooperation waren nahezu entgegengesetzt: Der SFB war mit sich, seiner Vergangenheit beschäftigt, der ORB damit, sich überhaupt erst zu erfinden. Im SFB wurden in dieser Umbruchsituation und angesichts der schrumpfenden Akzeptanz des Hörfunks versuchsweise alte Rechnungen aufgemacht. Man war nach dem Scheitern von „NORA" auf sich gestellt. Ein prominentes Beispiel programmlicher Flurbereinigung im eigenen Haus war das destruktive Gedankenspiel Westberliner konservativer Lokalpolitik, die vermeintlich Linken auf einer programmlichen Resterampe zusammenzupferchen. Am Tag sollte die gescheiterte Turnschuhwelle SFB 2 die Hörer verschrecken, am Abend auf derselben Frequenz Bestände des Kulturprogramms versendet werden. Einer vermeintlich „linken" Kulturwelle, die konservativen Lokalpolitikern schon immer ein Dorn im Auge war, solchermaßen den Garaus zu machen, stieß im Westberliner Biotop auf Widerstand, der oft genug und meist sehr kreativ als Spiel über die Bande praktiziert wurde. Nicht nur im Falle der Rettung der Kulturwelle des SFB lernte ich, wie man Programmpolitik nach Art der Stadtguerilla betreiben kann, sich jeweils Verbündete sucht und eben vor Ort auch subito mobilisiert. Im vorliegenden Fall wurde unser Verbündeter Berlins Festwochenchef Ulrich Eckhardt, der das Kulturradio SFB 3 im Vorwort eines Gutachtens zur Hauptstadtkultur als unverzichtbar pries und seinen Auftraggeber, dem SFB 3 wohlgesonnenen Bundespräsidenten Richard von Weizsäcker animierte, die verantwortlichen Radiomacher auf das Podium der Präsentation dieses Gutachtens einzuladen. Andere Konflikte spielten sich mit den eingeübten Standards von Protest-Kultur innen ab: als der Sendeplatz des Frauenfunks „Zeitpunkte" zum wiederholten Mal hinterfragt und überlegt wurde, ob nicht ein breiteres Sendeangebot am Vormittag eine größere Akzeptanz und redaktionelle Möglichkeiten bot, mussten die RedakteurInnen nicht erst die Medienseiten der Zeitungen mobilisieren. Regionale Prominenz krönte den Protest „Nur über unsere Leiche" in einer Art gegen die Hörfunkdirektion gerichteten Autodafé im Foyer des Funkhauses an der Masurenallee. Noch Jahrzehnte danach beklagte eine Trauer-Anzeige von Mitarbeiterinnen und Sympathisanten das Ende der „Zeitpunkte" im RBB.

So nostalgisch gelöst sich viele Querelen im Nachhinein lesen, so wenig ist vergessen, dass im SFB grundsätzlich mehrere Fronten zu bearbeiten waren: wenig war zu spüren von der überfälligen Reform eines öffentlich-rechtlichen Radios. Die Frage nach seiner Zukunft stieß gerade in der Kultur nach innen wie nach außen auf verhärtete Positionen. Daraus ließ sich wenig Neues stiften. Zu Beginn als sogenannter Koordinator von SFB 3 hatte ich noch Glück. Das Tagesprogramm dümpelte vor sich hin, hier wurden sinnigerweise Schüler „unterrichtet", die gerade in der Schule waren. Es bot sich die Chance, ein moderiertes Vormittagsprogramm der leichteren Art zu installieren. Man ließ den Neuen mit dieser Ansammlung von „Hundekötteln", wie das Projekt von einer gestandenen Redakteurin in bekannter Berliner Rhetorik abgekanzelt wurde, gewähren, nahm beifällig zur Kenntnis, dass die kleine Reform in der sogenannten EMA Ost dem Kulturprogramm einen Zuwachs auf über 5 Prozent „Hörer gestern" eintrug, solange eben die eingebildeten Ikonen, das programmliche Dreigestirn aus „Klassik zum Frühstück", moderiert von Kulturschaffenden und Berliner Kulturpublizisten, „Zeitpunkte", das Magazin des Frauenfunks, und „Journal in 3" als kulturkritische Speerspitze gemäßigt linker Provenienz, bis aufs i-Tüpfelchen unangetastet blieben. Seine Protagonisten konnten auf die unverbrüchliche, meist in den Sitzungen des Programmausschusses zur Schau getragene und in der Presse bekräftigte blinde Solidarität aller Westberliner Kulturschaffenden setzen.

Im SFB eröffnete sich eine zusätzliche innere Front zwischen Funk und Fernsehen: im Radio ging es um die Selbstbehauptung im neuen kommerziell geprägten Berliner Markt, im Fernsehen um eine kostspielige Selbstständigkeit des Dritten Programms. Das provozierte interne Konkurrenz. Zunehmend ungeniert schielte das Fernsehen auf den Etat des Radios. Wie heftig die Attacken auf die ohnehin schrumpfenden Etats waren und wie armselig die Möglichkeiten zur Verteidigung, lässt sich daran ablesen, auf welche schrägen Einfälle wir in der Not verfielen. Geboren wurde der Begriff „dynamisierte Vollkostenrechnung". Woher der Begriff kam, weiß ich nicht mehr. Als ich ihn als Kampfbegriff in die Etatdebatte warf, bemerkte ich am Gesichtsausdruck des seriösen Controllers der Hörfunkdirektion, was Fremdschämen bedeuten kann. Mit „dynamisiert" meinte ich: Wer einmal spart, muss das im folgenden Jahr nicht gleichermaßen fortsetzen. Und mit Vollkostenrechnung zielte ich auf die anderen Direktionen, vor allem die Technik, argumentierte, wenn der Hörfunk weniger Honorare ausgibt, benötigt er auch weniger Produktionsmittel.

Es ging schließlich um zwei Personalstellen in der Produktion. Der technische Direktor, ähnlich „beschlagen" wie ich in den Niederungen der Betriebswirtschaft, verteidigte sich hilflos: „Das ist doch ein Nullsummenspiel." Den versöhnlichen Schluss zum unseriösen Einfall und Streit hatten die Kollegen des Stadtsenders 88.8. Sie ließen Ende April 2003 zum Abschied des SFB, für eine stimmungsvolle Abschiedsparty des Hörfunks im Lichthof des Hauses des Rundfunks ein kleines Plakat herstellen, auf dem eine Art fröhlicher Radio-SpongeBob mit der Sprechblase „dynamisierte Vollkostenrechnung" zu sehen war.

Solch schräge Form der Selbstbehauptung konnte nicht das einzige „Instrument" zur Sicherung des Programms sein - auch nicht allein die Kooperation mit dem ORB in Gestalt der Senderfamilie. Gleichsam aus der Mitte des SFB Hörfunks stabilisierte sich ein Leitungsteam, das die Stärken eines öffentlich-rechtlichen Rundfunks wieder aufscheinen ließ und gleichzeitig neue effektivere Strukturen in der Hörfunkdirektion mittrug, anschob und durchsetzte; an zwei Ausnahme-Persönlichkeiten erinnere ich mich besonders, an Peter Leonhard Braun, der seine Abteilung Feature von 1974 an mehrfach neu erfand, zuerst „akustische Energie" als „Tonlagen der Wirklichkeit" in seine Features brachte, dem SFB zu internationalem Renommee verhalf mit der Einrichtung einer internationalen Feature-Konferenz und der Betreuung des Prix Futura. Braun arbeitete im großen Stil und eckte innerbetrieblich notorisch an wie der Wellenchef von 88.8. Florian Barckhausen krempelte das betuliche Stadtradio zu einer, dem Kommerzfunk programmlich ebenbürtigen Lokalwelle um, baute die Redaktion zu seinem kleinen Fürstentum aus, warf auch gerne begehrliche Blicke auf Chef-Sessel in höheren Etagen. Vor allem wurde das Stadtradio wieder zu einem Ereignis für das gesetzte Berliner Publikum in einer breiten Spanne von einschmeichelndem Schlagerfestival bis zur originellen Hörerbeteiligung. Möglicherweise animiert vom Erfolg des Kultseelsorgers Domian des Westdeutschen Rundfunks, engagierte das Stadtradio 88.8 die in ihren Amtskirchen umstrittenen, prominenten Pfarrer Eugen Drewermann und Jürgen Fliege. Sie sollten Anrufern in einer wöchentlichen Live-Sendung am Abend seelischen Beistand leisten. Das erfolgreiche Experiment rief die Kirchen auf den Plan. Bei einem Treffen von Kirche und Rundfunk kanzelte mich der Berliner Bischof Huber ab, weil wir uns am Monopol der amtskirchlichen Seelsorge vergreifen würden.

Die vom Programmausschuss geförderte und vom Senderchef Lojewski mitgetragene Einsicht, dass eine Anstalt mit amputiertem Radioangebot nicht den Bestand des SFB sichern würde, hielt uns im Rennen. Die wachsende Kooperation mit dem ORB machte das SFB-Radio weniger anfällig für die finanziellen Anfechtungen von innen und eröffnete neue programmliche Spielräume lange vor der Fusion der Sender. Die Phase war geprägt von der Angst, der eine wolle den anderen „übernehmen". Dabei bot der SFB jede Menge offener Flanken, während die Kollegen von der „Gegenseite" wohl eher froh waren, nicht noch einmal abgewickelt zu werden und sich einschließlich ihrer Personalvertretung gemeinsam aufstellten. Über die Probleme der Gründerzeit des ORB zu urteilen, versage ich mir schon deshalb, weil der Sender dichthielt, was der strengen strategisch orientierten Führung seines Intendanten geschuldet war. Wie es dem SFB erging, in wie vielen Klemmen er steckte, konnte man täglich den Zeitungen entnehmen.

Die Berührungsängste schienen beim ORB zuerst fundamentaler als beim SFB. Ein besonders markantes Beispiel erlebte ich gleich zu Beginn. Der WDR-Redakteur Hansjürgen Rosenbauer war im Sommer 91 zum Intendanten des ORB gewählt worden. Abgesandte beider Sender saßen tags darauf in einem Container in Babelsberg zusammen, um sich kennenzulernen, vielleicht sogar Möglichkeiten der Zusammenarbeit im Hörfunk auszuloten. Gerade ein viertel Jahr beim SFB, wurde ich mit dem Musikchef Wilhelm Matejka dazu geladen. Die Gespräche verliefen schleppend, die Atmosphäre war alles andere als kreativ, es wurde lustlos und zugleich lauernd abgefragt. Neben dem gerade gekrönten Intendanten präsidierte Friedrich Wilhelm von Sell, Gründungsbeauftragter des ORB, früherer Intendant des WDR. Als das Thema Radiokultur an der Reihe war, machte ich, naiv und genervt von der unproduktiven Atmosphäre, spontan den Vorschlag, als ein wichtiges, gleichsam gesamtdeutsches Projekt ein gemeinsames Kulturprogramm aufzulegen. Die Idee erwies sich nicht nur als voreilige Übersprunghandlung, zu denen ich Zeit meines gesamten Berufslebens in öden Situationen neigte. Sie stieß auf feindseliges Unverständnis, wurde als übergriffiger, unsittlicher Antrag empfunden. Jörg Hildebrandt wies mich förmlich zurecht. Mit Hildebrandt habe ich später offen und vertrauensvoll im schließlich gemeinsamen Kulturprogramm zusammengearbeitet, er war damals – das hatte ich in meinem vorbehaltlosen Drang zur konkreten Bearbeitung der Wiedervereinigung im Medienbereich blind übersehen – persönlich besonders betroffen vom westdeutschen Beitritts-Gebaren. Besser als Wikipedia könnte ich diese Form von Beitreten nicht zusammenfassen:

„In der Wendezeit übernahm Hildebrandt für die neugegründete Sozialdemokratische Partei der DDR (SDP) die Funktion eines Beauftragten im DDR-Hörfunkrat, 1990/91 war er stellvertretender Intendant des Rundfunks der DDR, bzw. des Funkhauses Berlin. 1991 erfolgte seine fristlose Kündigung durch den Rundfunkbeauftragten der Bundesregierung, Rudolf Mühlfenzl, nach längerem Streit über Verfahrensfragen der Föderalisierung und Demokratisierung des einstigen DDR-Rundfunks. Er war sodann Mitbegründer des Ostdeutschen Rundfunks Brandenburg (ORB)."

Der Ablehnung beim Treffen mit dem ORB folgte als Lockerungsübung die Einladung zum Mittagessen. Wir erst einmal abgebürsteten SFB-Kulturredakteure verabschiedeten uns spontan mit den Worten "wir werden hier wohl nicht mehr gebraucht", wechselten zum Trost zu einem Imbiss an den Großen Wannsee, um uns gegenseitig zu vergewissern, warum wir nach Berlin gekommen waren. Immerhin: Radio Brandenburg und SFB 3 wagten am Tag der Deutschen Einheit ein gemeinsames Tagesprogramm: Christoph Singelnstein, Chefredakteur der ORB-Welle „Radio Brandenburg" verharrte zwar immer auf einer eigenständigen Position, war aber neben seinem Hörfunkdirektor, dem „Wossi" Gerhard Hirschfeld einer der Kollegen in der Leitung des ORB, die konstruktiv, gleichermaßen realistisch, die Spielräume gemeinsamer Radioarbeit in kollegialem Respekt erproben wollten.

Es sollte sich so ändern, dass alles blieb, wie es war:
Radiokultur

Die Radiokultur des Sender Freies Berlin arbeitete auf redaktionell hohem Niveau und vor allem für sich. Sie war besonders von Westberlin geprägt. Man war sich selbst genug. An Reformen dachte man nach dem Motto: Es sollte sich so ändern, dass es blieb, wie es war. Der Spielplatz Radiokultur hatte seine festen Bezugsorte: Universitäten, Kulturinstitute, die in Berlin einflussreiche freie Szene. Nicht nur die Westberliner Radiokultur war ein besonders ausgeprägter closed shop. Mein Fazit nach langer Arbeit für den Kulturfunk hat sich mit den Berliner Erfahrungen bestärkt: Meine Generation im öffentlich-rechtlichen Rundfunk hat, vielleicht gerade deshalb, weil sie dem Thema Kulturradio, seinen Inhalten und seiner Tradition besonders verhaftet, ja darin aufgewachsen war, an der Zukunft der Radiokultur versagt. Diese wurde und wird mehr denn je ausgehalten, zu Tode gepflegt" – oft nur deshalb, weil die alte Adresse nach wie vor als Ausweis der Kulturleistung des öffentlich-rechtlichen Radios benötigt, von der Rundfunkpolitik entsprechend reklamiert wird.

Als ich auf dem Sprung war, 2003 nach dem Ende des SFB in Lehre und Forschung zu wechseln, den neuen Masterstudiengang „Kulturjournalismus" an der Berliner Universität der Künste mitzugründen, stieß ich in der Abteilung: unerledigt, unvollendet noch einmal heftig auf eine Vergangenheit der Zukunft der Radiokultur. Sie betraf das sogenannte „Herausgeber-Kulturradio", das der Norddeutsche Rundfunk und der Sender Freies Berlin von 1962 bis 1968 gemeinsam veranstaltet hatten. Der Redakteur Hanspeter Krüger war sein Kronzeuge. Krüger wirkte als skrupulöser, bestens vernetzten Sachwalter des kulturellen Worts im SFB bis zu seiner Pensionierung 2002. Er war über vier Jahrzehnte die personifizierte Instanz des „Kulturellen Worts", hatte, weil er sich zusätzlich im Personalrat engagierte, seine Rolle als graue Eminenz im Sender lange inne. Seine Adressierung: Krüger 3 war sein Gütesiegel. Als ob er darauf gewartet hätte, brachte er nach einem spontanen Telefonat einen überquellenden, schon etwas verbogenen Leitzordner zu einem Treffen mit. Er hatte ihn vor Einbunkern und Schreddern bewahrt und damit die Mutter-Dokumente dieses einmaligen Experiments eines Herausgeber-Kulturradios gerettet. Die Archive von Rundfunkanstalten, das Literaturarchiv Marbach, viele andere einzelne Quellen halfen, das Bild zu vervollständigen, publiziert in einer medien- und kulturwissenschaftlichen Arbeit an der Humboldt-Universität. Eine solche Nähe zwischen Kultur-Produktion, gesellschaftlichem Diskurs und der Dokumentation des Kulturgeschehens hat es in einem Kulturradio nie wieder gegeben. Die Eigenart des Experiments bestand darin, dass beide Rundfunkanstalten prominente Kulturschaffende beauftragten, in eigener Regie ein Kulturradio zu planen und zu betreiben. Das Herausgeber-Modell eröffnete eine freie, nach Spielplänen, thematischen Leitlinien geordnete Programmgestaltung. Die Intendanten trauten sich was, denn die neue Verfassung rührte an ihre „Gesamtverantwortung." Die neuen Programmwalter waren Persönlichkeiten, die Rundfunk kannten und konnten und im Kulturbetrieb prominente Rollen spielten: dem Schriftsteller Ernst Schnabel, Spiritus rector der thematisch gebauten Spielpläne und dem Komponisten und Opern-Manager Rolf Liebermann folgten der umtriebige Promotor des Berliner Literatur-Betriebs Walter Höllerer; von seiner italienischen Wahlheimat aus als mehr dekorativ firmierender denn operierender Herausgeber der Komponist Hans Werner Henze, schließlich der Schriftsteller Samuel Bächli, der sich freilich zunehmend in redaktionelle Belange einmischte, schließlich eine Art Weisungsbefugnis gegenüber der Redaktion beanspruchte. Da geriet das einmalige Konstrukt an seine Grenzen, das Experiment scheiterte in den Mühen der redaktionellen Ebene; die beiden Rundfunkanstalten haben sich ihre Radiokultur wieder einverleibt, notifiziert von den Intendanten, die erleichtert waren, wieder unter sich zu sein. Eine Bemühung nach der Wiedervereinigung, die eigenen Anstalts-Grenzen zu öffnen, neben der Radiokultur zusammen mit dem ORB und dem NDR ein Radio 3 genanntes, musikalisch grundiertes Kultur-Angebot zu machen, scheiterte nach kurzer Zeit. Die Westberliner Kulturzirkel wollte niemand anders hereinlassen, der NDR einen Fuss in den Berliner Kulturbetrieb bekommen. Das vertrug sich nicht.

Im Unterschied zu meinen „westdeutschen" Arbeitsstellen als Redakteur wurde mir während der Versuche, das Kulturradio als Hörfunkdirektor zu reformieren, in Berlin extern und intern besondere Aufmerksamkeit zuteil. Haften geblieben in meiner Erinnerung ist etwa die Schlagzeile im TAGESSPIEGEL, die ich mir während einer Auseinandersetzung um notwendige Korrekturen an der morgendlichen „Klassik zum Frühstück" einhandelte: „Wendland lügt gleich zweimal." Die Unterstellung eines der Moderatoren, die sich zukünftig nicht mehr in der Sendung zulasten der gewandelten Hörerwartungen ausleben sollten, wurde ungeprüft als Schlagzeile in eine Zeitungs-Polemik übernommen. Und im Sender selbst wurde mir im Zuge fortgeschrittener Kooperationen mit dem ORB eine flächendeckende Büro-Wurfsendung gewidmet: säuberlich in den behörden-üblichen Umschlag für den internen Umlauf gesteckt, fand sich ein aktuelles Fotoporträt mit der Unterschrift „der Mann muss weg". Im stark verunsicherten SFB ist manchem die in Berlin ohnehin tiefer gelagerte Gürtellinie noch weiter nach unten gerutscht. Glücklicherweise bewegte mich das meiste nicht wirklich, weil es ohne jeden Witz und stillos war und entsprechend platt vorgetragen wurde. Die Anstifterin der Wurfsendung, deren Name mir der Flurfunk verriet, hoffte vergeblich auf zermürbende Streitigkeiten. Ein Maximum an zweifelhafter Zueignung erreichten Wilhelm Matejka und mich 1994 in der ZEIT. Weil Kultur-Programmchef und Hörfunkdirektor das Magazin Journal in 3 in seiner bestehenden Form zur Diskussion, ja Disposition stellten, wurde von dessen Machern das Feuilleton der Wochenzeitung alarmiert. Es lieferte prompt eine Personenbeschreibung nach Art eines Steckbriefes: „Die Herren ... sind das Gefährlichste, was es für die Berliner Radiokultur gibt". Das Urteil schloss mit der Aufforderung nach einer Aburteilung in der Manier Robbespieres: „Dann bleibt nur eines übrig: Schafft das öffentlich-rechtliche Radio ab – oder seine Abschaffer." Erstaunlich war und bleibt, wie rüde und ruppig die sonst so feinsinnigen Feuilletonisten der Zeitungen rhetorisch mit den Veränderungen von Radiokultur umgingen und immer noch umgehen und dabei die Veränderungen der Radiozeit ausblenden. Das betraf etwa beim Westdeutschen Rundfunk einmal Anpassungen im Programmschema, die den Charakter von WDR 3 nicht im Mindesten tangierten, den Hörfunkdirektor aber mächtig ins Schleudern brachten. Zwischendurch maßte sich eine bundesweite Hörer-Initiative an, der notorisch der altliberale Politiker Baum angehörte, von den Kulturprogrammen das „ganze Werk" zu fordern, also nicht bloß Stückwerk, nämlich ausgewählte Sätze zu senden. Ein weiteres Kapitel dieser ewigen Konflikt-Zone lieferte in den letzten Jahren die

Frage, ob man kulturelle Programminhalte, ins Digitale, auf den Satelliten oder gleich ins Internet transferieren könne. Das Thema hat heute in seiner ganzen Bandbreite den „linearen" Rundfunk erfasst.

Rückzieher von Reformen auf öffentlichen Druck sind garantiert. Eher wird gespart, statt verändert. In einer der vorläufig letzten Runde, auch wieder unter Beteiligung des Fundamental-Liberalen Baum wurde angesichts der politischen Querelen um eine fällige Erhöhung der Rundfunkgebühren unterstellt, dass der öffentlich-rechtliche Rundfunk – hier wieder am Beispiel des WDR – mit einer Nivellierung der Radiokultur den Bildungsbürger mobben wolle. Die in der gesamten öffentlich-rechtlichen Radio-Landschaft schroffe Abwehr von Reformen oft in gänzlich unzivilisierter Rhetorik leitet sich auch her aus der engen Verwandtschaft von Zeitungs-Feuilleton und Radiokultur: sie verhalten sich wie Geschwister, sind nebeneinander glücklich aufgewachsen, wurden anhaltend alimentiert, schließlich „ausgehalten". Die gemeinsame, bildungsbürgerlich geprägte Schicksalsgemeinschaft erklärt viele heftige Ausfälle gegen Ideen und Personen. Wobei die scheinbar heile Welt in solchen Tiraden stereotyp ausgemalt wird: hier die Guten, die selbst ernannten Gralshüter der Kultur, dort die Bösen, die Schänder der hehren Werte. Über diese bequeme Zuordnung ist die Feuilleton-Kritik an der Radiokultur nicht wirklich hinausgekommen. Wirkliche „Größen" waren weiter: Bertolt Brecht hat zwar in seiner frühen Radiotheorie kritisiert, dass das erste elektronische Massenmedium zu sehr in der Unterhaltung verkommen würde, gleichzeitig konstruktiv ein weitergehendes Konzept angemahnt, das nicht bei der konservierten Struktur eines herkömmlichen Radios Halt macht, sondern beinahe ins digitale Zeitalter weist:

„Um nun positiv zu werden: das heißt, um das Positive am Rundfunk aufzustöbern; ein Vorschlag zur Umfunktionierung des Rundfunks: Der Rundfunk ist aus einem Distributionsapparat in einen Kommunikationsapparat zu verwandeln. Der Rundfunk wäre der denkbar großartigste Kommunikationsapparat des öffentlichen Lebens, ein ungeheures Kanalsystem, das heißt, er wäre es, wenn er es verstünde, nicht nur auszusenden, sondern auch zu empfangen, also den Zuhörer nicht nur hören, sondern auch sprechen zu machen und ihn nicht zu isolieren, sondern ihn auch in Beziehung zu setzen.

In den Siebzigerjahren griff, wenig beachtet, Joseph Beuys diese Idee auf und wollte das Radio als Treiber einer direkten Demokratie wiederbeleben. Sein Gespräch über das „Radio von morgen" war eine kleine Rarität im medienkritischen Magazin „Media – die Zukunft der Information" zu meiner Zeit beim Hessischen Rundfunk und hat mir deutlich gemacht, wie sehr die Frage nach der Ästhetik der Kunst der siebziger und achtziger neue Ideen in der Regel abseits des Rundfunks geweckt hat.

Spannender als jede stereotype Kulturkritik empfand ich Bruchstellen innerhalb der Feuilletons selbst und die Spannungen zwischen „geerdeten" Ressorts, Politik und Wirtschaft auf der einen und dem „gegnerischen" Feuilleton auf der anderen Seite. In der Frankfurter Allgemeinen war das täglich sicht- und lesbar: vor allem das Feuilleton, offen für innovative Diskurse und talentierten Nachwuchs, ließ sich differenziert auf gesellschaftliche Veränderungen oder neue Zeitzeichen wie die 68er ein. Aus meiner Zeit als freier Mitarbeiter ist mir ein heftiger Schlagabtausch in Erinnerung. Ein stockkonservativer

Kommentator verstieg sich 1969 zu einem Leitartikel mit der knalligen Überschrift: "Die Universität ein Tollhaus." Die Argumentation war dem Titel entsprechend holzschnitt-artig. Auch ich riskierte meinen frischen Mitarbeiter-Status, weil ich mit anderen Kollegen gegen die BILD-Rhetorik des Kommentars protestierte. Der Leitartikler avancierte nicht zum Herausgeber, auf Niveau wurde in Frankfurt geachtet. Freilich war besonders in der Innenpolitik der Zeitung der Rahmen eng gesteckt, wurden wertkonservative Haltung und Treue oft mit einer Nähe zur konservativen Staatsmacht verwechselt. Wir von der TeleFaz, dem adoptierten Bankert aus dem Fernsehen, waren bloß Zeugen mancher publizistischen Verrenkung – prominent 1987 im Fall des Absturzes des Kieler Ministerpräsidenten Barschel. Die Süddeutsche Zeitung hat dies 2016 in einer Kritik des Films über das politische Ende Barschels wunderbar ironisch festgehalten:

Die Frankfurter Allgemeine hielt auch dann noch zu Barschel, als er längst aufgeflogen war, weil ihr Leitartikler Friedrich Karl Fromme bei einer SPD-Regierung fürchtete, sie könnte ihm sein Ferienhaus wegbesteuern. Fromme hielt Barschel nibelungentreu für ein Opfer Pfeiffers und der SPD, bis, der SZ-Reporter Herbert Riehl-Heyse hat's recherchiert, der Herausgeber Fritz Ullrich Fack die Abwesenheit des Kollegen nutzte, um seine ganz andere Meinung zu formulieren, die „ja auch fällig gewesen" sei: dass Barschel wegen der Vorgänge in der Staatskanzlei endlich zurücktreten müsse.

Es herrschte in der Redaktion eine Art latenter Lagermentalität. Sage mir, wo Du Dich platziert und ich sage Dir, wohin Du gehörst, also wer Du bist. Als ich 1984 als neuer Ressortleiter an der wöchentlichen Sitzung der gesamten Redaktion teilnahm, stand ich vor der Wahl, ob ich mich als Protagonist der Neuen Medien im Feuilleton-Flügel, in der Mitte zur Politik oder auf die Wirtschafts-Bank setzen und damit „outen" würde. Vorn, an der Stirnseite, präsidierten die Herausgeber. Marcel Reich-Ranicki half mir aus der Klemme. Er hatte vorsorglich einen Platz neben sich auf dem Feuilleton-Flügel reserviert. Die Spannungen zwischen den Ressorts, die mit der einprägsamen Selbsternennung zur „Zeitung für Deutschland" viele kluge Köpfe beherbergte, entluden sich in internen Scharmützeln, die dem Leser nicht verborgen blieben und natürlich die Deutungshoheit über Schlüsselthemen wie Berlin betrafen. Ein junger Kollege aus dem Feuilleton hatte ausgerechnet in der Tiefdruckbeilage der Wochenendausgabe, in der vornehmlich die Hochkultur abgehangen wurde, eine aktuelle Reportage über Westberlin verfasst, und die Stadt zum Ärger des politischen Ressorts wohlwollend alternativ betrachtet. In der folgenden Redaktionskonferenz klagte der Herausgeber für Innenpolitik, solche Artikel griffen in ihre Kompetenz ein, seien also in Zukunft von der „Politik" mindestens „gegenzulesen". Innerhalb der FAZ herrschte das in der Regel fruchtbare Vier-Augen-Prinzip, man „versicherte" sich vor der Abgabe bei einem selbst ausgesuchten Kollegen. Marcel Reich-Ranicki konterte für das Feuilleton das Ansinnen der politischen Redaktion mit der Ankündigung, er freue sich, schon jetzt, den nächsten Leitartikel des verehrten Herausgebers gegenlesen zu dürfen. Die Tele FAZ kam in solchen Fragen nie über einen Beobachter-Status hinaus. Ein förmlicher Antrag auf Zulassung zum täglichen Leitartikel- und Glossen-Zirkel der Politik wurde abschlägig beschieden. Man wollte trotz der eher verordneten Liebe zum Fernsehen, lieber unter sich bleiben. Nicht verschwiegen sei, dass eine journalistische Mitarbeit in der Zeitung immer willkommen war.

Die verschwendete Chance: Radio MultiKulti

Die einmalige Gelegenheit, im Sender Freies Berlin ein Programm aufzulegen, das nicht nur pflichtgemäß den Auftrag des öffentlich-rechtlichen Rundfunks einlöste, sondern sich dezidiert einer neuen gesellschaftlich wichtigen Aufgabe widmete, bot sich 1994 mit der Gründung von Radio Multi-Kulti. Da konnte sich das Radio noch einmal seiner Integrationsaufgabe vergewissern. Das Programm, aufgelegt als Forum für aus- und inländische Bürger, war nicht aus der üblichen defensiven Einstellung geboren, mit immer hektischeren Radio-Reformen das Schrumpfen der Hörerzahlen aufzuhalten. Das Programm hatte die Bevölkerungsentwicklung Berlins vor Augen und die Chance zur Integration im Sinn. Die später vom RBB, dem Rundfunk Berlin-Brandenburg aufgrund vorgeschobener Etat-Zwänge gemeuchelte Welle wurde Zeit ihres Lebens hochgelobt, mit etlichen Preisen versehen, unter anderem von CIVIS, einer Medienstiftung für „Integration und kulturelle Vielfalt." Mittlerweile hat der Rundfunk Berlin-Brandenburg seine hart erkämpfte gute lokale Frequenz dem multikulturellen Programm des Westdeutschen Rundfunks überantwortet, aus aktuellen Gründen mit „Refugee Radio" Teilangebote für Flüchtlinge ins Spiel gebracht.

Das Programm bewährte sich als kleine, vor allem interkulturell bestimmtes Instrument zur Abwehr ausländerfeindlichen Denkens. Radio Multikulti diente der Orientierung für die wachsende Zahl nicht nur von Asylanten, sondern für alle Menschen mit ethnischem Hintergrund. Das Forum versuchte, mit allen Elementen eines Vollprogramms Brücken zu schlagen. Die angestammten Sprachangebote der sogenannten Ausländerprogramme der ARD fristeten bis dahin ihr Leben als kleine Inseln, als Fremdkörper im „Normalprogramm". Die Planung des Programms verlief nach Art einer Zangengeburt. Mein Vorgänger im Amt des Hörfunkdirektors verfiel, gedrängt von der Mehrheit des Rundfunkrats, ein Angebot zu entwickeln, zunächst auf die grandiose Idee, möglichst viele, woher auch immer verfügbare Sprachprogramme, über Leitung oder Satellit in den Sender zu lotsen. Der Sendeleiter bastelte in bravouröser Dispatcher-Anstrengung das „Konzept" eines Schaltprogramms. Es hätte die lokale Aufgabe naturgemäß verfehlt. Schließlich ging es darum, für Berlin ein eigenständiges Angebot zu entwickeln, auch eingedenk der Erwartung, dass schon 2015 der Anteil von Jugendlichen ausländischer Herkunft unter 20 Jahren mehr als die Hälfte der Rundfunkteilnehmer in der Stadt ausmachen würde. Ich fand für die Mammutaufgabe einen Kampfgefährten. Das klingt martialisch, kennzeichnet aber die defensive Situation des damaligen Hörfunks des SFB, das fast nur aus Baustellen bestand und angesichts der Finanzkrise des SFB keine finanziellen Zuwächse erwarten konnte. Friedrich Voss, bis dahin zuständig für die Abteilung Aus- und Fortbildung des Senders, engagierte sich als Wellenchef für das Projekt. In einem langwierigen Prozess wurde Radio Multikulti als Pilotprojekt installiert. Das war ohne Geburtshilfe von innen und außen undenkbar. Die Mehrheit des Rundfunkrats, vor allem der Programmausschuss beförderten das Projekt gegen eine bürgerlich-konservative Fraktion. Von der Presse wurden wir unterstützt. Der Verwaltungsrat des Senders, eigentlich bürgerlich dominiert, war hier, wie in meiner gesamten Arbeit beim SFB, verlässlich: Wer seine Mittel ordentlich verwaltete, konnte mit Zustimmung des Gremiums rechnen, auch wenn vielen seiner Mitglieder manche Programm-Entscheidung sichtlich gegen den konservativen Strich ging. Ohne dreifache Hilfe von außen wäre Multikulti nie möglich gewesen: einmal gab es von der Medienanstalt, deren Präsident der frühere Präsident des Bundesverfassungsgerichts Ernst Benda war, zusätzliche Mittel, die an die Ausstrahlung von Ausbildungs- und Minderheiten-Programmen gebunden waren. Wir konnten auch „Staatsknete" nicht verschmähen. Eine Starthilfe des Arbeits-Ministeriums wurde als Mittel zur Arbeits-Förderung etikettiert. Und das Haus der Kulturen der Welt stand nicht nur passiv Pate, sondern wurde zum neuen Radio-Schauplatz. Der Vormittag wurde in deutscher Sprache in Containern im Garten der alten Kongresshalle, der „Schwangeren Auster" produziert. Konzerte fanden in den Sälen des Hauses statt. Jedes Jahr gab es ein rauschendes Jubiläumsfest, das belegte, wie sehr das Haus der Kulturen der Welt zusammen mit Radio Multi-Kulti eine Berliner Version der Weltmusik beförderte. Die Fremdsprachen-Angebote blieben im Haus des Rundfunks, belebt unter anderem durch Kooperationen mit der BBC - auch multikulturell betrachtet, der Mutter aller Rundfunkanstalten.

Für mich wiederholte sich das Exempel des Hessischen Rundfunks, in dem das erste Begleitprogramm für eine definierte Zielgruppe, die Verkehrswelle hr.3 fast nebenbei, mit geringen Bordmitteln gleichsam unter ferner lief. hr3, bestätigt mit wachsenden Hörerzahlen als Informations- und Service-Programm für eine wachsende Mobilität, galt unter gestandenen Radiomachern als Schmuddelkind, das man eher genervt mitversorgte. Ähnlich erging es dem außen hochgelobten Programm SFB Multi-Kulti, das schließlich vom SFB als Regelprogramm adoptiert, vom RBB abgeräumt wurde, statt es tatkräftig zu modernisieren und die Bezüge zu den multikulturellen Communitys der Stadt auszubauen. Für mich eine fast tragische

Entscheidung. Eine wichtige Aufgabe der lokalen Integration im neuen „Einwanderungsland" wurde verschenkt. Nach der Abschaltung von Multi-Kulti versuchte eine Initiative, die Idee dieses Radios ins Internet zu versetzen und machte damit bewusst, was den Rundfunk heute institutionell und damit existenziell gefährdet: das Abdriften von Inhalten zu Plattformen, die Wandlung von Sendungen zu Produkten im digitalen Zeitalter. Schon der Begriff Multikulti stieß auf Aversionen in einer Politik, die sich zwar immer wieder gegen Populismus verwahrt, diesen gleichzeitig beständig selbst pflegt und damit jede differenzierte Betrachtung erstickt. „Multikulti ist tot", dekretierte der CSU-Politiker Seehofer noch im Oktober 2010 bei einer Rede vor der Jungen Union. Die Bundeskanzlerin Merkel pflichtete ihm bei und wetterte, der Multikulti-Ansatz sei "gescheitert, absolut gescheitert".

Es ging um die immer wieder aufflammende, verkrampfte Debatte über eine deutsche „Leitkultur". Nicht nur Teile der Politik ließen opportunistisch außer Acht, dass es überfällig war, sich grundlegend mit der gesellschaftlichen Integration von multikulturellen Ansätzen und Entwicklungen zu befassen. 2003 gab der ehemalige Intendant der Berliner Festspiele Ulrich Eckhardt im Henschel-Verlag den Sammelband „Berlin Kultur(haupt)stadt" heraus und gab mir darin die Gelegenheit, Berlin als Stadt der Kulturen in seinen „Szenen, Institutionen, Positionen" zu beleuchten und zu erklären, wie schwierig es war und ist, nach einer multikulturell geprägten Entstehung der Stadt, dem verheerenden Kahlschlag durch den Nationalsozialismus in Berlin eine neue Vielfalt der Kulturen zu begründen.

Für weitere Experimente einschließlich der Weiterentwicklung von Radio Multikulti blieb am Ende des SFB keine Zeit. Um sich vor der Fusion als „Platzhirsch" der Kultur gegenüber dem ORB zu behaupten, entstand in der Masurenallee noch ein komfortabler Produktions- und Sendekomplex für das Kulturradio. Dem letzten Intendanten des SFB, der sich vormals als Fernsehdirektor wohl eher den Transfer von Geld und Personal des Hörfunks erhofft hatte, ging ich zunehmend auf den Wecker, weil wir nicht stillhielten, sondern mit wachsender Hörerzahl und in der Kooperation mit dem ORB selbstbewusster geworden waren, allerdings mit unseren Angeboten den immer mehr individualisierten Ansprüchen der Hörer und den Gegebenheiten des überhitzten Berliner Radio-Marktes kaum noch folgen konnten. Die Medienwissenschaft, die Hörerforschung hatten diese Wandlungen und Differenzierungen der Hörerschaft lange systematisch vollzogen, sich selbst konsequenter verändert als der Gegenstand ihrer Forschung. Der bloßen Erfassung nach der Kategorie der „Hörer gestern", der Berücksichtigung nach Marktanteilen folgte die soziodemografische Aufschlüsselung, sodann eine Typologie nach Lebensstilen. Der SFB-Intendant fühlte sich schließlich überrumpelt von der Idee, mit finanzieller Unterstützung der Medienanstalt und in Zusammenarbeit mit der Universität der Künste im SFB eine eigene Redaktions- und Produktionssuite für Studierende zu etablieren, in der nicht nur ausgebildet, sondern auch die Chance zur Mitarbeit im Hörfunk des SFB eröffnet werden sollte.

Der Abschied vom Sender Freies Berlin, der bis zu seinem Ende so zerrissen blieb, wie seine gesellschaftliche, politische Umgebung, verlief wiederum berlinerisch ohne großen Abschiedsschmerz. Immerhin wurde die Anstalt protokollgerecht verabschiedet in einer oberflächlichen aufgekratzten letzten Sitzung des Rundfunkrats. Dessen Teilnehmer samt aller früheren Mittäter versammelten sich zu einem Essen hoch oben im Restaurant des alten Funkturms. Der

Intendant wollte nicht feiern, was ich würdelos fand und deshalb – immerhin von der Direktorensitzung genehmigt – im Lichthof des Funkhauses eine Abschiedsfete für den Hörfunk veranstaltete. Um Mitternacht, als es um den SFB geschehen war, saß ich zusammen mit der Medienforscherin des Hauses und einem befreundeten Kollegen vom Mitteldeutschen Rundfunk, dem Sender, der mir im Versuch einer deutsch-deutschen Radio-Vereinigung am nächsten stand, in unserem italienischen Stammlokal. Wir warfen symbolisch ein gerade geleertes Glas hinter uns. Dem Kollegen vom MDR ging das so zelebrierte Ende eines Senders sichtlich nahe. Er hatte eine Abwicklung mit nachfolgenden Kämpfen und Krämpfen gerade hinter sich. Mit Detlev Rentsch, dem Kulturchef des MDR, hatten wir das erste deutsch-deutsche Projekt im Feature begründet. Ich saß mit ihm 1992 eines Mittags bei einem Gespräch zur Vorbereitung unserer Zusammenarbeit in demselben Saal des ehemaligen Leipziger Interhotels, in den ich mich zu DDR-Zeiten nach dem Abschluss des „Ring", inszeniert von Joachim Herz verloren hatte – damals zu einem einsamen Frühstück, bei dem sich der Kapitalismus ganz klein gab: jede Beigabe und Zutat, vom Brötchen, über das Ei bis zur Quarkspeise war mit einem kleinen Preisschild gekennzeichnet.

Lehre und Forschung - die „zweite Luft" nach dem „toten Punkt" in einer Anstalt

Der gescheiterte Plan einer Nachwuchs-Redaktion erlebte eine Art Wiederauferstehung in einer journalistischen Nachspielzeit. Wolfgang Mühl-Benninghaus, Medienwissenschaftler an der Humboldt-Universität, hatte bei allem wissenschaftlich gegründeten Denken und Arbeiten, von dem ich viele Jahre profitiert habe, einen für die damalige Zeit und seine wissenschaftliche Herkunft ungewöhnlich offenen Zugang zu den digitalen Medien, sah mit mir das Radio als Basis für ein neues publizistisches Szenarium. Wir nahmen an einer Ausschreibung der Medienanstalt für ein universitäres Campus-Radio teil. Mir konnte das Konzept gar nicht ehrgeizig genug sein, um, so dachte ich, die Chancen für seine Ablehnung zu erhöhen. Ich hatte von der kleingestrickten Organisation des Radios in Zeiten des fundamentalen Medienwandels und nach den mühsamen Fusions-Verhandlungen von ORB und SFB genug und war dankbar für die einmalige Gelegenheit, Jahre vor Eintritt ins Rentenalter in die Medienwissenschaft und die universitäre Ausbildung zu wechseln und darüber nachzudenken, was ich praktisch mit „angerichtet" hatte. Die Humboldt-Universität wurde meine späte Alma Mater. Für das Radioprojekt bekamen wir überraschend den Zuschlag. „Couch fm", längst eine etablierte Plattform für den digitalen elektronischen Nachwuchs-Journalismus, hatte aus zwei Gründen schnell Erfolg: einmal aufgrund der Kooperation mit dem Medien-Innovationszentrum (MIZ) Babelsberg, einer Einrichtung der Medienanstalt von Berlin und Brandenburg, finanziert aus Rundfunkbeiträgen, getragen vom Aufbau Ost. Die journalistischen Crashkurse und Produktionsstätten des MIZ waren professionell ausgestattet. Die besondere Attraktivität des Projekts lag in der Freiheit, die die Humboldt-Universität dem Experiment einräumte: Beide Antragsteller fungierten als Herausgeber, nahmen die Teilnehmer in die Pflicht. „Couch fm" wurde von Studierenden organisiert und verantwortet. Die begleitende, wöchentlich zweistündige Vorlesung zu Radio-Theorie und Praxis hatte zu Beginn gerade achtzehn Teilnehmer, nach drei Jahren drängten sich über fünfzig Hörer.

Übernommen habe ich Lehraufträge an Universitäten zu einer Zeit, als die Wissenschaft der Publizistik und die journalistische Praxis immer weiter auseinanderdrifteten. Die Frankfurter Goethe-Universität erteilte unter ihrem damaligen Präsidenten, der Wolfgang Lehr als Intendant des Hessischen Rundfunks nachfolgte, 1985 interdisziplinär Lehraufträge für Gastdozenten, durchbrach damit den engen Kanon der Medienwissenschaften. Im Wechsel las ich im Sommersemester zum Thema „Was ist neu an den Neuen Medien", im Winter wurde im Seminar an Fragen der Programmplanung gearbeitet. Die Neugier hielt an, an die einhundert Studierende kamen zur Vorlesung. Die Skepsis und wohl auch Eifersucht der beamteten Hochschullehrer wuchs. Sie hielten für Spekulationen eines Medien-Abenteurers, womit ihre Zunft sich wissenschaftlich spät und schleppend beschäftigte. Die Frage „Was ist neu an den Neuen Medien" war ein Weckruf an Lehrstuhl-Inhaber und Instituts-Vorsteher, die sich in die Historie und Theorie von Rundfunk und Zeitungen vergraben hatten. Erst langsam wurde die Praxis hereingelassen. Vor allem Hochschulen für angewandte Wissenschaften, wie ich sie in Stuttgart und Hamburg kennengelernt habe, öffneten sich der Medienentwicklung. Konsequent und sehr früh bot das Institut für Journalistik der Dortmunder Uni einen zwischen wissenschaftlicher Unterweisung und Volontariat wechselnden Studiengang an. Mich selbst brachte die Lehre auf neue Gedanken, machte den Kopf frei vom Anstalts- und Geschäftsbetrieb. Die Lehraufträge erlaubten, eigene Zweifel am scheinbaren Medienaufbruch in das duale Rundfunksystem mit studierenden Konsumenten zu diskutieren. War, was wir damals praktizierten, nicht nur alter Wein in neuen Schläuchen, „more of the same" oder positiv gewendet: wo und was war das Neue? Junge Hochschullehrer des Fachs in Göttingen, in Münster luden mich zu diesem Themenkreis ein. 1996 wurde Lothar Romain, umtriebiger Kulturjournalist, Kunstwissenschaftler, Ausstellungsmacher und Kulturpolitiker, zum Präsidenten der Hochschule der Künste gewählt. In seiner Amtszeit bis zu seinem frühen Tod 2005 erlebte diese Berliner Kunsthochschule Qualitätssprünge, 2001 erhielt sie den Status einer Universität. Zur Jahrtausendwende lud Romain einen kleinen Kreis von Kulturschaffenden, Journalisten, Hochschullehrern ein, in der UdK den Masterstudiengang „Kulturjournalismus" zu entwickeln, der 2003 seinen kleinen intensiven Lehrbetrieb aufnahm und talentierten Seiteneinsteigern die Möglichkeit eröffnete, von der Exzellenz von Kulturjournalisten und -Kultur-Produzenten zu profitieren. Das war ein kreativer, gangbarer Weg von der klassischen Lehre zur praxisbezogenen Anwendung. Erst später, Jahre nach der Einrichtung des Masterstudiengangs „Kulturjournalismus" wurde die Struktur der Hochschullehre im Rahmen des europäischen Bologna-Prozesses in die Studiengänge Bachelor und Master aufgesplittet. Für mich brachte der Start des „Kulturjournalismus", vergleichbar dem letzten Streckenabschnitt eines Marathonlaufs, die „zweite Luft" nach dem „toten Punkt" im Rundfunkbetrieb. Dass ich mich nach etwa fünfunddreißig Jahren journalistischer Praxis in die Seminarräume von

Universitäten und Denkerstübchen nicht staatlicher Organisationen mit Gemeinnutz absetzen konnte, empfand ich nicht als „Austragungsstüberl". Dafür war ich noch zu jung. Der Studiengang, dessen praktische Seite ich mehrere Jahre geleitet habe, hätte eine Art Labor für die Zukunft des Kulturjournalismus werden können, wurde von Lothar Romains Nachfolger leider in ein Zentralinstitut für Weiterbildung eingepfercht und versuchte ohne Erfolg, seinen Platz und sein Überleben im digitalen Zeitalter zu sichern. Teilweise litt der Studiengang am problematischen Defizit vieler Kunsthochschulen, der Spannung zwischen verschulter Ausbildung und ihrer mangelnden Anbindung an die ästhetische Gegenwart. Dieser Widerspruch bricht immer wieder auf: Was haben verbeamtete Hochschullehrer, die es beispielsweise nicht an die großen Opernbühnen geschafft haben, in einer Hochschule ihren Schülern wirklich zu sagen – solistisch geprägte Meisterklassen, bildnerische Meisterkurse, die zeitweise von Größen des Kulturbetriebs profitieren, ausgenommen. Im „Kulturjournalismus" war diese Misere programmiert. Mitbegründer des Studiengangs war, weil für den Anfang auch hier „Bordmittel" gebraucht wurden, ein „Relikt" aus der auslaufenden Lehrerbildung, stolz habilitiert, an einer Bewerbung für eine Leitungsposition im öffentlich-rechtlichen Bildungs-Rundfunk gescheitert. Also hielt er den Stand des Universitätsprofessors in allen Belangen und Kommissionen so hoch, dass er die eigene Messlatte inhaltlich selbst kaum erreichen konnte. Also lehrte er vornehmlich im Schattenreich eines schmalen, historisch orientierten Feuilletons. Auf die von Intrigen durchsetzte vielfältige Betriebsfolklore, die in Hochschulen gerade in den „weichen" Fächern blüht, verstand er sich bestens.

Eine Zeitreise mit dem Russisch-Deutschen Institut für Publizistik

Den letzten Schub für mein Interesse an Lehre und Forschung bekam ich in einer eigentlich rückwärtsgewandten Medien-Gesellschaft, in Russland, obwohl bereits die ersten Lehraufträge hierzulande den Geschmack einer Zeitreise hatten. Ich traf auf eine alternde Medien-Wissenschaft und arbeitete gleichzeitig in einer von immer neuen Techniken getriebenen Medienpraxis.

Diese Kluft uferte in Russland zu einem Kulturbruch aus. Irgendwann ist mir das Bild von einem russischen Kollegen zugesandt worden. Angelehnt an Chagalls berühmtes Gemälde „Über die Stadt" von 1918 beschwört das Bild eine typische naive russische Szene mit futuristischem Überbau. Bäuerinnen recken vor einer dörflichen Kulisse kleine Blumensträuße in den azurblauen Himmel hin zu einem Astronauten, der in seinem hellen Raumanzug wie ein himmlischer Sendbote vorüber schwebt. In der Chronik der Raumfahrt ist der erste moderne Zeitreisende ein Russe - der Kosmonaut Krikaljow. Er startete aus dem alten erstarrten Sowjetsystem und flog ihm 803 Tage ins Weltall davon. Meine Zeitreise führte in die post-sowjetische Vergangenheit, die wir mit der Gegenwart unserer journalistischen und medienwissenschaftlichen, vor allem freiheitlich gesinnten Praxis und Theorie „erlösen" wollten: das politische Tauwetter, Michail Gorbatschows Glasnost und seine Perestroika, eine Politik von Transparenz und Offenheit machten das Experiment möglich. Das von Gorbatschow beförderte Geschenk der Wiedervereinigung provozierte die Einrichtung deutsch-russischer Plattformen - den von Bundeskanzler Schröder und dem russischen Präsidenten Putin ins

Leben gerufenen Petersburger Dialog, der später unter Aufsicht eines Getreuen der Ära Merkel verkümmerte, schließlich der russischen Aggression gegen die Ukraine zum Opfer fiel, ebenso wie das Deutsch-Russische Forum, das sich auf Formate eines bürgerschaftlichen Dialogs fokussierte. Trotz wachsender Entfremdungen zwischen Deutschland und Russland im letzten Jahrzehnt, konnte niemand ahnen, geschweige voraussagen, dass und wie abrupt dieser (scheinbare) Aufbruch mit Putins Krieg zu Ende ging: Die Uhren werden zurückgestellt, der Aufbruch endet in einem Abbruch, einem Abriss. Nichts wird wieder, wie es war. Die Schockstarre, die alle Menschen, die an eine Zukunft Europas mit Russland geglaubt und dafür gearbeitet haben, erfasst hat, mündet in der bitteren Erkenntnis einer fundamentalen „Zeitenwende", einer neuerlichen Trennung ohne Aussicht.

Meine Zeitreise begann 1996 am Portal der journalistischen Fakultät der Moskauer Lomonossow-Universität - gegenüber dem Kreml. Eine studentische Abordnung begrüßte den Gastdozenten. Es brauchte etliche Lehr-Stunden, bis ich mich überhaupt verständlich machen konnte und erste Fragen, Antworten von den Studierenden kamen, die Vorlesungen eine Art Resonanz erzeugten. Die Teilnehmer verharrten ehrfürchtig, sahen kaum auf. Wir redeten aneinander vorbei, saßen in den ersten Jahren beengt in privater Atmosphäre in einem hohen kahlen Raum. Langsam füllten sich die Regale mit Büchersendungen, meist von deutschen Gastdozenten.

Die politische Gunst der Stunde, die Chance einer deutsch-russischen Annäherung im sensiblen Bereich der journalistischen Ausbildung, ergriffen 1994 zwei Persönlichkeiten, deren Familien vom Krieg betroffen waren. Sie gründeten das Freie Russisch-Deutsche Institut für Publizistik, abgekürzt FRDIP: Galina Woronenkowa, die mit ihrem

Mann Michail, der in Ostberlin als Korrespondent der staatlichen Nachrichtenagentur TASS arbeitete, die Wiedervereinigung vor Ort erlebt hatte und mein früherer Kollege, der ehemalige Verlagspromotor des elektronischen Teils der Frankfurter Allgemeinen Zeitung Dietrich Ratzke, der zum zweiten Mal nach dem Abenteuer Tele FAZ meinen Werdegang beeinflusste. Nach Lehraufträgen folgte ich Ratzke als Direktor des FRDIP von deutscher Seite. Deutsche Wirtschaftsunternehmen halfen dem Institut finanziell auf die Beine. Ein Förderverein begleitete seine Arbeit. Wir bildeten eine kleine Nische des von heute aus besehen utopischen Vorhabens, Wandel durch „Handel" mit gemeinschaftlichen Projekten zu bewirken. Die Anfänge waren mühsam und versprachen viel. Wir fühlten uns als Botschafter einer zivilgesellschaftlichen, demokratisch verfassten Medienordnung. Die Zusammenarbeit mit russischen Studierenden und Kollegen begann mit gutem Willen, großem Ehrgeiz und vielen Defiziten, das Hochgefühl unserer Mission korrespondierte mit einem Mangel an interkultureller Kompetenz, schlicht an Kenntnissen über Russland – in der Summe dem Widerspruch, zwar die Versäumnisse und Defizite einer erstarrten, staatlich gelenkten und formalisierten russischen Medien-Wissenschaft zu benennen, nicht aber deren historische Wurzeln und Potenziale zu kennen. Nicht nur Ernst Bloch hätte uns auf die Sprünge helfen können, mit seiner 1973 publizierten „Erbschaft dieser Zeit", der Erkenntnis der „Gleichzeitigkeit des Ungleichzeitigen." Der Historiker Karl Schlögel, der sich mit vielen Facetten der Geschichte Russlands widmet, hat in seinem Buch „Alter Glaube und moderne Welt" den Gedanken vierzig Jahre nach Bloch aufgenommen:

„Die Gleichzeitigkeit des Ungleichzeitigen, das Nebeneinander von tiefgreifender gesellschaftlicher Modernisierung und traditionellen sozialen Formen und Argumentationsmustern war Kennzeichen einer Transformationsgesellschaft, die ihre Gestalt und ihre Modernität noch auf den Begriff bringen musste." „

„Die Gleichzeitigkeit der Ungleichzeitigkeit" einer Transformationsgesellschaft und ein gegensätzliches Verständnis von Zivilgesellschaft hat sich nach einem euphorischen Aufbruch in den deutsch-russischen Beziehungen schon vor „Putins Krieg" eher vertieft. Wir haben das Verhaltens-Muster und die Wirkung vieler Traditionen und Hypotheken der postsowjetischen Zeit verkannt und die Gemeinsamkeiten eher überschätzt. Das wurde im Alltag des Instituts auffällig. Wir konnten mit dem oft irrational wirkenden, kaum aufzulösenden Widerspruch zwischen kühnen Ideen, Konzepten nicht nur der russischen Partner und ihrem kläglichen Scheitern wenig beginnen - wir übersahen die Kluft zwischen angemaßter Größe, grauer sozialer Wirklichkeit und darauf gegründeten Verhaltensweisen. Widersprüche, Unverträglichkeiten wurden überspielt, weil der eiserne Vorhang scheinbar unwiderruflich hochgezogen, ein neuer europäischer Horizont in Sicht schien.

Auf einer Jahressitzung des FRDIP präsentierte der Dekan Yassen Sassurski eine großformatige Idee für die Jubiläumsfeier der journalistischen Fakultät, mit der auch die Arbeit des Instituts gewürdigt werden sollte. Sassurski wollte eine monumentale Ausgabe des in Mode gekommenen Runden Tisches ins Zentrum der Feierlichkeiten rücken und damit einen überfälligen Diskurs über die Digitalisierung und Globalisierung der Medien anzetteln. Alle waren hellauf begeistert, aber es tat sich erst einmal nichts und scheiterte nach demselben Muster vieler hochfliegender Pläne, dem Widerspruch zwischen fantastischen Aufschwüngen und ihrer Lähmung in einer kleinmütigen formalistischen Bürokratie und strengen Hierarchie. Der mit der Planung der Jubiläumsveranstaltung betraute Hochschullehrer wurde wegen Untätigkeit oder Unfähigkeit abgelöst, der Runde Tisch bis zur Unkenntlichkeit zerkleinert. Als kümmerlicher Rest blieb eine Theaterveranstaltung mit feuchtfröhlichem Ausgang und eine Sitzung aller Dekane der russischen journalistischen Fakultäten, die sich eine kurze Selbstdarstellung des FRDIP gefallen ließen, aber eher auf ein weiteres geselliges Beisammensein aus waren. Zum 250-jährigen Jubiläum der Lomonossow-Universität wurde der große Saal des Bolschoi für eine Ballettgala angemietet. Die abschließende Festveranstaltung der Jubiläums-Feierlichkeiten mit viertausend Gästen im großen Saal des Kreml taute nach einem frostigen zeremoniellen Teil auf zu einem veritablen Gelage. Der Rektor hatte Kollegen aus aller Welt eingeladen, die sich anfangs Stunden lang um eines der 3170 Zimmer des Hotels Rossija und ihre Akkreditierung durch ein heillos überfordertes Festkomitee balgten. Organisieren: das war im russischen Konferenz-Geschehen eher ein Fremdwort. Wenig funktionierte, aber entwickelte eine eigene Ordnung und kam zu einem Ergebnis. Konferenzen erschöpften sich in unendlichen Monologen. Russische Kollegen ließen sich nur unter Androhung des gewaltsamen Entzugs des Mikrofons von ihrem Redeschwall abbringen. Ein jähes Ende fanden Ideen, wenn sie auf alte Strukturen und starre Strukturen oder alte Seilschaften prallten. Dazu hatte ich ein Schlüsselerlebnis: Die Beziehungen zwischen der Moskauer Lomonossow und der Berliner Technischen Universität existierten aufgrund der naturwissenschaftlichen Ausrichtung beider Hochschulen lange vor

Glasnost. Beflügelt von Erfahrungen im FRDIP hatte ich mit dem damaligen Vizepräsidenten der TU für Forschung den Plan ausgeheckt, für die Lomonossow-Universität ein Verbindungsbüro in Berlin einzurichten, um den wissenschaftlichen Austausch zu bündeln und zu beleben. Ein Professoren-Kollege sollte aus Moskau entsandt werden und das Büro leiten. Alles war ausgemacht, wir hatten den Segen beider Rektoren. Über Nacht wurde das Projekt ohne jede Begründung abgesagt. Vermutlich störte die spontane Initiative eingefahrene, wenn nicht eingeschworene alte Zirkel.

Ein flüchtiger russisch-deutscher Beitrag zur Utopie eines europäischen Diskurses

Die Lehrtätigkeit des Instituts war klugerweise zum Dialog verdammt; die Direktoren von russischer und deutscher Seite bildeten gleichberechtigt das Leitungs-Tandem des FRDIP. Das erste Wort des Instituts-Namens „Freies" wurde von der Fakultät uneingeschränkt respektiert und praktiziert. Das Institut war frei in Lehre und Diskurs, unabhängig in seiner Ausrichtung und Praxis. Seine Rechtsstellung war neu für die Fakultät. Das Institut verlieh ein eigenes Diplom, gleichzeitig kam seine Integration in die Lomonossow-Universität voran. Das FRDIP schien sich zu einer Plattform des russisch-deutschen Diskurses zu entwickeln, die politische Fragen nicht scheute. Das zweite internationale FRDIP-Symposium hatte das Thema „Russland vor den Wahlen - eine Vergleichsanalyse der Rolle der Medien während des Wahlkampfs und der Wahlen in Deutschland und Russland". In den euphorischen Anfängen wurden auch verstiegene Ideen ventiliert. Einige hielten das FRDIP schon für die Keimzelle einer deutsch-russischen Universität. Das war die universitäre Analogie zu weitreichenden politischen Träumen, die auf die Tagesordnung vieler Podien und parlamentarischer Reden gelangten: Den frühen Gipfel bildete wahrscheinlich die Rede des russischen Präsidenten Putin im September 2001 vor dem Deutschen Bundestag – eine im Duktus beflissene, auf kulturelle Komplexe bezogene Ergebenheitsadresse, welche in der Mehrheit der deutschen Politik den Fehlschluss beförderte, den Bundeskanzler Gerhard Schröder später zu der bestenfalls ironisch überdrehten Charakterisierung animierte: Putin sei ein lupenreiner Demokrat. Der

Traum von einem europaweiten freien Austausch zwischen Wladiwostok und Lissabon hätte angesichts der wachsenden Globalisierung Antrieb für einen gemeinsamen Aufbruch in ein umfassendes Europa sein können. Die neue deutsch-russische Kooperation dachten sich viele als Endpunkt einer von Willy Brandt initiierten westdeutschen Entspannungs- und Aussöhnungspolitik. Gorbatschows Vorstellung von einem gemeinsamen Haus Europa wurde zur Metapher für eine europäische Friedensordnung, die unterschiedlich eingerichtete „Wohnungen" unter einem europäischen Dach vereinen sollte. Ich erinnere mich an die Einladung der württembergischen Bau- und Architektur-Akademie in Biberach, einen Festvortrag zu diesem Thema zu halten. Ich befürchtete, die Teilnehmer einer ausladenden akademischen Feier zum Jubiläum der Akademie mit diesem Thema zu ermüden und war überrascht von der spontanen positiven Resonanz und vielen positiv eingestellten Nachfragen. Gedanken und Ideen zur Belebung der neuen deutsch-russischen Entspannung waren vielfältig, die Kooperationen wurden intensiver und enger. Sie gipfelten 2007 in dem kurzlebigen Projekt eines gemeinsamen Master-Studiums zur Journalisten-Ausbildung zwischen der journalistischen Fakultät der Lomonossow-Universität und dem publizistischen Institut der Freien Universität Berlin. Die Nachhaltigkeit der Arbeit des kleinen Instituts FRDIP zeigte sich daran, dass seine Lehrangebote in das internationale Curriculum der Fakultät integriert und damit anerkannt wurden. Es entspricht Erfahrungen auf anderen Gebieten der deutsch-russischen Zusammenarbeit, dass das FRDIP zur Einbahnstraße wurde. Deutsche Studierende nutzten das Angebot kaum. Wichtig für die deutschen Dozenten in den Gründerjahren des FRDIP war das familiäre Klima in einem fremden Milieu, das mir ein wenig vertrauter war. Als Musik- und Ballett-Kritiker bin ich früh und oft russischer Kunst begegnet. In Erinnerung ist vieles, als Glanzpunkte Swjatoslaw Richters erster Auftritt bei den Salzburger Festspielen; eines der letzten Konzerte von Emil Gilels in einer Kirche in Locarno; ganz früh das Gastspiel des Bolschoi an der Staatsoper Unter den Linden 1969 mit einer patinierten, von Mstislaw Rostropowitsch dirigierten Aufführung von „Eugen Onegin"; der Besuch einer Galavorstellung von „Schwanensee" im Moskauer Bolschoi zum einhundertjährigen Jubiläum des Balletts zusammen mit meinen deutschen Rundfunk-Kollegen, die in Moskau als Korrespondenten gearbeitet hatten: Gerd Ruge und Thomas Roth.

Die meisten deutschen Gäste des Instituts kamen ohne Wissen, aber neugierig nach Moskau, entdeckten für sich neue Qualitäten, „russische" Merkmale. Etwa die Rangfolge von Wissen und Verstehen: bei Durchsicht des schriftlichen Teils einer Aufnahmeprüfung für das FRDIP stellte ein Kollege fest, dass wir, was konkrete Kenntnisse, reine Fakten betrafen, glatt durchgefallen wären. Während meines ersten Lehrauftrags in St. Petersburg begleitete mich eine wissenschaftliche Mitarbeiterin der Fakultät durch die unzähligen Räume der Eremitage, beschämte mich mit ihren profunden Kenntnissen über die einzelnen Werke – reinem Schulwissen. Die Balance zwischen Tradition und Reform – das war im postsowjetischen Reformprozess in der Medienwissenschaft ein besonders schwieriges Unterfangen, mit manchmal nachahmenswerten Ergebnissen: auch die journalistische Fakultät folgte nur widerwillig dem Bologna-Prozess. Weil die Lomonossow-Universität den Master von Beginn als zweites vollwertiges Studium bewertete, wurde der frühere „Spezialist", orthodoxer, nur zu Teilen vergleichbar dem deutschen Magister, im Bachelor-Studium nicht auf drei Jahre wie in Deutschland gestutzt und abgewertet, sondern behielt mit vier Studienjahren einen eigenen Stellenwert. Es stellten sich zudem bald Effekte gegenseitigen Lernens ein. Ein markantes Beispiel war, was Werner d´Inka, ehemaliger Herausgeber der Frankfurter Allgemeinen, lange Jahre deutscher Direktor des FRDIP in Rostow und Moskau in einem Interview beschrieben hat:

„Ich denke, dass das Geschichten erzählen möglicherweise für die Schriftmedien eine Zukunft sein wird. Die erzählenden Formen wie beispielsweise die Reportage, die großen Erzählungen kommen aus der starken russischen Literaturtradition und das sind vielleicht Dinge, die wir verstärkt bei uns in den Magazinen übernehmen könnten ...wenn man sich darauf einlässt, können sie unendlich viel über einen Gegenstand, eine Person oder Sache erzählen, das ist eine großartige narrative Form.“

Im Gegenzug beflügelte die in Russland vernachlässigte, weil auch politisch missliebige Recherche den Lehrplan. Der Initiator des deutschen Dokumentations-Zentrums „ans Tageslicht" richtete im FRDIP eine Recherche-Werkstatt ein, die zwischen Moskau, Hamburg und Berlin pendelte, und dabei als Nebeneffekt auch die hierzulande heruntergekommene journalistische Recherche fördern sollte.

Ein Novum für die meisten deutsche Gastdozenten, zu begreifen aus der Geschichte Russlands, die an Autoritäten im Guten wie Bösen festhält, war der Respekt vor dem Alter. Ich saß bei einer akademischen Feier neben einer jungen Doktorandin in der Aula der Fakultät und mokierte mich über das überalterte Publikum. Die Kollegin beschämte mich, weil sie nicht nur vehement widersprach, sondern die

Namen längst pensionierter Professoren kannte und deren Bedeutung für ihr eigenes Studium benannte. Der große alte Mann der Fakultät Yassen Sassurski stand in ihrer Wertschätzung ganz oben. Sassurski blieb Dekan bis zu seinem achtundsiebzigsten Lebensjahr. Höhepunkt meiner Moskauer Vorlesungswochen war eine Einladung in sein Dienstkabinett, einen riesigen hohen Raum, der voll gestellt war mit Bücherstapeln und Aktenbergen. Hin und wieder huschte während der Besuche eine wissenschaftliche Hilfskraft durch die schmalen Korridore zwischen den aufgeschichteten Bücherrücken. Ganz hinten, an die Wand gedrückt, stand der kleine Schreibtisch von Sassurski. Er nahm die Besucher zuerst mit dem neuesten Modell des Nokia-Communicators in sein elektronisches Album auf. Sassurski war technisch interessiert, international vernetzt, als Reisekader seit Sowjetzeiten privilegiert. Das Gespräch kam nach einer kleinen Teezeremonie zur Sache; dazu kramte Yassen aus einer Schublade seines Schreibtischs leicht patiniertes Konfekt. Samuel Beckett hätte an dieser wunderbaren Szene seine Freude gehabt. Zwar lähmte die Gerontokratie die Wissenschaft der post-sowjetischen Gesellschaft. Sie diente in Zeiten des Aufbruchs zugleich der Orientierung und dem Überleben manch ehrwürdiger Institution. In der Bundesrepublik werden mit den „Alten" keine sonderlich qualifizierten Überlegungen angestellt. Sie werden, das hat ihre Behandlung in der Corona-Krise nur noch einmal deutlich gemacht, erst einmal gedanklich ausgesondert und „geschützt". Deren Vergangenheit interessiert wenig, die allgemeine Geschichtslosigkeit der Gesellschaft löscht immer schneller alte Adressen, die Übergänge zwischen den Generationen werden immer schmaler.

Auch nach dem heillosen Abriss der deutsch-russischen Beziehungen lässt sich ermessen, welche Wirkung das kleine Freie Russisch-Deutsche-Institut-für-Publizistik zusammen mit seinem „Ableger" im südlichen Rostow für den Versuch eines zivilgesellschaftlichen Diskurses hatte. Mehrere Generationen von FRDIP-Alumni haben in Russland und international Karriere gemacht. Das Institut hat nicht nur Kooperationen mit Berliner Universitäten begründet, den „Petersburger Dialog" und das „Deutsch-Russische Forum" beeinflusst, sondern selbst ein kleines internationales Netzwerk aufgebaut, die Energie für universitäre Konferenzen und wissenschaftliche Publikationen aufgebracht.

Den Kältetod eines deutsch-russischen Diskurses hat zwar Putins Aggression gegen die Ukraine bewirkt. Die Entfremdung zwischen Deutschland und Russland wuchs aber spätestens seit der russischen Annexion der Krim, mit Auswirkungen auf die beiden wichtigsten institutionellen Plattformen des Dialogs und Austauschs. Das Deutsch Russische Forum bemühte sich trotz wachsender Lähmung der deutsch-russischen Beziehungen vor allem um soliden Austausch zwischen Bürgern und unterstützte den Nachwuchs. Konnte aber kaum neue Ansätze eines Diskurses entwickeln. Die Medien-Arbeitsgruppe des mittlerweile ausgeschalteten „Petersburger Dialogs", an der ich bis zur Übernahme der deutschen Leitung durch einen ehemaligen Kanzleramts-Minister zu Zeiten Angela Merkels teilgenommen habe, erschöpfte sich in der Regel in gegenseitigen Vorwürfen und geriet unglücklich mehrfach in den Strudel der Tagespolitik. Zum Zeitpunkt des Kongresses 2004 in Hamburg richtete ein Terrorkommando in einer Mittelschule in Beslan ein Massaker an; 2006 wurde die Journalistin und Menschenrechtsaktivistin Anna

Politkowskaja vor ihrer Wohnung in Moskau ermordet. Den Dialog 2008 dominierten russische Vorwürfe über die Berichterstattung des Westens zum Konflikt zwischen Georgien und Russland in Südossetien. Einmal rückten beide Seiten angesichts der Krise des traditionellen Journalismus ein wenig zusammen, sprachen über neue Geschäftsmodelle und historische Versäumnisse und verständigten sich beim zehnten Dialog 2010 in Jekaterinburg sogar auf ein gemeinsames Arbeitspapier.

Alle, die an einem eigenständigen deutsch-russischen Diskurs ohne wirtschaftliches „wenn" und politisches „aber" gelegen war, wussten von Beginn an, dass und wie sehr der Austausch unter politischer Kuratel stand. Die Freiheit des Diskurses war nicht grenzenlos. In den zeremoniellen Abschluss-Sitzungen des Petersburger Dialogs mit den beiden Regierungschefs ging es zeitweise zu wie bei Hofe. Kanzlerin Merkel übertrumpfte dabei in leutseliger Allüre gelegentlich sogar die russischen Präsidenten. Die Frage nach einem echten Diskurs, der nicht nur eine fundamentale Kritik an der Politik Russlands übt, sondern ebenso Defizite der deutschen Partner benennt, wurde unvoreingenommen, wenn überhaupt, in den sozialen Medien gestellt. Die Routine des Gedankenaustauschs und die Geschäftigkeit der deutsch-russischen Foren überdeckten nur mühsam die wachsende Entfremdung. Und die Hoffnung, dass politische „Launen" den Austausch, gemeinsame Projekte nicht wirklich aufhalten könnten, starb mit Ausbruch des Krieges. Als beschwörendes wie hilfloses Zeugnis von Illusionen fällt mir eine Verlautbarung des Vorstands des Deutsch-Russischen-Forums nach dem Giftanschlag auf den russischen System-Kritiker Nawalny und der sich daraus verschärfenden Krise der deutsch-russischen Beziehungen ein.

Nun gilt es zu verhindern, dass die Verbindungen zwischen den Bürgerinnen und Bürgern unserer Länder dauerhaften Schaden erleiden. Uns ist es wichtig, die Brücken zwischen den Zivilgesellschaften begehbar zu halten. In dieser politischen Krise müssen wir die Kontakte zwischen Städten und Kommunen, zwischen den jungen Generationen und anderen gesellschaftlichen Gruppen entschieden weiter stärken. Wir dürfen es – auch angesichts unserer gemeinsamen Geschichte – nicht zulassen, dass sich Deutsche und Russen wieder entfremden."

Im Nachhinein wird erkennbar, dass die vermeintliche Stunde Null eines Neubeginns der deutsch-russischen Beziehungen zwar politisch opportun war, im Wesentlichen vom persönlichen Willen und Einsatz, von Begegnungen belebt und gehalten wurde. Aus persönlichen Bindungen wurden Wahlverwandtschaften. Persönlichem Ressentiment, deutsch-feindlichen Stimmungen bin ich selbst in der älteren Generation in Russland kaum begegnet. Mehrmals, aus gegebenen Anlässen oder privaten Verabredungen, versammelte Elena Vartanova, Dekanin der journalistischen Fakultät der Lomonossow-Universität unsere neue deutsch-russische Community auf ihrer Datscha nahe Moskau zusammen mit ihrem Mann Alexander, der seine Karriere als erfolgreicher Architekt aufgegeben hatte zugunsten einer wissenschaftlichen Arbeit in einem Institut der Akademie der Wissenschaften, das die unterirdische urbane Geografie der Metropolen zum Thema hat. Anfangs waren wir bewegt von gemeinsamen Projekten, ja einer Zukunft von Gemeinsamkeiten - zum Ende handelten die Gespräche von der Lähmung des Dialogs, von Entfremdung.

Die Nachfolgerin von Yassen Sassurski hatte nach der politischen Öffnung eine atemberaubende, im altehrwürdigen Gebäude gegenüber dem Kreml sichtbare Reform der Fakultät in gut zehn Jahren zustande gebracht und die Öffnung der Fakultät für den internationalen Wissenschaftsbetrieb vorangetrieben. Die jährlichen „Moscow Readings" entwickelten sich zu einem Medienwissenschaftlichen Forum, das international Modellcharakter hatte. Elena Vartanova förderte Deutsch-Russische Projekte, integrierte das freischwebende FRDIP als internationales Zentrum in die Fakultät. Mir öffnete sie den Weg an ihren noch jungen Lehrstuhl für Medienwissenschaft und Medienökonomie, der sich zu einem Zentrum des Diskurses über die globale digitale Kommunikation entwickelte. Ein Vierteljahrhundert Gastarbeit in Moskau hat den Horizont meiner Arbeit erweitert, auch mit Nebeneffekten: zu Beginn der Lehrtätigkeit hätte ich wegen der Fixierung auf das deutsch-russische Verhältnis als absurd abgetan, dass es für die eigene Lehrtätigkeit wichtig werden könnte, sich im Englischen fortzubilden, um mit Studenten aus China und Schwellen- und Entwicklungs-Ländern in Moskau kommunizieren zu können. Mir wurden in Moskau neue Maßstäbe vermittelt, internationale Perspektiven und Beziehungen eröffnet. Aus der bipolaren Einstellung wurde eine multipolare Sicht.

Das Leben der Anderen verstehen lernen

Es wirkt im Nachhinein wie eine schicksalshafte Fügung von Zufällen, dass ich innerhalb eines halben Jahres meinen ersten „interkulturellen" Schub mit drei Reisen unterschiedlichster Zielsetzung und Thematik erfahren habe – ein Dutzend Jahre vor meiner einschneidenden Zeitreise nach Russland. Die Rallye startete im Sommer 1982 mit dem jährlichen Strawinsky-Festival des New York City Ballett, noch zu Lebzeiten seines legendären Chefchoreografen George Balanchine – das brillante Festival zündete ein Feuerwerk an tänzerischer Neoklassik. Balanchine sah sich zurecht als direkter Erbe des russisch-klassischen Balletts. Die nächste Station folgte im Oktober mit dem ersten sogenannten chinesischen Volksmarathon in Tianjin. Das Volk war am Lauf nicht beteiligt, bildete immerhin mit allen Merkmalen gelenkter Massenkultur die imposante Zuschauer-Kulisse einer Million Menschen. Das Triple beschloss eine Reise, die den Kulturbruch in sich trug: der Besuch einer Konferenz der UNESCO auf der Suche nach verlorenen, versunkenen indischen Tanzkulturen vor der aggressiven Kulisse Kalkuttas mit seiner unendlichen Masse Mensch. Fünfunddreißig Jahre liegen zwischen zwei Besuchen in Peking. Verordneter Höhepunkt der ersten Reise, die eine westeuropäische Sportler-Delegation auf einen anderen „Planeten" katapultierte, war der Besuch von Maos Mausoleum. Auf dem Tiananmen-Platz waren in militärischer Formation die Blöcke chinesischer Besucher ausgerichtet, die im Eilmarsch vorbei an Maos Sarkophag getrieben wurden. Unsere Gruppe wurde durch das beklemmende Halbdunkel des Mausoleums geschleust. An einem Sonntagmittag fünfunddreißig Jahre später werde ich gerade noch vor der Schließung am Mittag eingelassen – vor mir eine Familie mit Kind, das unbeeindruckt mit einem bunten

Luftballon am Sarkophag vorbei tänzelt. Den radikalen Wandel von einer uniformen Kulisse zum bunt gewürfelten Touristenschwarm habe ich mehrfach am Abflug-Schalter des Moskauer Flughafens Scheremetjewo erlebt. Die Flüge nach Peking und Berlin wurden nebeneinander abgefertigt. Mitte der Neunzigerjahre dominiert der uniforme Mao-Look, die Reisenden verharren wie in Reih und Glied, jeder Fluggast hat als Proviant eine Portion Äpfel vor sich - in Cellophan Tüten verpackt. Jahre später quillt der Raum vor Spielzeug al la Toys R US förmlich über, tummelt sich eine bunt gekleidete laute Menschenmenge.

Öfter als vermutet ist das Fremde nah oder das Nahe fremd. Es hat Jahrzehnte gedauert, bis mir das Milieu meiner zweiten „Heimat" Italien am Lago Maggiore vertraut geworden ist. 1969, zwei Jahrzehnte vor meinem Zuzug, sendete der Südwestfunk ein Fernsehfeature über unser Dorf. Der Film kolportierte jedwedes Klischees über Land und Leute. Mit onkelhaft getragener Stimme berichtet der Erzähler vom ersten Telefon im Dorf, dem blühenden Leben zwischen Kirche und Kneipe, umtriebigen urigen Ureinwohnern, die mit der Machete verwilderte Pfade zu alten steinernen Rusticos frei schlagen und pompösen Neubauten, die nie einen Statiker gesehen haben. Ja, diese lockere Lebensart der Italiener, wahlweise der Griechen und anderer Südländer haben wir alle im Urlaub genossen, bis diese Nachbarn mit ihrer lockeren Lebensart und liebenswerten Folklore an die Pforten der Europäischen Union klopften, nach Geld und Kredit für ihre maroden Volkswirtschaften verlangten. Es wurde ernst, das kam in unserem Bild vom Anderen nicht vor. Wir haben, eingebläut vom damaligen schwäbischen Finanzminister, erst einmal deutsche Sparsamkeit verordnet, bevor Hilfs-Kredite flossen: Die Spardiktate der wohlhabenden EU-Mitglieder als Gegenleistung für Kredite an Griechenland griffen indes zu kurz, drohen, deren Volkswirtschaft radikal zu verändern. „China hat große Pläne mit dem Hafen von Piräus" titelte das Handelsblatt, die Folgen des Ausverkaufs von Tafelsilber als Folge erzwungener Privatisierung und als Zeichen eines doppelten interkulturellen missing link. Solides kleinteiliges Abrechnen nach schwäbischer Art und die globale chinesische Strategie der Handelswege einer neuen Seidenstraße sind unvereinbar. Wo Europa sich verkalkuliert und damit verliert, steht etwa China längst in der Tür. Es verfolgt konsequent seinen Weg in die digitale Zukunft mit traditioneller Einstellung. In Peking fasste dies an der Communication University of China ein Kollege während einer Gastprofessur zusammen: egal ob Mao, Xi Jinping, wer auch immer folgt - alles geschieht im Geist von Konfuzius, der sich als konstante Größe immer wieder findet als Prophet und Triebkraft innovativer kollektiver Erneuerung. Der Einzelne muss sich dem gnadenlos anpassen, komme Covid oder was da wolle. Die passenden Instrumente gesellschaftlicher Steuerung und Kontrolle: Digitalisierung und Globalisierung

Mit Menschen anderer fremder Kulturen in deren Milieu zu arbeiten, habe ich gerade wegen vieler irritierender, manchmal schockierender als Privileg empfunden. Ich bin damit einer Entwicklung entkommen, die sich im Massentourismus verfestigt hat. Anlässlich der Eröffnung des Berliner Humboldt-Forums hat es die ZEIT markiert:

Die von Europa ausgegangene Verwandlung der Welt in eine Ausstellung und ihr Fortleben im Tourismus ist die eigentliche Komödie, die heute ein Universalmuseum in den Blick nehmen müsste.

Meine interkulturellen Erfahrungen habe ich im Kleinen gesammelt. Gerade in Verhaltensweisen, im Alltag fallen Unterschiede ins Auge. Sie irritieren, relativieren scheinbar vertraute Sichtweisen, geben Einblick in fremde, oft verwickelte, in sich funktionierende Milieus. Die Beispiele liegen auf der Straße. Nach einer feuchtfröhlichen Abschlussfeier in einem Seminarraum der journalistischen Fakultät überquere ich nach Mitternacht den gähnend leeren Boulevard Mochova Uliza, die Ampel steht auf „rot". Junge Polizisten, denen die Begeisterung anzumerken ist, dass sie einen Westler erwischt haben, eskortieren mich wie nach einer Verhaftung zu ihrem Major, der mit seiner kleinen Wachtruppe auf dem Roten Platz postiert ist. Ein kleines „Bußgeld" wird ausgehandelt - selbstverständlich ohne Zeugen oder Quittung. Nach der Geldübergabe fragt der Major besorgt, wohin ich denn so spät nachts unterwegs sei, meint, der Weg sei zu gefährlich, weist einen Polizisten an, mich mit einem Streifenwagen zum Hotel Rossija zu fahren. Eine andere ungewöhnliche Fuhre verdanke ich einem Busfahrer der Moskauer Verkehrsbetriebe. Nachts um zwei gab es von der Metrostation „Universität" nur noch einen Bus, der normalerweise nicht an der Deutschen Botschaft hielt. Der Busfahrer registrierte, dass nur sechs angeheiterte Mitfahrer, die von einer Betriebsfeier kamen, mit von der Partie waren. Also fuhr er ohne weiteres Aufheben und ohne jede finanzielle Belohnung eine große Schleife. Nach einer Konferenz der Fakultät der Schönen Künste wartete ich frühmorgens frierend bei leichtem Schneefall vor dem Hauptgebäude der Universität, um den frühesten Flieger nach Frankfurt zu erreichen. Der studentische Abholer hatte verschlafen. Eine halbe Stunde später, ich hatte den Rückflug schon aufgegeben, erschien die Vizedekanin der Fakultät mit einem Kollegen. Sie hatte einen Pelzmantel über ihr Nachthemd geworfen. Es ging waghalsig schnell zum Flughafen, sie hatte offenbar, wie auch immer, Zoll- und Passkontrolle bezirzt, denn unversehens fand ich mich als ersten Passagier auf meinem Platz im Flugzeug. Auf einer Reise transportierte ich eine Menge Fachbücher für das russisch-deutsche Institut. Zwischenstation war das Schwester-Institut des FRDIP in Rostow am Don. Eine Angestellte der Aeroflot wog das Gepäck, es war deutlich zu schwer. Die begleitende Studentin riet, der Dame 50 Rubel mit der Bemerkung zu überreichen, sie solle ihrer Mutter dafür ein Stück Kuchen kaufen. Erleichtert spendierte ich das Doppelte, ich hatte es auch nicht kleiner. Die Dame zog in ihrem kleinen Kontor in Format und Aufmachung eines Puppenladens eine kleine Schublade auf, entnahm ihr 50 Rubel, gab sie mir als Wechselgeld zurück.

Eine beeindruckende, leicht absurde Bezeugung kollektiven selbstbewussten Respekts habe ich nach dem ersten chinesischen Volksmarathon im Oktober 1982 in Tianjin erlebt. Am Nachmittag nach dem Lauf ging ich spazieren, allein im Trainingsanzug, schlenderte vom Marathon noch ein wenig benommen eine Hauptstraße entlang, hielt an einer Straßenkreuzung. Wie aus dem Boden gewachsen umgab mich plötzlich eine größere Menschenmenge. Eine Gasse öffnete sich, ein kleiner Herr in formeller Chauffeurs-Montur bat zu einer großen, altertümlich aussehenden schwarzen Limousine. Er präsentierte stolz die Luxusausgabe der Autofabrik „Rote Fahne", den Sechshunderter der Chinesen, lud mich zu einer Fahrt ein. Die Menge klatschte Beifall. Es ging um mehrere Blocks zurück zur Kreuzung, an der die Menschenmenge nach wie vor verharrte, applaudierte, sich dann wieder wie ins Nichts auflöste. Wie sich in China lange vor den Zeiten des digitalen Flashmobs eine Menschenmenge wie aus dem

Nichts versammeln kann, kommt mir gerade in digitalen Zeiten immer wieder in den Sinn.

Die Reisen waren gespickt von Erlebnissen und Beobachtungen, hinter denen Einstellungen erkennbar wurden. In Russland beeindruckte und erschreckte mich die Fähigkeit, sich dem Schicksal zu fügen, ja zu ergeben, mit Schicksalsschlägen umzugehen, sie gleichsam wegzustecken, sich selbst in der Not noch zufriedenzugeben. 1998 veranstaltete ich ein Seminar in St. Petersburg. Über Nacht hatten einige Teilnehmer, die vom ersten Wirtschaftsaufschwung profitiert hatten, ihre gerade erworbenen Wohnungen verloren, weil die Kredite in der großen Bankenkrise platzten. Sie erzählten davon wie nach einem Gewitter, das eben auch vorüberzieht. Hoffnung auf Abhilfe durch Staat und Verwaltung kam erst gar nicht auf.

Das World Public Forum - Einstiege in die digitale Globalisierung

Die Zukunft der Medien, ihre Digitalisierung und Globalisierung beschäftigten das Freien-Russisch-Deutsche Institut für Publizistik in Moskau zunehmend. 2010 wurde der Sammelband "Medienwandel durch Digitalisierung und Krise" als vergleichende, deutsch-russische Studie publiziert. In dieser Zeit lernte ich Elena Vartanova kennen. Sie hatte sich früh für das damals nicht nur in Russland als exotisch geltende Fach Medienökonomie engagiert und dafür einen Lehrstuhl eingerichtet. Elena Vartanova, damals wissenschaftliche Prodekanin der journalistischen Fakultät, lud mich zu einer gemeinsamen Vorlesung ein, was hieß: sie versuchte, meine ziemlich abstrakten Ausführungen über den eher rückwärtsgewandten Prozess der Digitalisierung in Deutschland nicht nur sprachlich verständlich zu vermitteln. Ihre Studierenden waren auf einem gänzlich anderen „Trip", mein Zugang zum Thema war Ihnen fremd. Sie sahen in einer Art Übersprungshandlung die Möglichkeiten der Digitalisierung in erster Linie als Chance für die Ablösung veralteter Milieus und verkrusteter gesellschaftlicher Strukturen. Viele Entwicklungs- und Schwellenländer waren ähnlich aufgestellt. Passend zu einer Gastdozentur September 2018 in Kapstadt und einem dort veranstalteten start up einer Initiative des „Digital Dialogue of Civilizations" kam die Meldung, dass das benachbarte kleine Lesotho als Netz das chinesische 5G vollständig adaptiert hatte, während in den entwickelten Zivilgesellschaften des Westens der politische Kampf darüber eskalierte, ob man den womöglich systemrelevanten, mindestens datentechnisch sensiblen chinesischen Anbieter Huawei überhaupt reinlassen dürfe, ohne die Sicherheit der heimischen Infrastruktur zu gefährden.

Diese Eindrücke beschleunigten ein spätes Umdenken. Ich war geprägt, ja fixiert auf den zutiefst amerikanischen Traum der Digitalisierung in einer kommerziell beherrschten Medien-Gesellschaft, hatte im Kopf Mac Luhans „the medium is the message", gipfelnd im global village und den start ups des Silicon Valley, aus denen sich die big five von Apple bis Microsoft zu den wertvollsten Adressen der neuen (digitalen) Weltwirtschaft entwickelten. Lange Zeit schien, dass die westeuropäisch -amerikanische Brücke im digitalen Zeitalter einfach weiter ausgebaut würde, in blinder Zuversicht auf eine wiederum amerikanisch geprägte (digitale) Zukunft. Als man in Deutschland vor allem abwehrend über die gesellschaftlichen Folgen digitaler Medien nachdachte, hatten die ersten Konzepte der smart cities in China das Reißbrett verlassen. Da ging es längst nicht mehr um die ungewisse Zukunft der traditionellen Medien, von Rundfunk und Zeitung angesichts des Aufkommens der Social Media, sondern um die Verfassung der gesamten Gesellschaft, die digitale Steuerung und Herstellung des privaten und öffentlichen Lebens und der Wirtschaft. Während wir noch auf Amerika starrten, blickten Entwicklungs- und Schwellenländer in Richtung China, begannen, für sich die eigene digitale Zukunft auszurechnen und wie in Russland zu nationalisieren. Ihre Medien-Verfassungen waren meist schwach ausgebildet oder staatlich verordnet und gelenkt. Langsam begannen sich Medien-Märkte zu bilden. Viele Länder sahen in der Digitalisierung die Chance, durch neue Kommunikations-Techniken überhaupt eine öffentliche Infrastruktur aufzubauen.

Die neue multipolare Vorstellung über eine digitale Zukunft wurde mir besonders erkennbar an der Karriere der BRICS. Als davon im Westen noch kaum die Rede war, wurde von chinesischen Wissenschaftlern auf einer Jahrestagung des World Public Forum auf Rhodos für das Konstrukt geworben, gleichzeitig die neue Seidenstraße ins Spiel gebracht. Das Konstrukt BRICS, gebildet aus den Anfangsbuchstaben der Länder Brasilien, Russland, Indien, China – später hinzugekommen: Südafrika wurde von einem US-amerikanischen Investmentbanker als Denkmodell, gleichsam als Kunststück erdacht. Ließe sich nicht, so der genialische Einfall, der vielen lange ein Hirngespinst schien, angesichts der wachsenden Globalisierung gegen die Welt des Dollar ein erfolgreicher Verbund von Schwellen- und Entwicklungsländern entwickeln. Aus der Simulation der BRICS ist eine realistische wirtschaftliche Größe gewachsen, die anzeigt, wie sehr sich die Tektonik der Weltwirtschaft verschiebt. Bei allen Einschränkungen, der wachsenden Dominanz Chinas und den Schwächen der Mehrzahl der BRICS-Nationen, sprachen schon in den Anfängen einige Kennziffern für sich und für die Notwendigkeit eines Abschieds von einem stereotypen bipolaren Weltbild. Der Anteil der BRICS am Weltmarkt war von 18 Prozent 1995 zehn Jahre später auf 31 Prozent gewachsen, während im selben Zeitraum der Anteil der USA von 20 auf 16 Prozent schrumpfte. Nach und auch gegen BRICS sind mittel- oder unmittelbar größere Projekte entstanden, beispielsweise versehen mit dem Kürzel RCEP. Das Handelsabkommen steht für "Regional Comprehensive Economic Partnership", zählt neben China zehn weitere Asean-Staaten und umfasst Handel, Dienstleistungen, Investitionen, E-Kommerz, Telekommunikation und Urheberrechte. Ende Juni 2022 trafen sich Vertreter der westlichen Welt auf dem EU-Gipfel in Brüssel, gefolgt von dem ebenfalls westlich dominierten Gipfel der G7 in Elmau. 8000 Kilometer weiter östlich saß Chinas Präsident einem Online-Meeting von Vertretern der BRICS-Staaten vor. Natürlich sind die BRICS und ähnliche Konstrukte als Zwischenstation der Globalisierung zu verstehen, hat Chinas Dominanz so bedrohliche Ausmaße erreicht, dass beispielsweise Indien mittlerweile das Weite sucht. Wie die neuerliche Erweiterung des BRICS-Verbunds um ein halbes Dutzend weiterer Schwellenländer anzeigt, verschiebt sich die Struktur der Weltwirtschaft unaufhaltsam.

Aufmerksam wurde ich auf das Denkmodell BRICS und seine möglichen Konsequenzen für die Medien nach der Präsentation von Rhodos durch eine Diskussion bei den „Moscow Readings". Der finnische Medienwissenschaftler Kaarle Nordenstreng stellte eine vergleichende Studie an der Lomonossow-Universität vor: „Media Systems in Flux - The Challenge of the BRICS Countries. Das war eine Vorstufe zur Globalisierung der Kommunikation, eine Art Gegenbild zu der von Silicon Valley ausgelösten kommerziell geprägten Vision. Man kann spekulieren, ob diese oder andere Konstrukte langfristig zum Gegenentwurf zu den digitalen Größen der USA oder von China taugen und damit überhaupt eine multipolare Vielfalt erzeugen. Jedenfalls wird mit solchen Modellen der Diskurs zur Digitalisierung nicht als Selbstbetrachtung einer eigenen Kommunikationsgesellschaft mit neuen Mitteln verstanden. „America First" ist auch in diesem Zusammenhang keine Erfindung von Donald Trump, sondern zielt auf die uralte Selbsteinschätzung der amerikanischen Gesellschaft. Vor ein paar Jahren führte die New York Times zur Förderung der Leser-Bindung ein Diskussionsforum ein, auf dem der spannendste Leserbrief der Woche noch einmal reflektiert wurde: „Globalizing Wisely" war der vielversprechende Titel dieser Betrachtung. Die Diskussion verlief allerdings nach gelerntem amerikanischem Muster eingleisig: Man war sich einig, dass auch in der digitalen Zukunft an Amerikas Wesen die Welt genesen würde. Mein Beitrag mit dem Verweis auf alternative Modelle, gar auf die BRICS, wurde als exotisch beiseite getan.

Den interdisziplinär angelegten Versuch eines multipolar ausgerichteten Diskurses lernte ich beim World Public Forum kennen. Eines Tages rief ein Sekretär der Akademie der Wissenschaften Russlands an. Die russische Medienwissenschaft begann, sich zur Jahrtausendwende international aufzustellen. Digitalisierung war noch kein Thema. Der Professor, ein in Deutschland respektierter Spezialist der wechselvollen Geschichte deutsch-russischer Beziehungen und Gastdozent an unserem Russisch-Deutschen Institut, fragte, ob die Akademie mich für die Jahreskonferenz des World Public Forum auf Rhodos nominieren könne. Die Einladung kam mir abenteuerlich vor. Ich traf in einer Hotel-Anlage auf mehrere hundert Teilnehmer. Die dreitägige Konferenz bestand aus einer Mischung von ellenlangen Monologen nach sowjetischem Format zu diversen Themen, die sich zum „Dialog der Zivilgesellschaften" aus allen Sparten von Politik, Wirtschaft und Wissenschaft gerade noch zusammenreimen ließen. Inszeniert wurde der Kongress mit Auftritten von politischer Prominenz vornehmlich aus Schwellen- und Entwicklungsländern, einem überbordenden Vergnügungs-Programm mit großzügigen Buffets, gerahmt von einer voluminösen Eröffnungs-Feier und einem Abschluss-Bankett. Schon wegen der schönen Strände und einer weiträumigen Bar, die am Abend zum Mittelpunkt der Konferenz avancierte, überlagerte der unterhaltsame Anteil das offizielle

Konferenz-Geschehen. Aber aus dieser aufgeblähten Kopie des internationalen Diskurs-Zirkusses mit großem Incentive-Anteil schälte sich ein Profil heraus: Man begab sich auf die Suche nach neuen multipolar ausgerichteten Konzepten. Das um die Jahrtausendwende gegründete World Public Forum wollte mit seinem monumentalen Format Wirkung erzielen, stieß im Westen kaum auf Resonanz. Man traf Leute aus aller Welt und allen Kulturkreisen, die einem vor und nach Rhodos nie wieder begegnet sind. Drei Persönlichkeiten hatten das Forum begründet: Ein griechisch-amerikanischer Banker mit philanthropischen Neigungen verließ nach wenigen Jahren das Projekt. Jagdish Kapur, ein indischer Sozialphilosoph und innovativer Unternehmer vor allem im Bereich der Solar-Technik bildete das charismatische Zentrum des Versuchs, die Vielfalt von Weltansichten und Kulturen abzubilden. Nach dessen Tod 2010 war die Bühne vollends frei für Vladimir Yakunin, viele Jahre im Hauptberuf Präsident der russischen Eisenbahnen. Damit wurde die russische Dramaturgie des Forums lupenreiner, entwickelte eine Art eigener familiärer Atmosphäre unter präsidialem Patriarchat. Die Freiheit der Rede galt uneingeschränkt. Oft wurden Ideen, Konzepte und Projekte präsentiert, die im einschlägigen Diskurs-Betrieb noch keinen Platz hatten, wie eben die Idee der BRICS oder eine frühe Präsentation von Chinas Neuer Seidenstraße. Das Thema der weltweiten Digitalisierung war den Granden des World Public Forum lange nicht geheuer, musste sich über einen „Runden Tisch", und Workshops zu einer regulären Plenarsitzung hocharbeiten.

Das Forum begann jedes Jahr in Rhodos bei „null" mit immer neuen Variationen zu denselben Themenkreisen. Man trat auf der Stelle. Vladimir Yakunin wollte deshalb aus dem Forum einen international anerkannten Thinktank entwickeln. So entstand gegen vielfachen Rat der Ortswahl wegen und vor allem gegen den politischen Zeitgeist mitten in Berlin 2016 das „Dialogue of Civilizations Research Institute". Die Gründung gerade in der deutschen Hauptstadt wirkte angesichts der kritischen Entwicklung der deutsch-russischen Beziehungen nach der russischen Annexion der Krim trotzig. Da halfen die alte deutsch-russische Affinität der Stadt ebenso wenig wie die Ansiedlung an prominenter Adresse über dem Kaufhaus Lafayette in der Friedrichstraße. Das DOC geriet von Beginn an in den Sog wachsender politischer Spannungen. Der Putin-Gefolgsmann Yakunin, bei jeder passenden oder unpassenden Gelegenheit nicht nur von der Springer-Presse gemobbt, wurde gelistet als Anführer einer Art fünfter Kolonne zur Zersetzung nicht nur der Wissenschaft der Bundesrepublik. So schaffte es das DOC einmal mit schwammiger Begründung in den jährlichen Verfassungsschutzbericht von Baden-Württemberg. Zum Aufstieg in den Verfassungsbericht der Bundesregierung reichte es dagegen nicht. Sich selbst verstand das DOC als unabhängige Plattform für internationale Forschung und interkulturellen Diskurs. Dass es dieses Ziel nur in kleinen Ansätzen weit unter dem Niveau der Diskurse von Rhodos erreichte, ließ sich schon an der aufwendigen Innenarchitektur des Instituts erahnen. In der Mitte lud ein riesiger Runder Tisch in einem kleinen Kuppelsaal zum Diskurs. Eine kleine Forschergruppe, vorwiegend zusammengewürfelt aus den Resten russischer Projekte, werkelte, aufgereiht wie in einer Legebatterie in einem eigenen verglasten engen Kabinett. Das Institut war vollends auf Yakunin ausgerichtet – programmiert war so ein Zielkonflikt zwischen der russischen Fixierung auf Persönlichkeiten und dem Streben nach einem multilateralen offenen Diskurs. Einem freundlichen, eher passivem Kollegen aus Indien folgte als „Ceo" kommissarisch die chinesische

Forschungsdirektorin, die wenig Übersicht, umso mehr Respekt vor Yakunin hatte, aber einige innovative Ideen verfolgte. So genoss die kleine BRICS-Gruppe ein Jahr lang mit ihren alternativen, multilateral ausgerichteten Vorstellungen zu den gesellschaftlichen Konsequenzen der Digitalisierung eine Vorzugsbehandlung. Wir bildeten uns ein, mit unserem „Digital Dialogue of Civilizations" ernst genommen zu werden. Eine gleichsam weltumspannende Berliner Konferenz, in der selbst China und Südafrika „zugeschaltet" waren, beflügelte das Vorhaben, eine Plattform für einen permanenten wissenschaftlichen Austausch zu entwickeln. Einem start up an der Universität von Kapstadt folgte die Erkenntnis, dass das DOC mit nochmals neuer Leitung seine Irrfahrt fortsetzte. Das Institut erschöpfte sich in einem vollends leerlaufenden Bemühen, als Thinktank ernst genommen zu werden. Schon die „Regierungserklärung" wies den neuen CEO als copy-and-paste Spezialisten auf Weltniveau aus und offenbarte, wie sehr die wichtige interkulturelle Ausrichtung des World Public Forums passé war. Dass das DOC kurz vor seinem Ende in Berlin sogar dem SPIEGEL noch eine eigene Story über die vermeintliche Bedrohung durch politische Infiltrierung, ja Unterwanderung wert war, war eher Indiz dafür, wie früh und wie tief die Putin-Obsession in den deutschen Journalismus eingedrungen war und wie blindlings alte Elemente aus der Waffenkammer des wieder belebten Kalten Krieges hervor gezerrt wurden. Ich war im November 2017 dabei in Reichenau an der Rax, folgte einer Einladung des DOC und der Studiengruppe des Partnership for Peace Consortiums, und hielt einen Vortrag über fake news. Ich sah mich unversehens, so kolportiert der SPIEGEL die Aussage einer namentlich nicht genannten Expertin, als kleines Rädchen der „heimtückischen Kriegsführung Russlands" und mochte kaum glauben, wie sehr das seriöse

Wochenmagazin aus Gerüchten und Hörensagen fake news aus Anlass eines kleinen Seminars produzierte. Die Tagung lief in Wahrheit auf einen informellen Gedankenaustausch über die labile Verfassung osteuropäischer Mediensysteme hinaus, angezettelt von meinem unverdächtigen Freund Peter W. Schulze, der als wissenschaftlicher Lehrer und multilateral orientierter Politik-Wissenschaftler das DOC mitbegründet hatte. Das DOC ist in Berlin nie angekommen. Yakunins Erwartung, sein „Dialogue of Civilizations" würde gerade in der Hauptstadt eines wiedervereinigten Deutschland Spuren hinterlassen, war von Beginn an zum Scheitern verurteilt. Das DOC wurde von der Berliner Politik geschnitten. Unverdächtige, an Gedanken-Austausch interessierten Wissenschaftlern, die sich offen und neugierig auf einen Dialog mit dem DOC einlassen wollten, wurde aus Ministerien und Verbänden, die Beraterverträge zu vergeben hatten, nahegelegt, das DOC zu meiden. Dabei hätte die Vermittlung neuer alternativer Ideen, anderer Bilder und Ansichten, dem eingefahrenen Berliner Polit- und Diskursbetrieb, sagen wir es vorsichtig, gutgetan.

Der Wegfall des deutsch-russischen Bindestrichs

Die Möglichkeit, in anderen Ländern zu arbeiten, hat mich auf neue Gedanken gebracht. Mit wachsender Entfernung begann ich mein eigenes Land mit anderen Augen zu sehen. Es ist mir immer fremder geworden, Gastländer, im Laufe von 30 Jahren besonders Russland, rückten näher. Aus dieser Äquidistanz zeichneten sich Konflikte und Gegensätze schärfer ab.

Die kurze Phase einer Annäherung zwischen Deutschland und Russland wich neuen Gegensätzen. Der Versuch, eine neue europäische Identität von Wladiwostok bis Lissabon zu denken, das Vorhaben, dank des „Paten" Michail Gorbatschow ein Haus Europa mit Russland zu planen, wurde illusorisch. Kühn waren Ideen und Projekte der Zusammenarbeit im letzten Jahrzehnt, lange vor „Putins Krieg" nicht mehr. Das galt exemplarisch für deutsch-russische Plattformen wie den Petersburger Dialog oder das Deutsch-Russische Forum. Mit dem Aufkommen der digitalen Medien senkte sich langsam aber stetig ein neuer, unter den Vorzeichen der Digitalisierung elektronisch gesicherter „eiserner Vorhang". Zu registrieren war zwar vorrangig Russlands Rückfall in eine autoritäre Medienprovinz, aber ebenso Deutschlands Weg ins digitale Nirwana. Blochs Formel von der „Gleichzeitigkeit des Ungleichzeitigen" versagte, Karls Schlögels Blick auf eine russische Transformationsgesellschaft, die im „Nebeneinander von tiefgreifender gesellschaftlicher Modernisierung und traditionell sozialen Formen ... ihre Gestalt und ihre Modernität auf den Begriff bringen musste", verdunkelte sich.

Die russische Politik schaltete, je mehr sie unter Putins Herrschaft in ihr früheres Herrschafts-Gebaren zurückfiel, in den Rückwärtsgang.

Konträr zu Idee und Mission der russisch-deutschen Zusammenarbeit verlief die Entwicklung im Westen: zivilgesellschaftliche Werte und soziale Bindungen, Elemente eines Integrations-Rundfunks und des gedruckten Generalanzeigers gehen im digitalen Dickicht der sogenannten sozialen Medien unter. Wir haben diese fundamentale, beidseitige Entfremdung lange Zeit nicht wahrhaben wollen, weil es um das Vorhaben einer europäischen Verständigung ging, die nach der Katastrophe des Zweiten Weltkriegs alternativlos schien. Wir näherten uns selbst in unserem Freien Russisch-Deutschen Institut für Publizistik dem Zustand eines „Double Bind". Versehen mit zwei widersprüchlichen „Botschaften" gerieten wir zunehmend in eine Zwickmühle.

Das kleine FRDIP erwies sich dank der partnerschaftlichen Konstruktion als eine Art Seismograf für das Klima, den aktuellen Zustand des deutsch-russischen Diskurses, bildete damit auch ein Frühwarnsystem für dessen Friktionen und Fehlentwicklungen. Bei einem zunächst nebensächlich scheinenden Thema hätten wir deutschen Dozenten in der Aufbruchszeit des FRDIP besser auf Galina Woronenkowa hören sollen. Die russische Direktorin brach unvermittelt einen Streit vom Zaun über das Ihrer Ansicht nach stereotype, einseitige Bild Russlands in den deutschen Medien. Angesichts der gelenkten, vom Staat abhängigen russischen Medien taten wir ihre Behauptung als ablenkend, ja unsinnig ab nach dem Motto: die Russen mit ihrer gelenkten, zensierten Publizistik haben's gerade nötig! Zudem genügte eine der These zugrunde gelegte russische Studie keinen wissenschaftlichen Standards. Aber Galina Woronenkowa griff ein Thema auf, mit dem wir uns schon damals hätten beschäftigen müssen - der Planierung des russisch-deutschen Diskurses im Mainstream der Medien, mit dem Ergebnis der

Vermittlung von Stereotypen, von Vorurteilen. Heute beherrschen Reflexe die Berichterstattung – sie wird vom Krieg und seinen katastrophalen Folgen besetzt. Für Differenzierungen und Hintergrund ist kaum Platz.

In den Anfängen des Instituts ging es uns zuerst wie dem Petersburger Dialog oder dem Deutsch-Russischen-Forum darum, Vertrauen, ein gegenseitiges Verständnis aufzubauen und Formate der Zusammenarbeit zu finden. Im FRDIP entwickelte sich das in einem brauchbaren Curriculum. Auf den großen, politisch beeinflussten Plattformen, dem Petersburger Dialog und dem DRF harmonisierten wir zu sehr, es ging viel zu feierlich, nach Protokoll zu. Wir gingen streitigen Themen, einer systematischen Aufarbeitung der Vergangenheit erst einmal aus dem Weg, was nach der Katastrophe des Weltkriegs und der Ära des Kalten Kriegs nur zu verständlich war. Beide Seiten brachten fest gefügte Vorurteile und übersteigerte Erwartungen an das neue Gegenüber mit.

Unsere Wunschvorstellung von einer russischen Zukunft freier Medien in einer selbstbestimmten Gesellschaft nährte sich von Projekten, „Leuchttürmen" unabhängiger Publizistik; dem unbedingten Mut einer neuen Generation von Journalisten, die ihre persönliche Existenz, ja ihr Leben für Ihre Überzeugung einsetzte - wie die ermordete Anna Politkowskaja ; Medien wie dem längst geschlossenen aufmüpfigen Radio Ekho Moskvy; der ab 1993 erschienenen Zeitung Nowaja Gaseta, deren Gründer Dmitri Muratow für seine unabhängige Berichterstattung 2021 den Friedensnobelpreis erhielt. Wir hofften, ein offener Medienmarkt sei in seiner Vielfalt auch in Russland nicht aufzuhalten, auch hier vollziehe sich Wandel durch Handel, das freie Internet werde das Übrige bewirken. Wir lasen aus mutigen Anfängen einen Aufbruch – nahmen das Einzelne fürs Ganze.

Infolge von Putins Krieg findet eine unabhängige russische Publizistik im „Exil" statt. Staatlich verordnete Restriktionen hatten schon vorher den Kahlschlag unabhängiger Publizistik in Russland zur Folge. Die journalistische Praxis, ja die gesamte öffentliche Kommunikation wurden zunehmend unter Kuratel, das Diktat einer autoritären Gesetzgebung gestellt, das ehedem freie Internet wurde politisch gegängelt, verschloss sich mehr und mehr. Systematisch wurde mit Verboten und Sanktionen belegt, was viele für vorübergehende Rückfälle in alte sowjetische Zeiten hielten. Überwunden geglaubte Verbote und Sanktionen erschienen in neuer Gestalt - die Übertragung von „Verleumdung" vom Verwaltungs- ins Strafrecht war ein solcher erster Schritt der Restriktionen unter Putins Regie. Vom November 2012 an liefen mehrere 100 Verfahren gegen Journalisten und Blogger. Ich habe auf Anhieb über ein Dutzend Verordnungen und Gesetze wahrgenommen, die den Spielraum einer unabhängig vermittelten, veröffentlichten Meinung Schritt für Schritt einschränkten. Über den Journalisten-Stand hinaus wird die Informationsfreiheit der einzelnen Bürger gegängelt, ja aufgehoben. Der Gebrauch des Begriffs „Krieg" ist unter Strafe gestellt, „militärische Spezialoperation" lautet die verordnete beschönigende Formel für den russischen Überfall auf die Ukraine. Öffentlichkeit wird von einer Sprachpolizei reglementiert und organisiert. Kritische Äußerungen über den Krieg in der Ukraine können bis zu 15 Jahre Haft zur Folge haben. „Putins Krieg" war der GAU, zugleich der Schlusspunkt einer nicht nur politischen schleichenden Entfremdung, die eine neue Auflage einer institutionalisierten Zusammenarbeit, etwa ein neues FRDIP, ausschließt.

Unsere alternde Medienrepublik – verspätete Einsichten

Hinterher ist man klüger, weiß der Volksmund. Man sieht oft erst danach, wo es hätte lang gehen können oder sollen. Und in der „Blase" des eigenen Berufs ist man oft gefangen. Dass mir nach der journalistischen Praxis eine Nachspielzeit in der Medienwissenschaft möglich war, macht das Urteil weniger befangen. Schärfer wird es durch zeitweise Entfernung aus der eigenen Medienrepublik. Als Publizisten vor dreißig Jahren auszogen, in Russland die Ideen eines unabhängigen Journalismus in Praxis und Lehre zu vermitteln, schien die eigene Medienwelt im Lot. Wir hatten etwas zu bieten: Vielfalt, Unabhängigkeit, Orientierung und Hintergrund waren Qualitätsmerkmale einer ausbalancierten Medienordnung, in der Rundfunk und Zeitungen den gesellschaftlichen Zusammenhang befördern. Während wir in fernen Medien-Landen als Sendboten auftraten, veränderte sich die eigene Medienordnung schleichend. Davon, dass sich die bundesdeutsche Gesellschaft selbst in einem tiefgreifenden Transformationsprozess befindet, liest und hört man mittlerweile jeden Tag. „Zeitenwende" ist nicht nur angesagt, sie vollzieht sich längst, nur merken es noch zu wenige. Digitalisierung und Globalisierung sind wesentliche Treiber der Veränderung, in erschreckend viele „Köpfe", in Gesellschaft, Politik und Wirtschaft sind Dimension und Umfang der fundamentalen Wandlung bis heute nicht eingedrungen. Nicht nur in den etablierten Medienunternehmen geht infolge der Inflationierung der Information in steigendem Maße allerdings die bange Frage um, wie sich Öffentlichkeit in der digitalen Zukunft noch herstellen, vermitteln lässt. Die überkommenen Leitmedien, die im dualen Rundfunksystem weitgehend unbeschädigt überlebt hatten, werden von ausufernden sozialen Medien ausgehöhlt.

Die alternde Bundesrepublik läuft der Medien-Zukunft hinterher. Der digitale Globus weist ihr weltweit einen Platz im unteren Mittelfeld, gefährlich nahe der Kategorie: Schwellenland zu – oder, wie es der Blogger Sascha Lobo sarkastisch karikiert hat: „Mit dem Digitalpakt schafft es Deutschland endlich von der digitalen Steinzeit mitten hinein in die digitale Bronzezeit". Zum Ende der „Ära" Merkel bilanziert der SPIEGEL: „Nach 16 Jahren Kanzlerschaft gleicht die Bundesrepublik im internationalen Vergleich einer digitalen Wüste. Schöne Grüße ans gute alte Kupferkabel der Telekom!". Die defensive Einstellung zu neuen Medien-Techniken rührt von der kollektiven Angst einer alternden Gesellschaft vor Verlusten, der Bürokratisierung der öffentlichen veralteten Infrastruktur, mit der Folge eines Versagens der Politik, ein „altes" Land für eine digitale Zukunft zu wappnen. Das schlägt sich in der Wirtschaft, der Bildung, in Schule und Universität nieder; nicht zuletzt in der öffentlichen Verwaltung, die vielleicht zu einem guten Viertel digitalisiert ist. In einem internationalen, online gehaltenen Seminar zählte kürzlich der CEO einer deutschen Mediengruppe, die in analogen Zeiten als patriarchalisch geführtes Vorzeige-Unternehmen galt und nun ihren schweren Weg in die Digitalisierung finden muss, die Defizite auf: Versagen eines nationalen Marktes, demzufolge Abhängigkeit von den Big Five der USA, die digitale Inkompetenz der Politik, das Fehlen von politischen Institutionen, die umfassend für die Digitalisierung zuständig sind, das fehlende Bewusstsein für die Herausforderungen an die Gesellschaften des Westens. Für wen wollen wir damit möglicherweise Vorbild sein – zur Nachahmung empfohlen.

Nicht mehr beteiligt, deshalb auch nicht mehr gefangen im Medien-Rummel, fällt mir der Kontrast zwischen dem politischen Etiketten-schwindel einer digitalen Bundesrepublik und der öden Wirklichkeit im Vergleich zum „Rest" der anderen westlichen Zivilgesellschaften immer krasser auf – ein kleines Schlaglicht, zufällig herausgegriffen aus der kabarettreifen Abfolge einer Nachrichtensendung des Rundfunks Berlin-Brandenburg vom Tag des Beginns des Corona-Lockdowns Anfang 2021:

Der CDU-Politiker sagte im Inforadio... Zugleich gebe es aber auch die Chance, Grundsätzliches an Schulen zu verbessern, beispielsweise bei der Digitalisierung...
In Berlin ist die digitale Unterrichts-Plattform "Lernraum Berlin" seit heute Morgen nur eingeschränkt oder gar nicht nutzbar.
Nach Angaben des Projektleiters sind Videokonferenzen abgebrochen, Unterrichtsmaterial war nicht erreichbar und etliche Nutzer konnten sich nicht anmelden. Den Angaben zufolge waren erst gestern Wartungsarbeiten an der Webseite durchgeführt worden.
Aktuell sind weit über 100.000 Nutzerinnen und Nutzer im Lernraum registriert. Die Server waren schon zu Beginn des Lockdowns wegen der hohen Zugriffszahlen zusammengebrochen.

Zuerst wurde Digitalisierung als technische Größe eingestuft, als naht-lose Fortsetzung der gewohnten Arbeit mit neuen Mitteln und beträcht-lichen Vorzügen begrüßt: ohne einen Abschied vom Tonband wäre der eng formatierte Programm-Ablauf des Inforadios mit seinen etwa ein-tausend Positionen pro Sendetag nicht möglich gewesen. In meinem überschaubaren Berufsfeld bildete der Nachrichten-Kanal 1995 eine

Art Vorhut des neuen Medien-Zeitalters. Es war in Format und Sendeschema eine wichtige Innovation: die Welt in zwanzig Minuten am Puls der Zeit. Wir mussten uns an eine völlig neue Programmstruktur gewöhnen, in neuen Rollen bei der digitalen Produktion zusammenspielen. Das Umdenken von Tonband auf „File" für die Hörfunktechnik fiel uns schwer genug, es war ein Bruch. Uns interessierten nur die berühmt-berüchtigten Hörerzahlen nach Menge, Zusammensetzung und Hördauer. Inforadio förderte die Sucht des Info-Junkies in uns. Digitalisierung wurde nicht nur positiv als Mittel zur Erleichterung der Produktion empfunden – sondern als Werbeinstrument begrüßt. Reizvoll erschien beispielsweise die Möglichkeit, im Internet für das Programm zu werben, auf diese Weise jüngere Hörer für ein altes Medium, das Radio zu gewinnen.

Zusammenhängende Gedanken darüber, ob und wie ein digitales Inforadio den Hörfunk, seine Produktion und Wirkung selbst verändern würden, stellten sich im Nachhinein ein. Zweifel waren erst einmal verpönt, etwa Mahnungen über einen zu hohen „Durchsatz" und den Verlust von Qualität und journalistischen Standards. Im ersten Schritt wurde die gründliche Recherche mit den Neuen Medien aufgeweicht. Das Internet öffnete unendlich viele Quellen, die Arbeit war bequemer, zeitsparender als der Griff zum Telefonhörer oder der mühsamere Weg zu einem Gesprächspartner. Schon in der Tele FAZ wurde es immer schwerer, jüngere Kollegen vom Computer loszueisen. Heute beginnen und enden viele Recherchen mit dem Aufruf der ersten Seiten von Suchmaschinen. Redakteure entwickelten sich immer mehr zu Durchlauferhitzern. Panik droht zum Programm-Modus zu werden– mit der Corona-Krise und dem Krieg in der Ukraine haben wir, so lässt sich täglich hören, längst nicht die letzte Umdrehung erreicht.

Nur schleichend drang ins Bewusstsein, wie sehr das Internet nicht nur den Informationsfluss verändert, sondern zugleich die Finanzierungs-Quellen der alten Medien abschöpft. Der größte Teil der Zeitungswerbung ist unwiderruflich ins Internet abgewandert. Die Entwicklung hat den Chef des Springerverlags Döpfner früh zu der Bemerkung provoziert, die kostenlose Informations-Abgabe sei der „Einbruch der Geschenkökonomie in die Marktökonomie." Springer erlöste damals bereits mehr als siebzig Prozent seiner Einnahmen aus digitalen Produkten. Eingeführte Medien-Marken wie die Tageszeitung „Die Welt" werden als Image-Träger gepflegt und, wie es schönfärberisch heißt, „crossmedial" ausgespielt.

Smartphone statt Rundfunk – Liveticker statt Tageszeitung

Ich bin aufgewachsen in der Journalisten-Generation, die sich als selbstbewusste, in der Selbstwahrnehmung tonangebende Stimme der alten Bundesrepublik aufführte - verkörpert von Publizisten wie Klaus Bednarz. Der war zu Ostblock-Zeiten Korrespondent in Warschau und Moskau, meinungsstarker Protagonist des politischen Fernsehmagazins Monitor, das mit seinem polemisch zugespitzten investigativen Journalismus die Öffentlichkeit bewegt hat – mit Enthüllungen, die sich

zu Kampagnen aufschaukeln konnten, aber nicht im Entferntesten den überhitzten Erregungszustand der sozialen Medien erreichten. Die Suche nach Erkenntnissen in wachsend unruhigen Zeiten war bestimmt von dem Antrieb, an gesellschaftlich relevanter „Aufklärung" mitzuwirken. Mein eigener Weg führte von diesem im Monopol des öffentlich-rechtlichen Rundfunks ruhenden, wirkungsmächtigen Journalismus über die Gründerzeit der Neuen Medien in das digitale Zeitalter. Ich habe die durchschlagende Wirkungslosigkeit der früheren Leitmedien, des endgültigen Kontrollverlusts einer angemaßten „vierten Gewalt" immer mehr gespürt, damit auch die Wandlung der Sendung zum Medien-Produkt, das seinen Markt finden muss, erlebt.

Kurz nach der Jahrtausendwende bemühte ich mich zum Auftakt eines Kongresses über die Zukunft des Journalismus an der Universität von Rostow am Don, den alten Gegensatz von Journalismus und Geschäft im digitalen Zeitalter aufzulösen. Die Titel-Frage des Vortrags lautete: „Wie kann die Medienökonomie dem Journalismus den Weg in das

Zeitalter des Internet weisen." Die Stimmung der internationalen Zuhörerschaft wurde im Laufe des Vortrags immer eisiger. Schon der erste Diskussions-Beitrag war schroff: Sie sind gar kein Journalist, sondern kommerziell bestimmter Unternehmer, wahrscheinlich ein Wiedergänger des Manchestertums. Sie wollen den Journalismus kommerziell korrumpieren. Für die jüngere Generation der Publizisten sind Journalismus und Geschäft kein Gegensatz mehr. Die Millennials suchen deshalb, je schwächer die traditionellen Medien werden, desto stärker nach einer Balance zwischen publizistischer Aufgabe und neuen Geschäftsmodellen. Das kommt dem alten Journalistenstand verdächtig vor. Dessen Argwohn stammt aus einer analogen Vergangenheit, in der in Krisen oder Zeiten des Wandels zuerst ans Sparen gedacht wurde, die publizistische Kreativität auf der Strecke blieb. "Die kühlen Controller aus Bertelsmann" waren unsere „natürlichen" Feinde in den ersten Jahren des Kommerzfernsehens RTL. In Zeiten eines Umbruchs, dem nahenden Ende des gedruckten Generalanzeigers und des gesendeten Integrations-Rundfunks, lebt das Controlling auf. Der amtierende CEO von Bertelsmann hat dies flächendeckend bewiesen, als er die publizistische Marke Gruner + Jahr abräumte und sich in einem Medien-Newsletter folgerichtig das Zeugnis einhandelte: „Es wird immer deutlicher, dass die Kernkompetenz von Thomas Rabe im ‚Financial Engineering' liegt. Er liebt seine Zahlen, nicht das Publikum. Er besitzt viele Charts, aber keine Vision."

Mein letzter Kontakt mit dem öffentlich-rechtlichen Rundfunk war ein besonders makabrer Auswuchs dieses Controlling-Denkens, eine Art Begegnung der dritten Art. Zwanzig Jahre nach dem Ausscheiden als Hörfunkdirektor des Sender Freies Berlin erreichte mich ein Brief aus der fusionierten Nachfolgeanstalt, des Rundfunks Berlin-Brandenburg. In diesem nackten Geschäftsschreiben fragte niemand geringerer als die Intendantin nach einem „Solidarbeitrag für den rbb". Sie verwies auf einen notwendigen „Kassensturz" nach dem Skandal unter ihrer abgesetzten Vorgängerin im Amt, der die Finanzen und damit die Zukunft der Anstalt aus dem Ruder gelaufen waren, was sie nicht daran hinderte, sich und leitenden Mitarbeitern ein irrwitziges Bonus-System zu gönnen. Es sei nötig, so die Ansage der Interims-Intendantin „alle Register zu ziehen", auch das „Privileg" des Ruhegeldes, „das Raum für Konzessionen" ließe, zu beanspruchen. Sie kam vom Westdeutschen Rundfunk und kehrte nach einem Jahr dorthin zurück, wo sie in ihrer Rolle als Verwaltungsdirektorin sicher auf weitere Controlling-Erfolge und Karrieresprünge hoffen darf. Natürlich musste sie im RBB „aufräumen", was indes unter anderem dazu führte, dass eine der wenigen überregional ausgewiesenen Sendungen des rbb, das „Mittagsmagazin" der ARD, dem Sender abhandengekommen ist. Ich habe den in Inhalt und Aufmachung unverschämten wie übergriffigen Bettelbrief zuerst als Fake empfunden, dann als bittere Fußnote eines respektlosen Umgangs zwischen Generationen, nicht zuletzt als neuerlichen Beweis dafür, dass blindes Controlling am falschen Platz kein Instrument für Reformen ist. Das RBB wird infolgedessen möglicherweise zum Musterfall eines neuen Missverständnisses von Staatsferne: das Kontroll-Versagen der Aufsichtsgremien gegenüber der alten gekündigten Geschäftsführung einer Rundfunkanstalt, die einmal als Art eines Pilotprojekts an der Resterampe einer gescheiterten Fusion von Berlin und Brandenburg herhalten musste, wird in einem neuen Staatsvertrag für den Rundfunk seltsam korrigiert. Das Imperium schlägt zurück, Länderbeauftragte werden bestellt, die regionale Berichterstattung wird im Fernsehen von 30 auf 60 Minuten Tagespensum verordnet. Diese Staats-Medizin wird den RBB kaum für den digitalen Medien-Markt der Zukunft auskömmlich und sinnvoll aufstellen. Daran sind leider auch die Journalisten selbst schuld, die im RBB nach Auf-fliegen der Geschäftspraktiken der abgelösten Führung leicht selbst-gefällig als besondere Leistung rühmten, sie würden ohne Wenn und Aber über die Krise des rbb, also in eigener Sache aufklären. Mindes-tens ihre Vertreter in den Gremien wie Redakteursausschuss oder Per-sonalrat, kreativer aus der Mitte der Redaktion hätten das Führungs-Vakuum nutzen können, selbst über die Zukunft ihrer Rundfunkanstalt im digitalen Umbruch nachzudenken. Die im Selbstverständnis immer noch alte Journalisten-Zunft hat dazu weder den Mut aufgebracht noch das Bewusstsein besessen.

Von heute besehen ist die Frage rhetorisch: haben wir Journalisten zur Zeit des Medien-Umbruchs an unsere wirtschaftlichen Existenzgrund-lagen gedacht. In der heilen Welt der alten Medienordnung war die Antwort klar: Das ging uns nichts an. Dafür waren wir uns zu schade. An Geschäft zu denken, war der Seriosität und Unabhängigkeit des Publizisten-Standes abträglich. Davor schützten uns die gefestigten In-stitutionen, Rundfunk-Anstalten und Verlage gleichermaßen. Darauf, woher das Geld für die Arbeit kommt, musste kein Gedanke ver-schwendet werden. Bilanzen lesen konnte oder wollte niemand. Re-dakteure waren gleichsam hospitalisiert. Sie wollten von den niederen finanziellen Umständen der Ausübung ihres Berufes verschont blei-ben. Ich habe mich in keinem Unternehmen persönlich so fürsorglich und respektvoll behandelt gefühlt wie bei der Frankfurter Allgemeinen Zeitung – besonders vom Vorsitzenden der Geschäftsführung, der etwa die Zuteilung von Dienstwagen förmlich zelebrierte. Nicht nur die „geerdete" Sekretärin des Feuilletons fand das übertrieben. Bei einer Betriebsfeier raunte sie mir zu, die jungen Kultur-Redakteure würden sich mit den Zubehör-Prospekten von Pkws besser auskennen als in den Katalogen von Kunstausstellungen. Und wer im öffentlich-rechtlichen Rundfunk als Redakteur das Probejahr unfallfrei überstanden hatte, konnte sich seiner Zukunft mit Blick auf Tarifvertrag und Rentenbescheid gewiss sein. Wir waren verwöhnt. Die Einnahmen der Zeitung stellten sich wie von selbst ein, für die Werbung im Rundfunk galt dies ebenso. Wer in der FAZ inserierte, setzte auf Image-Gewinn. In Erinnerung geblieben sind mir die unendlich dicken Wochenend-Ausgaben mit großformatigen Stellenangeboten und Unternehmensanzeigen zu der Zeit, als sich eine Zeitungskultur bereits mit den neuen Kommunikationsmärkten überschnitt. Ich erinnere mich an den Beginn der schier endlosen Übernahmeschlacht zweier Konzerne auf dem neuen Markt der Mobiltelefone deshalb, weil sie sich in seitenlanger Zeitungswerbung niederschlug, was wiederum der Redaktion Platz schaffte. Das Blatt umfasste samstags an die 200 Seiten, druckte nicht mehr, weil die Post gedroht hatte, die "FAZ" nicht mehr als Zeitung, sondern als Päckchen auszuliefern.

In dieser Blütezeit, in der die Elektronik in die Herstellung der Zeitung einzog, schlich sich zugleich das beklemmende Gefühl vom Zauberlehrling noch vor der umfassenden Digitalisierung ein: Die Frankfurter Allgemeine hatte sich in Recherche, Umbruch und Verwaltung dem integrierten elektronischen System Atex ausgeliefert, das die Vision der Eierlegendenwollmilchsau erfüllen sollte, unvermutet an die Grenzen seiner Kapazität stieß, überlastet wirkte und die Produktion der kiloschweren Wochenendausgabe einmal fast zum Erliegen brachte. Das waren beängstigende Signale des Übergangs, deren Tragweite von der Dramatik des Geschehens überdeckt wurde. Zweimal habe ich davor Druckerstreiks erlebt, bei denen es nicht mehr primär um Tariferhöhungen und Arbeitserleichterungen ging, sondern um das Ende des

Berufsstandes der Setzer und Drucker, der lange das Ansehen einer Zunft genoss. Beide Streiks folgten technischen Umbrüchen. Das erste Mal in den Siebzigerjahren endete der Ausstand mit dem ersten Rationalisierungsschutz-Abkommen in der Bundesrepublik. Knapp zehn Jahre später war ich mittendrin, als die Tele FAZ in einem Nachrichten-Video Streikbrecher zeigte, die eine Ausgabe der Zeitung mit dem Helikopter ausflogen. Den elektronischen Umbruch hatten Redakteure besorgt. Niemand ahnte, dass dies ein erstes Wetterleuchten war vor dem Eindringen der Künstlichen Intelligenz in den Arbeitsprozess.

Journalisten waren früher, anders als in der heutigen arbeitsteiligen digitalen Zeit, Solisten. Sie waren sich selbst genug und auf sich selbst gestellt. In meiner Lehrzeit im Feuilleton wurden viele Manuskripte noch mit der Post geschickt, es kam auf den Tag nicht an. Später war Aktualität auch im Kulturteil gefragt. Bei der Süddeutschen Zeitung war meine erste Leserin am Morgen nach einer Theaterpremiere die Kollegin in der „Aufnahme", der ich das Manuskript durchtelefonierte. Wehe, der Satzbau war kompliziert, worin manch Feuilletonist eine besondere Kunstform sah. Oder ein Fachausdruck, eine Formulierung wirkten verstiegen – die mäßig geduldigen Kolleginnen in München fragten übellaunig nach, meist in bayerischer Diktion.

Für die Abgabe eines Artikels galt früher ein fester Redaktionsschluss. Längst ist der Zeitungs-Journalist Diener mehrerer Herren, der Online-Redakteur samt seiner „Ausspielwege" steht ihm bereits auf den Fersen, wenn etwa der Kommentarschreiber gerade seinen zweiten Gedanken fasst. Aus der Tageszeitung ist immer mehr ein „Nachdruck" geworden. Die neue journalistische Gangart war in ihren Anfängen den schnellen Medienzeiten geschuldet, aber sie erschien nicht bedrohlich für die Existenz der traditionellen Medien. Immerhin einhundert Jahre hat das sogenannte Rieplsche "Grundgesetz der Entwicklung des

Nachrichtenwesens" gehalten, benannt nach dem damaligen Chefredakteur der Nürnberger Zeitung Wolfgang Riepl. Der einprägsame Trost bildete den Schluss meiner Vorlesungen an der Frankfurter Uni „Was ist neu an den Neuen Medien" in den Achtzigern und hielt für unumstößlich, ...

... dass kein gesellschaftlich etabliertes Instrument des Informations- und Gedankenaustauschs von anderen Instrumenten, die im Laufe der Zeit hinzutreten, vollkommen ersetzt oder verdrängt wird."

Scheinbar ein ehernes Gesetz, das die Quantensprünge der Technik, den Riss zwischen analoger Erzähl- und algorithmisch gesteuerter Zähl-Weise, die Veränderungen des Medien-Konsums, des Nutzungsverhaltens, die daraus folgende Medien-Kluft zwischen den Generationen im Grunde unterschätzte. Wenn Kinderzimmer nur noch mit spielerischer Elektronik zum individuellen Nutzen ausgestattet sind, Hänschen das Lesen als Luxus eines schwindenden Bildungsbürgertums begreift, lernt Hans das Zeitungslesen nimmer mehr – und wie legitimiert sich ein öffentlich-rechtlicher Rundfunk, der es versäumt hat, sein gesendetes Programm-Angebot, das die Rundfunkgebühren legitimiert, zukunftstauglich zu machen als Begleitmedium im digitalen Zeitalter. Was, wenn kommende Generationen deshalb Rundfunk-Gebühren für überholt halten – damit auch das bis heute verfassungsrechtlich gesicherte Modell, das bereits mit dem gefährlich nach allgemeiner Steuer klingenden Titel „Haushaltsabgabe" besetzt ist. Was fällt den politischen Parteien der kommenden Generationen ein, wenn aus Hänschen der Anspruchs- und Befindlichkeits-Gesellschaft der Parlamentarier Hans geworden ist, dem die publizistische Elektronik auf Smartphone und Tablet genügt. Bei den Moscow Readings 2020 -

Corona geschuldet „online" – stellte Elena Vartanova eine aktuelle Studie über Bedeutung und Nutzung des Internets für Jugendliche in Russland vor. Freimütig bekennt ein junger Teilnehmer der Studie, wie sehr ihm das Smartphone ans Herz gewachsen ist.

Ich fühle mich richtig unwohl, wenn ich mein Smartphone nicht in der Hand habe.
Ich weiß schon, dass ich davon abhängig bin. Ich könnte überleben ohne Zeitungen, Radio oder Fernsehen, aber nicht ohne mein Smartphone.

Zum Ende eines Online-Seminars der New Yorker Columbia-Universität Anfang 2022 mitten in der Zeit von Corona hält der Informatiker Vincent G. Serf, Miterfinder des zivilen Internets, sein Smartphone in die Kamera und beschwört die Katastrophe, dass dieses eine zentrale Instrument, über das Kaskaden an Daten fluten, versagt – ganz simpel wegen des Akkus. Das ist seine Urangst, sein Glaube an die Zukunft eines offenen globalen Internets, an die Vielfalt und Wahrhaftigkeit von Information und Service ist unerschütterlich.

Die schöne alte Welt der Medien, in der wir uns so komfortabel eingerichtet hatten, ist längst „angezählt." Mein erstes Lehr- und Leitmedium, die Frankfurter Allgemeine, hat innerhalb von zehn Jahren die Hälfte ihrer Auflage verloren. Die Abwanderung der Werbung ins Internet setzt sich unaufhaltsam fort, in der Folge verschärft sich ein schon lange währender Konzentrationsprozess der gedruckten Presse. Bereits 2014 gehörten sechzig Prozent der Gesamtauflage der Tageszeitungen zehn Medienunternehmen. Ich hänge dem Generalanzeiger, solange es eben geht, in Gestalt seiner elektronischen Ausgabe an.

Diese E-Papers sind Formate des Übergangs, Zwischenlösungen, die dem angestammten Zeitungsleser drohende Verluste erträglicher machen. Die schwindende Bindung des Einzelnen an eine Gesellschaft lässt das Interesse an umfassender öffentlicher Vermittlung schrumpfen. Das Verfallsdatum für die Tageszeitung rückt näher. Was zur Folge hat: Wer heute Journalismus unternimmt, muss sich immer konsequenter an die Gesetzmäßigkeiten der digitalen Ökonomie halten – an ein zeitgemäßes Geschäftsmodell für die Produktion und den Vertrieb von Information. Die Digitalisierung hat die Medienökonomie grundlegend verändert. Am Anfang der digitalen Bewirtschaftung stehen heute Entwicklungs-Kosten, für den Journalismus gesprochen: Investitionen in die Kreativität, die gründliche Recherche. Die digitale Technik ermöglicht gleichzeitig eine erhebliche Senkung der Produktions- und Verwertungskosten, des Vertriebs, was im alten analogen Mediengeschäft einen Löwenanteil ausmachte. Informationen übers Internet zu schicken, ist unendlich günstiger als eine Zeitung, ein Buch zu drucken.

In digitalen Zeiten wird die Beantwortung der Frage nach einer Zukunft für den öffentlich-rechtlichen Rundfunk unausweichlich. Bringt er die Energie auf, die etwa früh in Brechts Radiotheorie aufblitzt. Dieser Rundfunk muss in einem neuen gesellschaftlichen Zusammenhang seinen Platz finden, kann sich nicht allein mit Podcasts aus „Content-Boxen" speisen oder einer verstärkten Bindung an die Region behaupten. Da helfen auch wolkige Ausflüchte ins digitale Zeitalter nicht wie die Idee einer europäischen „Suchmaschine", vorgetragen von einem Rundfunkintendanten und ehemaligem Regierungssprecher. Sie nehmen sich heute wie eine Dampfplauderei aus, die verdecken soll, was verpasst worden ist. Sehr früh hatte der kluge und umsichtige Direktor der Medienanstalt von Berlin und Brandenburg Hege die Idee einer deutschen öffentlich-rechtlichen Suchmaschine aufgebracht, sie wurde damals obenhin abgetan. In der Verfolgung solcher Ideen hätte früh die Chance bestanden, die Rolle des journalistischen Redakteurs zum Gatekeeper zu wandeln, zu einem Lotsen durch die Informationsflut, zum Beispiel während der Corona-Krise.

Während meiner Berliner Rundfunkarbeit war ich Mitglied der sogenannten Zukunftskommission der ARD mit dem Namen Rute. Diese war selbst im alten System gefangen, entwickelte höchstens Ansätze zur taktischen Selbstverteidigung - eine Denkfabrik sieht anders aus. Mit der Etablierung des sogenannten „dualen Rundfunks" ging es vor allem um das Verhältnis zur Konkurrenz, um Selbsterhaltung. Rundfunk ist ein sogenanntes „meritorisches Gut", fällt unter die Kategorie der „Güter, die ein Mensch unabhängig von seiner individuellen Leistung „verdient". Die daran schließende Frage muss lauten: Warum und wo verdient die Gesellschaft diesen Rundfunk und diese Zeitungen. Früher, da wurden die interessierten Zeitgenossen wirklich noch von Medien geleitet, der Oberstudienrat hing an seiner FAZ wie an einem Tropf, journalistische Lokalgrößen übten einen bestimmenden Einfluss aus. Eine kleine bizarre Begebenheit aus meinen Anfängen in der Lokalpresse: ich traf nach einer hitzigen öffentlichen Diskussions-Veranstaltung über ein städtisches Bauvorhaben auf meinen Wohnungsnachbarn, einen Verwaltungs-Beamten, fragte ihn nach seinem Eindruck. Er entgegnete, dass er erst den Bericht in der Zeitung lesen müsse, um sich eine Meinung bilden zu können.

Leitmedien, die Öffentlichkeit vermitteln und orientieren sollen, haben selbst längst die Orientierung verloren, investieren immer weniger in journalistisch eigenständige Arbeit und verzetteln sich in allen möglichen Vertriebsformen, sprich: Ausspielwegen. Sie können mit dem sprunghaften Wachstum der digitalen Kommunikation nicht mithalten. In der sogenannten Regel-Berichterstattung dominieren Reflexe auf das Geschehen. Als radikale Trump-Anhänger am 6. Januar 2021 das Kapitol, Monument des demokratischen Amerika, stürmen, um die offizielle Bestätigung des Kongresses für Joe Bidens Wahlsieg zu sabotieren, verrichten die Rundfunk-Systeme, wie es ihrem normalen Gang frommt. Das Heute Journal des ZDF schaltet zur gewohnten Zeit nach Washington, um ihren Korrespondenten vor der Kulisse des Kapitols nacherzählen zu lassen, was im Internet bereits überall zu lesen und in Handy-Videos zu verfolgen ist. Die Tagesthemen der ARD reagieren nach einer längeren Dokumentation über Hans Albers um dreiundzwanzig Uhr. Sobald es Dienstplan und Programmschema erlauben, wird das ungeheure, die Grundfesten der Führungsnation des zivilgesellschaftlichen Westens erschütternde Geschehen als ZDF-Spezial nachgeschoben. Und die Politik hat gelernt, wie sie die Fixierung auf ein Sendeschema für sich nutzen kann. Als kleines bezeichnendes Beispiel ist mir in Erinnerung, wie ein Verkehrsminister vor einem vorhersehbar peinlichen Auftritt im Untersuchungsausschuss des Bundestages zur missglückten Pkw-Maut zur besten Sendezeit von Parteigängern im Ausschuss, also medial verschont blieb. Seine Befragung wurde in der Tagesordnung des Untersuchungsausschusses einfach in die späten Abendstunden verschoben, die Fernsehnation schlief.

Ein Thema wird abgehakt, vom nächsten verdrängt. Selbst Katastrophen, Ausnahmesituationen wie der Ausbruch des Kriegs in der Ukraine nehmen schnell eine „normale" Position in der Nachrichtenflut ein. Pausenlose Geschäftigkeit simuliert die brüchige Vorstellung von der vierten Gewalt der „kritischen" Medien in der Zivilgesellschaft als da sind: die inflationäre Abfolge von Livetickern, die suggerieren, man sei zeitnah am Geschehen, somit am Puls der Zeit. Der sogenannte Faktencheck, manchmal zum Expertencheck veredelt, dient der Beglaubigung. Die Corona-Pandemie, dann „Putins Krieg" liefern eine besonders aggressive Form der „Infodemie", die auf Corona bezogen mehr Mutanten zeugte als der Virus selbst. „Corona" ist ein Musterbeispiel für das tagtägliche Geschäft des journalistischen Fastfood, alles dreht sich nur um das eine in allen Varianten. Der Rest der Welt ist ausgeblendet. Das Übrige besorgt die Kakofonie sich oft genug widersprechender Meldungen und wenn Fakten fehlen, der Konjunktiv der Spekulation. Oft genug wird der fehlende Hintergrund durch steile Thesen und Ratschläge kompensiert. Kurzatmige Straßen-Umfragen und permanente Einvernahmen von Wissenschaftlern dienen schon lange als „Krücken" für mangelnde eigene Recherche. Neue Mittler im Internet, „Influencer" sind die Herolde der neuen digitalen Zeit. Sie erfinden sich als „Marke", um auf diesem Weg Werbung „an den Mann" zu bringen, Volkstribunen sind bestens aufgehoben, politische Programme werden emotionalisiert, sind ebenfalls der Stimmungsmache ausgeliefert. Die vermittelte mutiert zur erregten Gesellschaft, die sich medial leicht manipulieren lassen. Eine Entgleisung fand ich exemplarisch: am Trauermarsch für die Opfer des Terroranschlags auf die Pariser Satirezeitschrift Charlie Hebdo engagierte sich die politische Elite an vorderster Front, voran vierzig Staats- und Regierungschefs, unter ihnen Bundeskanzlerin Merkel und der französische Präsident Hollande. Danach kam heraus, dass die Fernsehbilder nicht während des originalen Protestmarsches, sondern separat in einem gesicherten Straßenabschnitt entstanden. Die Anteilnahme war „gestellt", das öffentliche Bild verschoben. Alle haben geschluckt, dass etwas vorgegaukelt wurde, die mediale Realität wurde erst auf Nachfrage offengelegt. Daneben wird das politische Geschehen in kleinen Stücken, atomisiert zu Kurzkommentaren, vermittelt. Der „Mikrobloggingdienst" Twitter ist, so zitierte es Wikipedia noch mit der alten Adresse, „die Hauspost der Deutschland AG", mindestens einmal im Monat genutzt von sechs Millionen, eingeschlossen achtzig Prozent der sogenannten Entscheidungsträger. Twitter „gehört zur kritischen Infrastruktur des öffentlichen Lebens." Soziale Medien haben sich längst in den traditionellen Journalismus gefressen, wie das der deutsch-amerikanische Politikwissenschaftler Yascha Mounk an einem prominenten Beispiel adressiert:

„Die Infodemie wird beflügelt von den Informations-Mutanten der sozialen Medien, seit einigen Jahren dominiert eine neue Generation den Newsroom. Sie ist geprägt von der Erregungsbereitschaft in den sozialen Medien und generiert eine neue Journalisten-Generation. »Insofern wird die York Times nicht vom Chefredakteur Baquet geführt und auch nicht vom Herausgeber Arthur Sulzberger, sondern von Twitter"

ARD und ZDF produzieren immer mehr journalistische Inhalte, die ausschließlich über soziale Medien ausgespielt werden. Zu diesem Schluss kommt eine Erhebung der Otto Brenner Stiftung. Inhaltliche Entscheidungen richteten sich dabei häufig „an Reichweiten und algorithmischen Funktionen" aus, heißt es in der Studie. So komme es vor, dass manche Themen auf bestimmten Plattformen nicht mehr umgesetzt werden, weil sie in der Vergangenheit keine guten Kennzahlen erzielten. Auch so wird der „Mainstream" der sozialen Medien gefüttert.

Eine besonders wirksame Methode, Information zu nivellieren, zu relativieren, zu atomisieren, bildeten von Beginn an die politischen Talkshows. Programmlich befasst war ich als Hörfunkdirektor damit nicht, habe aber den mühsamen Prozess ihrer Einführung aus der Nähe von Kommissionen und Sitzungen der ARD verfolgt. Die politischen Redaktionen verweigerten sich, hielten den Polittalk für eine oberflächliche, ja schmuddelige Form der personifizierten Anbiederung ans Zeitgeschehen. Also wurde die 1998 gestartete erste politische Talkshow in der Unterhaltungs-Koordination des ersten Fernsehprogramms angesiedelt, später folgerichtig - wie man so schön sagt - outgesourct, an Produktionsfirmen vergeben und mit den Namen der Moderatorinnen gekrönt. ARD und ZDF delegierten ihre politische Kompetenz. Akteure und Vermittler machen Tag für Tag ihre publizistischen Deals. Da braucht es gar nicht die von Journalisten hingebungsvoll beklagte Entprofessionalisierung des Metiers. Längst haben sich Ensembles gebildet, zu denen im Übermaß dieselben Politiker gehören, die ihr Tun oder Unterlassen präsentieren. Traditionelle Kontrollinstrumente der demokratisch verfassten Gesellschaft wie etwa langwierige parlamentarische Untersuchungsausschüsse versagen demgegenüber immer mehr. Längst haben die Gegenüber von der Presse ihren Frieden gemacht mit der atemlosen „Wirklichkeit" der politischen Talkshows. Sie werden in Tageszeitungen ausführlich rezensiert – oft genug in der Manier einer Theaterkritik oder als Sport-Ereignis. Für mich sind politische Talkshows zu einem Dreh- und Angelpunkt der Krise des politischen Fernsehjournalismus geworden. Sie verfolgen das alte „wir unter uns", auch wenn es um höchst Weltbewegendes, um eine Zeitenwende geht. Talkshows sind die Echokammern des analogen Zeitalters. Die „Filterblasen" des Internet wurden zwar erst in der digitalen Welt zu einem Begriff, existent sind sie längst. In politischen Talkshows werden vor allem vorhandene Ansichten kanalisiert, Interessen als Argumente untereinander vertrieben. „Autopoiesis" ist der Schlüsselbegriff, den sich mir seit Niklas Luhmanns Systemtheorie eingeprägt hat:

Systeme erschaffen und versichern sich selbst, Referenzen verschafft man sich gegenseitig.

Aus den Umfragen, die das ungetrübte Vertrauen in die etablierten Medien ausweisen sollen, lässt sich alles für jeden herauslesen. Die unterschiedlichen „Wasserstände" mit unterschiedlichsten Bezugsgrößen bekräftigen eine banale Erkenntnis: in Krisensituationen wächst der Hunger, ja die Gier nach Informationen. In der Infodemie wirken die oft noch vertraute Adressen wie ein rettender Anker in einer reißenden Informations-Flut, wie Wahrzeichen aus einer alten Zeit, die in den Fluten den sozialen Medien unterzugehen drohen. An den eigenen Berufsstand ist ein Vertrauens-Index des Meinungsforschungsinstituts FORSA gerichtet. In der Ausgabe dieses Rankings steht – Corona sei Dank - an erster Stelle die Ärzteschaft (87 Prozent). Die Presse verzeichnet 46 Prozent, das Fernsehen bildet mit 32 Prozent das Schlusslicht. Das Radio besetzt den viertletzten Platz mit 55 Prozent. So sehr Umfragen Momentaufnahmen sind, so verlässlich geben sie Auskunft über den Bedeutungsverlust des publizistischen Personals.

Vom Kosmos Lehrkasten Radiomann zu Luhmanns Systemtheorie

Vor wenigen Jahren ist Systemkritik als Schwarzmalerei abgetan worden. Heute finden sich für die Krise immer neue Überschriften. In der FAZ warnt der Ökonom Moritz Schularick vor Deutschlands Zukunft als Wohlstandsmuseum. Beim Rundgang durch dieses „Wohlstandsmuseum" bestätigen sich Zweifel an der Zukunft. Symptome, Alarmsignale gab es früh und reichlich. Sie haben meiner Generation schlechtes Gewissen in einer im Grunde komfortablen Lebensweise erzeugt. Die Renten, das hat uns der tapfere Sozialpolitiker Norbert Blüm unentwegt versichert, sind sicher. Die Exportnation gedieh. Gesellschaftskritik leisten wir uns als Komfort, ein jeder auf seine Weise. Zum Nachdenken über die gesellschaftlichen Umstände der eigenen Karriere wurde ich zwar früh angeregt, es blieb lange nachrangig. Die frühe Beschäftigung mit der Technik des Rundfunks war ein erster Schritt, sich über die Herstellung von Information und deren Veränderung Gedanken zu machen, der Weg vom Kosmos Lehrkasten „Radiomann" zu Luhmanns Systemtheorie war indes lang.

Ich stehe bis heute unter dem Eindruck der Frankfurter Schule, der sozialphilosophischen Aufarbeitung von Ideologie und Geschichte. Geprägt hat mich erst die Systemtheorie eines Niklas Luhmann, seine Aufklärung über den Zustand der Gesellschaft. Eigentlich mochte im Münster meiner ersten Studienjahre kein Jurist mit den „Schmuddelkindern" spielen. Ich entdeckte dort neue Themen zum Ausgleich für das abgehobene juristische Denken, verirrte mich immer mehr in soziologische Vorlesungen, beteiligte mich an einem weitgehend missglückten Kolloquium zur Rechtssoziologie. Vermutlich bin ich in Münster meinem späteren Idol der Systemtheorie begegnet: Niklas Luhmann – damals nichts ahnend, dass ich Sympathisant seiner Lesart der Wissenschaft von der Gesellschaft würde. Sein Ansatz, vorrangig an Kommunikation zu denken und zu erkennen, dass die Strukturen dieser Kommunikation in allen sozialen Systemen vergleichbar sind, haben für mich Luhmann später zum Vordenker der digitalen Zeit werden lassen.

Luhmann hat mich auf die selbstreferenzielle Gestalt einer Bundesrepublik gestoßen, die sich immer mehr auf sich selbst bezogen hat. Immer bewusster wurde mir, wie wenig uns der politische Diskurs als Mittel gesellschaftlicher Aufklärung in den späten Sechzigern und Siebzigern geweckt hat. Auch mit der Wiedervereinigung ist das Nachdenken über die eigene Vergangenheit und Zukunft unterblieben.

Treiber dieser Binnen-Betrachtung war und ist unsere Geschichtslosigkeit, die wir von Vätern und Lehrern geerbt haben. Herbei geredete „Stunden Null" markierten scheinbar Wendemarken des eigenen Lebens. Die kollektive Verdrängung machte nach der Katastrophe des Weltkriegs möglich, von vorn zu beginnen, „tabula rasa" zu simulieren. In meinem Fall war ich das behütete Faustpfand eines jungen Paares für die Begründung einer Familie mit der Gewissheit eines Anfangs, einer „Stunde null". Nicht nur meine „Vergangenheit" wurde zur Hälfte weggelogen. Posten der bürgerlichen kleinen Erinnerung wurden etwa im Format von Fotoalben harmonisiert, Schicksale umgebogen, Lebensläufe umgedichtet. Schon in ihrem übersichtlichen Milieu haben meine Eltern privat eine stattliche Anzahl Menschen aus ihrem Freundeskreis entnazifiziert.

Moderne Spielarten dieser Stunde Null bestätigen den heutigen Umgang mit meiner Geschichte: in YouTube habe ich ein Internet-Spiel mit dem Namen „My child" Lebensborn" entdeckt. Es nimmt den Raub von Kindern in Norwegen und deren Adoption nach dem Krieg zum Vorwand eines Spiels über Mobbing und zwanghafte Erziehung, kappt ungeniert den historischen Ursprung.

Wahrgenommen habe ich beruflich bedingt als weitere „Stunde Null" den vermeintlichen „Urknall" der Medien-Gesellschaft, mit der Folge eines von Kabel und Satellit bestimmten, schließlich ins Internet driftenden Rundfunks, der eine programmliche Inflation in immer neuen „Ausspielwegen" erzeugt hat. Alter Wein in neuen Schläuchen könnte diese „Stunde Null" zu großen Teilen überschrieben werden. Die entscheidende deutsche „Stunde Null", die Chance, mit der Wiedervereinigung die politische, gesellschaftliche Verfassung der alten Bundesrepublik einschließlich ihrer Medien auf den Prüfstand zu stellen, wurde durch die billige Lösungsformel „Beitritt" verwässert, ja vertan. Der Zukunft zugewandt ist diese Gesellschaft wenig, sie kokettiert damit. Im politischen Alltag spiegeln sich populistische kurzatmige Bestrebungen etwa in der permanenten Gipfel-Stürmerei im Kanzleramt vom Auto-, über den Flüchtlings-hin zum Bildungs- oder Gesundheits-Gipfel. Manchmal taucht als Erinnerung der „Runde Tisch" vom Ende der DDR auf. Mit dieser Atemlosigkeit hat sich meine Generation Zeit gekauft. Die Älteren fühlten sich geschützt, die Jüngeren nicht gestört. Die Frage nach einem gesellschaftlichen Bezug hat sich verkehrt. Was macht das mit mir, liest und hört man in unserer Anspruchs- und Befindlichkeits-Gesellschaft bis zum Überdruss. Wir fragen nicht, wo, sondern, wie wir uns befinden.

Hypotheken und Wechsel auf die Zukunft werden verlängert und aufgestockt, die Notwendigkeit rückt näher, sich „ehrlich zu machen."

Von den Stunden „null" zur Stagnation der Gesellschaft

Seit ich von meinem leiblichen Vater und dessen Verstrickung in die Katastrophe des Nationalsozialismus erfahren habe, quält mich die abgrundtiefe Kluft zwischen dem Ende der Diktatur des Nationalsozialismus und dem scheinbar unvermittelten Neubeginn in der ersten, herbeigeredeten „Stunde Null" besonders. Ein Großteil des „neuen" Lebens wurde gestohlen, jedenfalls ausgeborgt. Es gab angesichts der Verbrechen des Zweiten Weltkrieges eine Menge unverdienter Leihgaben, mit denen sich die geschlagene Nation einrichten konnte – die Wirtschaftshilfen des Marshall-Plans für den Wiederaufbau; die eher aufoktroyierte Re-Edukation, die Erziehung zum demokratischen Wesen amerikanischer Provenienz, deren Bodensatz bis heute am Grund unserer Gesellschaft ruht. In meinem Beruf stand die BBC, die englische Mutter allen zivilisierten unabhängigen Rundfunks Pate für den Neuanfang. So haben wir uns mehr oder weniger bequem eingerichtet. Im Übrigen lebte der Gedanke von einem Deutschland als Perpetuum mobile, als Selbstläufer der eigenen Geschichte fort. Bismarcks Metapher aus einer Rede 1867 vor dem Norddeutschen Reichstag war ein frühes Selbst-Zeugnis: „Setzen wir Deutschland, sozusagen, in den Sattel! Reiten wird es schon können." Diese „Weisheit", je nach Zeitgeist und politischer Verfassung pathetisch bis größenwahnsinnig, manchmal nüchterner, technokratischer postuliert, existiert als eiserne Gewissheit - allen Verwerfungen und Katastrophen zum Trotz und versetzt mit einer Doppelmoral. Nach einem ihrer prominentesten Vertreter könnte sie als Quandt-Prinzip mit dem Gütesiegel „Made in Germany" identifiziert werden. Der SPIEGEL hat aus Anlass der späten

Forschung zum Verhalten vieler industrieller Dynastien während des Nationalsozialismus das Wirken Günther Quandts kommentiert:

Das Profitdenken Quandts war so dominant, dass für grundsätzliche Fragen nach Recht, Moral und Zivilcourage kein Raum blieb. Dieses Verhalten war in einer Diktatur, in der die Willkür über den Gesetzen steht, besonders fatal. Durch die Verschiebung des Referenzrahmens erweiterten sich die Möglichkeiten, sodass plötzlich Handeln legitimiert war, das unter "normalen" Verhältnissen als unmoralisch galt beziehungsweise als ungesetzlich geahndet worden wäre.

Unsere demokratisch verfasste Zivilgesellschaft kennt und nutzt Varianten dieses Prinzips opportunistisch. Wer mit China ein Investitionsabkommen schließt, wie dies die EU während einer Präsidentschaft der Bundesrepublik forciert hat, schiebt die Menschenrechte, das Schicksal etwa der Uiguren oder Hongkongs als ceterum censeo in Absichts-Erklärungen oder Schluss-Protokolle. Sehr spät und wiederum halbherzig ist jetzt vom „De-Risking und De-Coupling der Beziehungen zu China zur eigenen Sicherheit, auch um der Ethik und Moral willen, die Rede. Die Beispiele bis hin zur Fußball WM in Katar sind Legion und die Vorstellung, dass wirtschaftlicher Handel zum gesellschaftlichen Wandel nach unseren Idealen führen könnte, ist eine lange geübte Illusion, weil sich der „Rest" der Welt nicht nach unserer Fasson wandelt, sondern seine wachsende Marktmacht immer mehr nach eigenen gesellschaftlichen, kulturellen Prägungen ausspielt. Zudem versagt der deutsche Weg, Kenntnis durch Bekenntnis zu ersetzen, immer mehr.

„Ich sage nur China, China, China": mit diesem Ausruf warnte vor über fünfzig Jahren der damalige Bundeskanzler Kiesinger bei der Wahlkampferöffnung der CDU in der Dortmunder Westfalenhalle vor der „gelben Gefahr." Die Mahnung schien abstrakt, China war weit entfernt, unfassbar. Gerd Ruge war von 1973 bis 76 Korrespondent der WELT in Peking. Ich wagte damals ein exotisch anmutendes Gespräch im Kulturmagazin des Hessischen Rundfunks. Das Satelliten-Telefon brachte uns nicht näher, Ruge war ganz weit weg – in jeder Beziehung kaum zu verstehen. Haben wir über China seit diesen Zeiten dazu gelernt – eine eher rhetorische Frage an eine Gesellschaft, die zu vielen unbekannten Kulturen eher touristischen Zugang gefunden hat. Zu Beginn einer Tagung über das Verhältnis Chinas zur EU unter dem Patronat der Bertelsmann-Stiftung wurde acht Jahre nach Kiesingers Ausruf an Reinhard Mohns Mahnung erinnert, wonach wir uns der globalen Entwicklungen zu wenig oder gar nicht bewusst seien. Es fehlen das Verständnis, die Kenntnis als Voraussetzung für eine eigene Vorstellung, mit der man einer globalen Veränderung begegnen kann. Der letzte Wahlkampf zum Bundestag war da wie eine Lackmusprobe, folgerichtig bilanzierte nicht nur vom SPIEGEL: im deutschen Wahlkampf kommt die Welt nicht vor.

Der umtriebige, in seiner multipolaren Einstellung konsequente indisch-englische Medienforscher Daya Tussu, der in Asien hoch, in unserer altvorderen Publizistik-Wissenschaft entsprechend schief angesehen wurde, organisierte 2013 im „Media Center for India and China" der University of London eine vergleichende Konferenz mit dem Titel „communicating soft power". Sie erörterte, wie China seine Strategie der neuen Seidenstraße nicht nur wirtschaftlich vorantreibt, sondern kulturell exportiert, nach unseren Vorstellungen propagandistisch flankiert. Im abschließenden Plenum der Konferenz war ich als Bad Boy der besserwisserischen wie arroganten westeuropäischen Sichtweise eingeplant, versuchte am Beispiel der Propaganda des Nationalsozialismus bei der Olympischen Spielen 1936 zu erklären, welche Gestalt „soft power communication" annehmen kann. Die chinesischen Teilnehmer waren über diese Assoziation fassungslos, stritten mit mir nach der Veranstaltung erbittert weiter. Das war nicht überraschend, wohl aber, dass und wie sehr meine Haltung auf ein nicht gespieltes Unverständnis stieß.

Ein Jahr später annektierte Russland die Krim, aus russischer Sicht ein Akt historischer Korrektur, aus der Sicht des Westens eine gewalttätige Verletzung des Völkerrechts. Mit wenigen Mitstreitern, die den immer dünner werdenden Gesprächsfaden zwischen Deutschland und Russland nicht abreißen lassen wollten, nahm ich die Einladung zu einer Konferenz nach Moskau an, traf dort auf einen befreundeten indischen Kommunikationswissenschaftler, der wesentlich zur multipolaren Ausrichtung des World Public Forum beigetragen hat. Er lud mich zum Frühstück mit der Frage ein, ich solle ihm um Shivas willen erklären, wo das Problem sei: Er hörte sich geduldig alles zur Geschichte und den aktuellen streitigen Positionen an – und verstand nichts. Und ich begriff nicht, warum er nichts verstand. Wir bleiben Welten auseinander. Es ist fast schizophren, wir fühlen uns wachsend bedroht, im selben Maß entzieht sich die Welt immer mehr unserer Kenntnis. Wir haben uns längst in einer „Wagenburg" verschanzt. Die „Waffen" unserer eigenen Werte und Weltsicht sind schartig geworden. Ein „Streiflicht" der Süddeutschen Zeitung hat den Prozess dieser Selbstbehauptung festgehalten:

„Wann auch immer sich jemand zur Weltlage äußert, heißt es: "Wir müssen auf Sicht fahren." Das Fahren auf Sicht ist zum politischen Leitsystem geworden, zum Fahrprogramm jeder Krise"

Die Kanzlerin Merkel hat es auf die Spitze getrieben, die Parteien-Republik und deren Leitmedien in einen Dauerschlaf versetzt. Wir haben die Beruhigungspillen gerne geschluckt. Die Defizite in der Entwicklung einer digitalen Gesellschaft der Bundesrepublik zu Merkels überdehnter Amtszeit werden anhaltend beklagt; eine Wirtschafts-Größe aus dem Kommunikationssektor hat es in „Steingarts Morning Briefing" auf den Punkt gebracht hat:

Die Merkel-Bilanz nach 16 Jahren vorsätzlicher Schläfrigkeit fällt in dieser Angelegenheit trostlos aus: Deutschland ist vom industriellen Führer zum digitalen Follower abgestiegen. Wir haben die erste Halbzeit verloren und liegen in der zweiten Halbzeit hinten, sagt der Vorstandschef der Telekom, Tim Höttges....

Abschied von „meinem" Goethe und der Abriss des roten Fadens

Als ich vor Jahren begann, die Wandlungen unserer Medienrepublik an der eigenen Biografie abzulesen, ging es um die digitale Zukunft einer scheinbar intakten Gesellschaft. Der Titel der Überlegungen hatte sich schnell gefunden. Die Frage des FAZ-Herausgebers Jürgen Eick: „wo ist der rote Faden ..." zielte frei nach Goethe auf die persönliche Ausgestaltung meines Lebenswegs. In die Verfolgung der Gedanken beim Schreiben schlich sich allmählich der Untertitel „Abriss eines deutschen Journalistenlebens" ein – in der Folge das dem Titel zuwiderlaufende Eingeständnis, dass dieser Faden gerissen ist, weil sich Verhältnisse und Erkenntnisse grundlegend verändert haben. Die Goethes „Wahlverwandtschaften" entlehnte Frage hat sich erledigt. Der rote Faden dient nicht mehr als Lebens-Leitsystem, höchstens als Zündschnur für die viel beschworene Zeitenwende. Ein Ende unserer Zeit ist absehbar.

Meine „Leitplanke", die Klassik, die kulturelle Orientierung hat sich verbraucht, droht als Muster mit sinkendem Wert unterzugehen. Klassik gerät in ein Endspiel. In Thomas Bernhards als Komödie verkleideten, 1985 erschienenen Roman „Alte Meister" befindet der Protagonist:

Die sogenannten Großen lösen wir auf, zersetzen sie mit der Zeit, heben sie auf, sagte er, die großen Maler, die großen Musiker, die großen Schriftsteller, weil wir mit ihrer Größe nicht leben können...

Die traditionelle Erzählweise beginnt zu versagen. Aus der Wahrhaftigkeit der Sprache wird das inflationär gebrauchte Narrativ. Der Verlust hat viele Facetten, sie betrifft klassische Kulturbürger ebenso wie kommerziell orientierte Unternehmer. Schon die Wirtschaftskrise 2009 brachte Thomas Steinacker in der FAZ zu der Feststellung:

Die Wirtschaftskrise offenbart auch eine Krise des Romans. Er ist nicht länger ein Instrument der Welterklärung. Der gängige Realismus kann die Phantastik der Realität nicht mehr darstellen.

Was ist „meinem" Goethe, dem Inbegriff aller Klassik, nicht schon alles widerfahren-bezogen auch auf meine Lebenszeit von Anfang an. Guido Knopp kolportiert in „Die SS: Eine Warnung der Geschichte", was Wilfried Bade, ein Dichter der NS-Bewegung, ihrem „Helden" Horst Wessel, der nach seiner Ermordung durch Mitglieder der KP von der nationalsozialistischen Propaganda zum Märtyrer stilisiert wurde, in den Mund legte:

… Wir müssen jetzt für Goethe mit Bierkrügen und Stuhlbeinen arbeiten. Und wenn wir gewonnen haben, nun, dann werden wir wieder die Arme ausbreiten und unsere geistigen Güter an unser Herz drücken.«

Goethes Werk und Wirkung ist unter mancherlei Räder geraten. Vor einem Jahrzehnt wurde das 1966 erschienene Buch des Österreichers Otto Basil, die schwarze Satire einer vollends nazifizierten und daran zugrunde gehenden Welt, wieder aufgelegt. Sie hat mich nach der Entdeckung meiner kompletten Lebensborn-Geschichte angesprochen. Unter dem Titel „Wenn das der Führer wüsste" werden nicht nur Hirngespinste alter NS-„Herrlichkeit" zum Leben erweckt. Die Heime des „Lebensborn" existieren als „Zuchtmutterklöster" weiter, selbst die Schemen der NS-Organisation Werwolf tauchen auf. Der SS-Obergruppenführer Hans Adolf Prützmann hätte ideal in Basils Satire gepasst. Auch in dieser Apokalypse der Zivilgesellschaft wird Goethe verabschiedet:

Goethes „Faust", die Dichtung eines Erzfreimaurers, Französlings und Plutokratiedieners, war mittlerweile arg in Verschiss geraten. Die Partei hatte zwar die Existenz Goethes aus dem Kulturbewußtsein der Nation noch nicht zur Gänze tilgen können, aber man unterschlug ihn nach Kräften, Im Schrifttumsunterricht wurde er nur am Rand erwähnt, und in den Napolas stand er überhaupt auf der Abschussliste. Kein Zweifel, der Tag war nicht mehr fern, an dem Goethes Werke ins Feuer neuer heilsamer Scheiterhaufen geworfen würden.

Meine Zeitenwende - vom Lebensborn bis zum Ende meines Russlands

„Die späte zufällige Entdeckung des entsetzlichen leiblichen Vaters hat mich nicht erschlagen, anders als die zitierte Zuweisung von Hans Maier vermuten lässt: *Ich hatte das Glück, dass ich nicht zum Beispiel als Sohn eines SS-Obergruppenführers auf die Welt gekommen bin - damit hätte man dann auch fertig werden müssen.*" Ich hatte das Glück, dass niemand, was in der Nachkriegszeit nicht überraschend gewesen wäre, mit dem Finger auf meine Mutter und mich zeigen konnte, weil niemand aus Verwandtschaft und Bekanntschaft von meiner Herkunft wusste. „Lebensborn" wurde als Teil der nationalsozialistischen Vergangenheit abgewehrt und verdrängt. Spät hat sich der Umgang mit dem Thema verändert – sicher auch, weil „Lebensborn" aus schmierigen Vorstellungen geholt, gewissermaßen wissenschaftlich ernüchtert wurde, in Zeugnissen und Publikationen realistische Gestalt und Gesichter annahm. Der rassistische Charakter und die verbrecherischen Mittel und Ziele des Lebensborns wurden nach dem Krieg verharmlost. Der kriminelle Verein wurde von einem deutschen Gericht 1948 sogar als „ein rein soziales Netzwerk für Waisen und uneheliche Kinder" klassifiziert, dann auch durch Spielfilme ins falsche Licht eines arischen Zucht-Bordells gerückt. Dorothee Schmitz-Köster, der ich die Wahrheit über meinen leiblichen Vater zu verdanken habe, hat viele Lebensborn-Schicksale ans Tageslicht gebracht, in ihrer letzten Publikation „Unbrauchbare Väter" die Täter, die Erzeuger der Lebensborn-Kinder identifiziert, zugleich entlarvt – auch Prützmann. Diese SS-Chargen haben es sich leicht gemacht: Sie blieben weitgehend anonym, Frau und Kind konnten im Heim abgegeben werden.

Angeregt von Dorothee Schmitz Köster, habe ich im November 2022 das Mutterhaus des Lebensborn in Steinhöring besucht, wo ich mein zweites Lebensjahr verbracht habe. In einer Veranstaltung des sogenannten „Einrichtungsverbundes Steinhöring " erzählte eine junge Wissenschaftlerin vom rassistischen Regelwerk und der auferlegten Anstalts-Ordnung, brachte Lebensborn ohne jede Dämonisierung nahe, was den unmenschlichen Charakter der SS-Einrichtung umso eindrücklicher werden ließ. Nach wechselnden Trägern ist der Campus heute die beste Antwort auf das rassistische Wahnsystem Lebensborn: „Der Einrichtungsverbund Steinhöring (EVS) fördert und begleitet Menschen jeden Alters mit körperlicher, geistiger und mehrfacher Behinderung sowie psychischer Erkrankung", so die Selbstanzeige des 1971 gegründeten Projekts.

Bewegt hat mich im letzten Jahr eine Tagung an meinem Geburtsort Bad Polzin. Sie wurde zur traurig-tröstlichen Spurensuche. An einer Wegkreuzung mitten im weiten Park des Sanatoriums Borkowo, dem ehemaligen Heim des Lebensborns steht ein Mahnmal: Die nahezu traumhafte Erscheinung eines kleinen Mädchens ragt auf einem Fels-Fundament. Eine Gedenktafel erinnert in polnischer und deutscher Sprache an die „Opfer der Germanisierung in den Jahren 1939 und 1945". Eingraviert ist der Appell eines sogenannten „Raubkindes" : „Vergiss nicht, Du bist Polin". Der lapidare Apell stammt von Barbara Paciorkiewicz. Sie ist Mittelpunkt der feierlichen „Enthüllung" - zusammen mit etwa einem halben Dutzend polnischer und deutscher, nun zwischen 79 und 85 Jahre alter „Kinder", die im Heim Pommern des „Lebensborn" untergebracht waren.

Die berüchtigte Einrichtung, dessen dreizehn Heime über das damalige deutsche Reich und besetzte Länder verstreut waren, diente dem Rassenwahn des Reichsführers SS in doppelter Weise: ledige arische deutsche Mütter konnten im Schutz des Lebensborn ihre unehelichen Kinder zur Welt bringen. Meine Mutter kam dort Anfang 1944 vor meiner Geburt unter. Die zweite ungleich schlimmere Existenzgrundlage bestand in der brutalen Entführung polnischer Kinder. Die SS raubte in den besetzten Ländern Tausende vermeintlich arische Kinder ihren Eltern, verleibte sie nach demütigenden Untersuchungen und Prüfungen dem Lebensborn ein, um sie „arisch" ausgewiesen in die Volksgemeinschaft „aufzunehmen", was oft hieß, an Haushalte überzeugter Nazis abzugeben. Wer nicht für arisch befunden wurde, hatte sein Leben verwirkt. Viele Überlebende wussten, wenn Sie überhaupt von ihrer Herkunft erfuhren, nicht, wohin sie eigentlich gehörten. Den „Raubkindern" wurde ihre Identität gestohlen, ihre Selbstbestimmung genommen. Viele wurden nach Kriegsende in ihre verlorene Heimat teils gegen ihren Willen an die alten Adressen zurückverfrachtet. Das Mahnmal der jungen polnischen Bildhauerin zeichnet die Figur eines kleinen Mädchens, dessen blass konturierte Gesichtszüge wie verloren, zugleich erwachsen wirken; der Wind zerrt an seinem Kleidchen, ein Stofftier liegt schlaff in seiner Hand. Ein schmales Köfferchen bildet Grund und Boden, was dem Kind nur schwankenden Halt bietet. Im heutigen Sanatorium erinnert eine schlichte kleine Gedenktafel an die Raubkinder. Bei meinem ersten Besuch kurz nach der Aufnahme Polens in die EU war die Einrichtung wieder in „deutscher Hand", Kuren waren in Polen erschwinglicher. Ich habe den damaligen Bürgermeister gefragt, warum man das Schicksal der Raubkinder versteckt, und mich später erinnert, dass ein früherer Chef der Deutschen Bahn sich geweigert hatte, zum Gedenken an die Züge, in denen jüdische Kinder 1938/39 nach England gerettet wurden, eine Skulptur im Berliner Hauptbahnhof aufstellen zu lassen. Die Leute wollten doch nur reisen, nicht an die schändliche Geschichte erinnert werden. In Bad Polzin leben knapp 8000 Menschen, auf eine dreiwöchige Kur berechnet, verzeichnen die Sanatorien ständig 1000 Gäste, der Ort lebt davon. Die Einladung zu der Feier des Mahnmals und einer Podiumsveranstaltung tags zuvor hat mich überrascht. Ich war skeptisch. Waren wir deutschen Lebensborn-Kinder wirklich willkommen angesichts der gegenwärtigen Spannungen zwischen beiden Ländern, der Vorwürfe von polnischer Seite, die Deutschen würden bis heute dem Volk Polens zu wenig Respekt entgegenbringen. Oder war die Einladung in Wirklichkeit eine Vorladung, um zu demonstrieren, wie aktuell im Krieg Russlands gegen die Ukraine das Thema „Raubkinder" wieder geworden ist. Es ist der Initiative des amtierenden Bürgermeisters Sebastian Witek und dem Engagement der Geschichtslehrerin Bozena Lukomska zu danken, dass das Thema „Raubkinder" zwar feierlich begangen wurde, aber ebenso um Aufklärung, Information bemüht war. Der Bürgermeister hat Lebensborn als Teil der Geschichte seiner Stadt öffentlich gemacht. Wie nicht anders zu erwarten, gab der zweitägigen Veranstaltung, die im kommunalen Kino von Bad Polzin begann und mit der Feier am Sanatorium Borkowo schloss, „Putins Krieg" aktuell einen Schub. Hinter und in den Statements der Podiumsveranstaltung und der Feierstunde war dieser Krieg präsent, wurde das Schicksal von Kindern beschworen, die systematisch nach Russland verschleppt worden sind. Man spürte dabei, wie emotional Menschen aus zwei Nationen zusammenrücken können, deren Schicksal von Teilungen, Trennungen, Vertreibungen geprägt ist. Ein Chor aus Lemberg nahm die Strapaze einer zwölfstündigen Busreise auf sich, beschwor eine neue Partnerschaft mit einem Chor aus Połczyn-Zdrój, was dazu führte, dass die Geschichtsstunde streckenweise zum Chorfest geriet. Eine so gestaltete Feierstunde wie die um die neue Gedenk-Skulptur wäre in der Bundesrepublik kaum vorstellbar: neben Lokalgrößen und konsularischen Vertretern zuvörderst aus der Ukraine formierten sich Abordnungen aus Schulen, der Jägerschaft, von Pfadfindern. Blumengestecke wurden abgelegt, „ewige" Lichter angezündet. Von Repräsentanten des öffentlichen Deutschlands keine Spur. Geehrt wurden wir Lebensborn-Insassen, ob aus Polen oder Deutschland, an beiden Tagen gleichermaßen zu vielen Gelegenheiten. Aus Ehrengästen wurden in den Ansprachen immer mehr „unsere" Helden. Pathos, offene Emotionen in Rhetorik, Ansprache und Auftreten sind uns schon der eigenen Geschichte wegen fremd; sie wirkten in dieser polnischen Feierstunde wie selbstverständlich, ungebrochen, in manchen Momenten und Begegnungen berührend, ja ergreifend. Das Feierliche verdeckte nicht die persönliche bedrückende Erinnerung. Es war eine der womöglich letzten Manifestationen von Zeitzeugen, die akribisch ihre Schicksale erzählten und damit die Mischung aus Rassenwahn, menschlicher Demütigung und bürokratischem Irrsinn lebendig werden ließen. Der Aufklärung über den Lebensborn läuft die Zeit davon und damit die Gelegenheit, Lehren zu ziehen, Geschichte an die nächsten Generationen authentisch zu vermitteln. Ein kleiner Teil der gedrängten Festabfolge in Bad Polzin wäre dafür besonders geeignet gewesen: ein zu kurzes Gespräch mit Schülern, an dessen Ende die Gesprächsleiterin sich an mich mit der als Trost gemeinten, scheinbar rhetorischen Frage wandte: ich sei doch glücklich, am Ende meinen Vater gefunden zu haben. Ich war über die Bemerkung nicht einmal entsetzt, dachte, dass ich mit meinem mich beschützenden Stiefvater nach Krieg und Lebensborn einen Vater gefunden hatte und dass die späte Entdeckung meines „Erzeugers" geholfen hat, die eigene Geschichte und die der Gesellschaft der Bundesrepublik besser zu verstehen

Meine Zeitenwende markiert einen Abriss. Gewiss ist, dass die Bemühungen um, die Hoffnungen auf ein neues Kapitel deutsch-russischer Beziehungen mit „Putins Krieg" nicht bloß unterbrochen, sondern auf unabsehbare Zeit zerstört sind. Fünfundzwanzig Jahre Lehre, Forschung, eine intensive deutsch-russische Zusammenarbeit sind nicht nur für mich wie ausgelöscht, in jedem Fall verschüttet – ohne Aussicht. Russland ist zum Sperrgebiet geworden. Menschen gehen einander verloren. Nach Jahrzehnten eines freundschaftlichen Austauschs in nachbarschaftlicher Nähe kann ich nur verstummen. Mir ist es unmöglich, in Russland frei zu lehren. Aufgrund der neuen verschärften russischen Mediengesetzgebung könnte ich schon mit einer freimütigen E-Mail russische Kollegen aus der Wissenschaft oder Diskurs-Zirkeln gefährden. Das zwischenzeitlich uneingeschränkt gültige Grundgesetz freier Äußerung im wissenschaftlichen Austausch ist gebrochen. Freunde in Deutschland haben versucht, mich mit dem Gedanken zu trösten, ich hätte bestimmt „Sauerteig" hinterlassen, will wohl sagen, eine kleine Gärmasse, die langfristig nicht ohne Wirkung bleiben könne. Ich fürchte, die offene Zusammenarbeit der vergangenen Jahrzehnte hat in Russland zu wenige Schichten und Milieus erreicht. Frühere „Botschafter" aus Kultur und Wissenschaft zwischen Russland und Deutschland sind beidseitig abgemeldet. Wer nach Russland auszog, auf seinem Gebiet als Sendbote zivilgesellschaftlicher demokratischer Idee und Gesellschaften zu wirken, muss sich heute gegen Putins Russland bekennen. Die Toleranz zwischen und in den Kulturen ist aufgebraucht.

Die deutschen Leitmedien hatten sich schon lange ihren Reim gemacht: Die Lesart der deutschen Politik, bekräftigt von den Medien und verschärft mit „Putins Krieg" ist fixiert. Die Journalistin Gemma Pörzgen, spezialisiert auf Osteuropa, selbst kritisch eingestellt gegenüber der Politik Russlands, teilt die Kritik an der Art der Berichterstattung lange vor „Putins Krieg":

„Putin- und Moskaufixiertheit dominiert die deutsche Berichterstattung über das riesige Land. Gelingt die kritische Darstellung zwischen Selbstinszenierung des Regimes und Lebenswirklichkeit im Land? Es gilt: vor Ort wird meist ein differenziertes Bild gezeichnet. Doch welche Medien könnte sich sowas überhaupt noch leisten?"

Zur Öffnung einer verengten Perspektive half mir ein Blick zurück. Gemma Pörzgens Vater konnte aus konservativer Einstellung die orthodoxe Sowjetunion fundamental kritisieren, aber eben differenzieren; selbst in Zeiten einer stalinistisch geprägten Gesellschaft. Hermann Pörzgen arbeitete – nationalsozialistisch geprägt – als Journalist in Russland bereits Ende der Dreißigerjahre, geriet am Kriegsende in sowjetische Gefangenschaft, kam erst 1955 mit den letzten Heimkehrern nach Deutschland, kehrte als Korrespondent der FAZ bereits ein Jahr später wieder nach Moskau zurück, wo er 1976 starb. Grundlegende Kenntnisse über Russlands Geschichte, Verfassung, Gesellschaft und Kultur verdanke ich Pörzgens Berichten. Er konnte und durfte erzählen, hatte in der Zeitung Platz für den Hintergrund eines großen übermächtigen Sowjetreichs, das Putin wohl schon lange „auf dem Schirm" hat. Pörzgen wäre nie auf die immer noch übliche, teilweise lächerliche Reiseberichts-Folklore von Land und Leuten, Mütterchen Russland und Baikalsee, mit oder ohne Wodka verfallen, den letzten Sympathie-Posten im deutschen Fernsehen.

„Putin-Versteher" ist die gängigste, „Unterwerfungs-Pazifisten" eine dem Krieg gegen die Ukraine folgende Ableitung nicht nur eines Politikers der Grünen. Wir haben demnach nicht nur nichts bewirkt oder hinterlassen, sondern sind einfach auf Putin hereingefallen.

Vorschub für diese nun wahrhaftig erschlagende Haltung leistet jeden Tag die Politik, leider auch unser „Oberhaupt", der Bundespräsident Steinmeier, in dessen Agenda die deutsch-russischen Beziehungen einmal fester Bestandteil waren. Er hat lange von dieser Zeit einer zur „strategischen Partnerschaft" erhobenen Beziehung profitiert. Dass er Putins Krieg nicht nur pflichtgemäß verurteilt, Irrtümer eingesteht, Fehler einräumt, versteht sich von selbst. Er hat sich indessen nach der unsäglichen, von vielen Politikern befeuerten Polemik des ukrainischen Botschafters Melnyk, dem Vorwurf, „er habe ein Spinnennetz der Kontakte mit Russland" geknüpft, „habe eine mehr als nur bedenkliche politische Nähe zu Russland" einfach politisch in die Ecke stellen lassen und beflissen entschuldigt. Steinmeiers Bekundung oder Vorhaben: dass wir einiges zu überdenken haben, ist Floskel geblieben. Der Sinn dieser Bemerkung hätte darin bestehen können, auch für den Tag nach Putin über Russland nachzudenken. Keine Plattform oder Institution hat bisher dazu die Kraft aufgebracht. Das Deutsch-Russische Forum hat in nachvollziehbarer Schockstarre nach Ausbruch des Krieges das Projekt eines Weißbuches über die vergangenen Jahrzehnte, spontan in seine Jahresplanung aufgenommen und sogleich verworfen. Die Legende des von mir initiierten Plans war:

Die Publikation beschreibt Motive und Entwicklungen der deutsch-russischen Beziehungen seit dem Beginn der Ostpolitik bis zum russischen Angriff auf die Ukraine, beschreibt Perspektiven, Projekte und Foren des Austauschs, charakterisiert den neuen bürgerschaftlichen Dialog, analysiert Fehlentwicklungen und - Einschätzungen, dokumentiert Standpunkte aus Politik, Wirtschaft, Kultur, bewertet schließlich die Möglichkeiten, einen Dialog der Bürger nach dem Krieg wieder zu beleben.

Herausragende Bundespräsidenten polarisierten auch - mit dem Ziel, Bewusstsein zu wecken, Diskussionen zu fördern, um vor dem Vergessen zu warnen und festgefahrene Vorurteile und Stereotypen auflösen zu helfen. Richard von Weizsäckers Rede zum 8. Mai 1985, dem vierzigjährigen Jahrestag des Endes des Zweiten Weltkriegs, war dafür ein Modellfall, die Fernsehansprache des Justizministers und späteren Bundespräsidenten Gustav Heinemann drei Tage nach dem Attentat auf Rudi Dutschke Ostern 1968 ein aufrüttelnder Appell, der innenpolitischen Unruhe zivil zu begegnen. Bezogen auf den gegenwärtigen Bundespräsidenten ist mir unwillkürlich Alexander Mitscherlichs Zuschreibung des früheren CDU-Granden Rainer Barzel als „Mensch der kommenden Angestelltenkultur" in den Sinn gekommen. Mitscherlich charakterisierte ihn als „vorzüglichen Exponenten ...der alles mit sicherer Hand in den Geleisen hält, in denen etwas laufen soll. „Eigenständige Gedanken, „geistige Probierhandlungen" konnte Mitscherlich bei Barzel nicht entdecken.
Natürlich ist es „Putins Krieg". Diese Personalisierung trifft. Tragisch wird damit eine gegensätzliche persönliche Zuschreibung: Michail Gorbatschows Versuch, die postsowjetische Gesellschaft zu öffnen, zu liberalisieren. Der Westen, insbesondere das wiedervereinigte

Deutschland, haben davon profitiert. Ich erinnere mich an Feierlichkeiten zu Gorbatschows 75. Geburtstag. Sie fanden nicht in Russland statt, etwa in Moskau vor großer Kulisse, sondern 2006 im kleinen Bremen. Hans Dietrich Genscher, Außenminister zum Zeitpunkt der Wiedervereinigung, war der Initiator einer hanseatisch gediegenen Inszenierung zwischen dem Konzertsaal der „Glocke" und dem Festsaal der Bürgerschaft. Gorbatschows Limousine gelangte nur schrittweise durch die dicht gedrängte Menschenmenge. Sie dankte dem informellen Staatsgast mit anhaltenden „Gorbi"-Rufen. In diesem Bürgerfest nach unpathetischer Bremer Art spiegelte sich eine verrückte Welt, in welcher der Prophet einer in kleinen Teilen erwachenden „Zivilgesellschaft" in seinem eigenen Land nichts gilt. Die russische Bevölkerung verachtet den russischen Reformer vor allem, weil er sie „verraten", es vermeintlich versäumt hat, als Preis für die Wiedervereinigung die alte, europäischen Demarkationslinie, zwischen Ost und West festzuschreiben. Im Inneren kamen Glasnost und Perestroika mindestens zu früh.

Putin kann auch als Modellfall eines Verständnisses von Geschichte betrachtet werden. Für den 2003 verstorbenen amerikanischen Soziologen Robert Merton wäre er ein ideales Beispiel seiner „self fulfilling prophecy". Zwei Jahre vor der heftig applaudierten Rede im Deutschen Bundestag begründete sich mit Russlands Einmarsch in Tschetschenien das zunächst blasse Bild vom neuen russischen Zaren mit Großmachtgelüsten. Es wurde von der wachsenden Aushöhlung der Zivilgesellschaft im Innern, einer aggressiven Unterstützung von autoritären Regimen bekräftigt. Die martialische Selbstinszenierung eines Lonely Wolfe nach russischer Überlebensart tat ihr Übriges. Die Welt in Politik, Wirtschaft und Sport arrangierte sich, wollte es sich zum eigenen Vorteil mit Putin nicht verderben, die russische Gesellschaft verschwand mehr und mehr hinter dem Stereotyp des Autokraten. Putin erfüllt alle Erwartungen der Vorhersage, der „Prophezeiung". Die längst auf die Person fokussierte deutsche Öffentlichkeit wusste es schon immer, ihr „Vorwissen" kam ohne große Kenntnisse über Russland aus. Die Beispiele sind Legion und als Muster deutscher Auslandsberichterstattung nahezu typisch. Sie spiegeln sich nicht nur in den eingefahrenen Sichtweisen der Sender und gedruckten Medien. Als kleines idealtypisches Beispiel aus Gabor Steingarts „Pioneer Briefing": In einer älteren Ausgabe des täglichen Internet-Dienstes wird nach gewohnter Lesart gemessen - auf der einen Seite der wirtschaftliche Niedergang Russlands mit einem Zahlenwerk unterfüttert, auf der anderen Seite Putins Herrschaft mit immer neuen Indizien bekräftigt. Dazwischen gähnende Leere: vergessen, weggeblendet die Frage der Regierbarkeit eines ethnisch, demografisch äußerst angespannten ehemaligen Riesenreiches, das seine zivilgesellschaftlichen Defizite mit großem Pomp, „russischen" Machtgehabe, zaristischem „Glanz" immer weniger überspielen kann. Ein Land, dem ein stabiler Mittelstand fehlt, weil die im Chaos der Regentschaft Boris Jelzins entstandene Oligarchie die Wirtschaft okkupiert hat. Mangel und Raubbau waren die bestimmenden Faktoren für den scheinbaren „Aufbau". Große Teile der russischen Elite haben sich schon vor der Jahrtausendwende abgesetzt. Die sogenannte vermittelte Öffentlichkeit nimmt vor allem ein auf die Person bezogenes vernichtendes Urteil möglichst mit Drohpotenzial wie in „Steingarts Briefing" wahr:

„Fazit: Die deutsche Öffentlichkeit schaut nach Washington und Brüssel. Derweil haben im geografisch größten Land der Erde

die tektonischen Platten begonnen, sich zu bewegen. Wenn Putin geht, dann geht er nicht leise."

Darunter ist höchst aufklärerisch eine russische Rakete auf dem Roten Platz mit potenziell atomarer Bewaffnung abgebildet. Das Deutsch-Russische Forum nutzte für kurze Zeit und mit geringen finanziellen Mitteln, zur Belebung und Differenzierung der politischen Debatte eine Plattform im Internet mit dem simplen Titel: „Russland kontrovers". Die Unterstützung des widerspenstigen Projekts war überschaubar. Der Versuch, in der eingefahrenen Situation offene Gedanken zu wagen, um wieder ins Gespräch zu kommen, schien vielen unheimlich, ja gefährlich. Das Scheitern des Experiments, der Versuch einer Öffnung zum Diskurs lieferte auch Erkenntnisse darüber, wie es um die materielle Unterstützung solcher unabhängigen Initiativen bestellt ist. Natürlich war „Russland Kontrovers" knapp bei Kasse, auf ehrenamtliches Engagement angewiesen. Sponsoren für den Aufbau einer professionellen Redaktion waren vonnöten. Einmal wagte ich als Herausgeber die waghalsige Probe aufs Exempel, bat einen reichen mittelständischen Unternehmer, der sich mit großem wirtschaftlichem Erfolg in Russland engagiert hatte, um eine kleine Unterstützung. Immerhin blieb es nicht beim schwäbischen „Mir gäbet nix". Der Chef persönlich beschied mich, bevor sich die restriktive Russland-Politik von Merkels Bundesregierung nicht ändere, sei mit Spenden nicht zu rechnen. Die Wirtschaft genießt, schweigt und duckt sich hinter die Politik.

Dass Putin den Krieg von einem Zaun gebrochen hat, wird von keiner Seite bestritten. Je länger er dauert, desto mehr verschiebt sich dabei das Bild in den Medien, wird nicht nur beklagt, wie sehr die russische

Bevölkerung in Mitleidenschaft gezogen wird, wirtschaftliche Verluste und einen Braindrain, den herben Verlust an „Intelligentsia" zu verkraften hat. Zunehmend wird geurteilt, dass sich die Mehrheit des Volkes hinter Putin schare, das Elend hinnehme und so besehen Einverständnis zeige. Und dann eben politisch haftet. Nicht nur Estlands Außenminister machte ganz Russland für den Krieg verantwortlich. In einem Interview der Washington Post zeigte der ukrainische Präsident klare Kante: Es sei wichtig, dass die Grenzen geschlossen würden – und zwar für alle Russen, auch solche, die gegen den Krieg seien. Die Russen, so Selenskyj, sollten in ihrer eigenen Welt leben, bis sie ihre Philosophie verändern. Damit nimmt die inflationär beschworene Zeitenwende mitten in Europa Konturen an. Samuel P. Huntingtons „Kampf der Kulturen" wird vor die Haustür verlegt.

Wie in Kleists Brief an einen Zeitgenossen „über die allmähliche Verfertigung der Gedanken beim Reden" haben sich meine Aufzeichnungen verändert, aufgrund der späten Gewissheit über meinen Lebensanfang und eine aufkommende Zeitenwende verschärft. Zwischen unheilvollen Ereignissen und Entwicklungen, der Geburt im Lebensborn der SS, dem Ende des Traums von einem Europa mit Russland, der Ungewissheit über die digital gesteuerte Zukunft einer zu Ende gehenden Leistungsgesellschaft ruht eine scheinbar geordnete, unerschütterliche Bundesrepublik mit komfortablen Lebensräumen. Meine Generation hat darin im Frieden gelebt und hätte sich die Verwerfungen, ja den drohenden Abriss ihrer Geschichte nicht träumen lassen. Wir haben viele alarmierende Zeichen einer „Zeitenwende" in einer scheinbar unerschütterlichen Zeit übersehen, nicht wahrgenommen.

Ich habe aus der „komfortablen" Zeit eine Art eiserner Ration unterschiedlichster Erlebnisse bewahrt, die über den Anlass hinaus „sprechen": Elly Neys beklemmende Klavierabende auf ihren schier unendlichen Abschiedstourneen in den 60ziger Jahren, in denen sich immer noch bewegende Passagen, pianistische Höhenflüge einstellten neben berührenden Augenblicken des Stillhaltens und der Trauer über den Verfall einer erratischen Persönlichkeit; eine melancholische Begegnung mit dem Schlagersänger René Carol, dessen Schnulze „Rote Rosen, rote Lippen, roter Wein" 1953 mit über 750.000 Platten als erste Single nach dem Krieg eine Goldene Schallplatte erhielt. Drei Studenten verlieren sich zehn Jahre später im verregneten Sommerurlaub in einer großen kalten Strandhalle an der Ostsee. Wir sind mit René Carol allein, er zelebriert das volle Schnulzen-Programm. Hätte Karaoke damals schon Konjunktur gehabt, es hätte ein hinreißender Abend werden können. Carol alias Gerhard Tschirschnitz, erzählt bei Rotwein von seinem Leben, vornehmlich der Nachkriegszeit; 1976 in der Westberliner Schaubühne die Zeitlupe einer Zugfahrt in Bob Wilsons und Phil Glass '"Einstein on the Beach", die das Verhältnis von Raum und Zeit sichtbar werden lässt; 1977 zum Ausklang wahlwerbender Wandertage in Hessen, über die ich als Journalist zu berichten hatte, drei Abende lang Gespräche über die Beziehungen Ost-West mit Willy Brandt und seinem Pressesprecher Uwe-Karsten Heye; unvergesslich, wie der diensthabende Offizier der DDR-Grenzer in der Nacht des Mauerfalls den Telefonhörer von seinem Turm an der Bornholmer Straße herunterlässt, um einem Vorgesetzten hörbar zu machen, dass eine wachsende Masse Mensch den Grenzübergang erzwingen will; wie nahegehend Willy Millowitsch in der Pilotsendung eines Kulturmagazins der Tele FAZ, das es erwartungsgemäß nicht ins Programm-Schema von RTL schaffte, die wechselvolle Geschichte des Kölner Karnevals skizziert und von seinem Vater erzählt; ein Tag mit Emil Zatopek anlässlich einer Film-Produktion über Schlüsselmomente des Marathonlaufs, vor allem über die aufrechte politische Gesinnung und Haltung dieser Sportlegende; der Besuch im schlichten nagelneuen Einfamilienhaus des polnischen Philosophen und Science-Fiction Dichters Stanislaw Lem 1972 am Rande von Krakau inmitten einer über das ganze Haus an den Zimmerdecken verteilten Sammlung von Flugzeugen aus diversen Modellbaukästen; wie fasslich und zugleich beklemmend der gemütlich wirkende Wissenschaftler Scott Fahlman auf dem Genfer Jahreskongress des World Communications Forums vor wenigen Jahren die Dimensionen Künstlicher Intelligenz erklärt und sich bei mir darüber beklagt, dass sein öffentlicher Ruhm leider nicht aus dem Thema Künstliche Intelligenz sondern der Erfindung der Emojis herrührt; ein Tag der offenen Tür des Stadtradios des SFB 88.8 im Sommergarten der Berliner Messe Ende der achtziger Jahre unter dem Funkturm, an dem sich an die dreißigtausend Menschen tummeln, die man sonst nur über die Messdaten der sogenannten Mediaanalyse als Hörer, das sonst weithin unbekannte Wesen „kennt"; die Veranstaltung „Brandenburg dankt" in der Regie des Landesvaters Manfred Stolpe, in der das Inforadio des Sender Freies Berlin für seine Aktion ausgezeichnet wird, während der Oderflut notleidende Menschen und Helfer im Radio wie in der Not nach dem Krieg zusammen zu schalten; eine Matinee im Berliner Adlon für die Radiokultur des SFB, in dem die Schauspielerin Katharina Thalbach und der Dirigent Christian Thielemann auf unterschiedlichste, beinahe entgegengesetzte Weise den archimedischen Punkt Berliner Umtriebigkeit treffen.

Ich blicke mit jedem Tag lieber zurück. Meine Skizze über die Zeitenwende meines Berufs ist von Krisensymptomen geprägt, die eine ungewisse Zukunft verheißen: Rundfunk und Fernsehen verzögern ihren Wandel mit unendlichen Reformvorhaben und Zukunfts-Kommissionen; sie schichten bestenfalls ihren Bestand um. Scheinbar kühn wird die Forderung nach einem neuen „Gesellschaftsvertrag" erhoben. Den hat beispielsweise in seiner „Hamburger Rede" der Intendant des Westdeutschen Rundfunks ins Spiel gebracht, dabei vergessen, dass ein öffentlich-rechtlicher Rundfunk in einer smarten Gesellschaft, in der digital, kommuniziert, gesteuert, produziert wird, seine Alleinstellung verliert. In einer digitalen Gesellschaftsordnung hat überhaupt wenig Bestand; auch unsere Werteordnung und die daraus gespeiste Teilhabe des Einzelnen am öffentlichen Leben sind gefährdet, wobei die kultivierten westlichen Gesellschaften mit ihrer cancelling culture, dem Verlust an eigener Geschichte und dem Abbau von Sprache, mitverantwortlich sind. Störendes aus der Vergangenheit, mit dem wir uns nicht mehr auseinandersetzen wollen, wird ausgemerzt, die sogenannte Erinnerungskultur macht Halt vor aktuellen Vorurteilen. Künstliche Existenz nimmt vielerlei Gestalt an, nistet sich unbesehen ein. Ein kleines praktisches Beispiel habe ich kürzlich kennengelernt. Ein prominenter Russland-Experte, der sich nicht mehr als Putin-Versteher beschimpfen lassen will, erfindet sich in seinem eigenen Blog einen Gesprächspartner mittels künstlicher Intelligenz. Lassen sich, wie das mit ABBA im Unterhaltungsmarkt wirklich wurde, Avatare früherer prominenter Publizisten herstellen? Im technischen Großen und gesellschaftlichen Ganzen könnten dank ihrer Marktmacht und technischen Größe die Plattformen der Big Five der USA und die digitalen globalen Gegenüber in China das Sagen bekommen. Ich stelle mir vor, was politisch wird, wenn Elon Musk die Welt der Smartphones direkt mit seinen Starlink-Satelliten verkoppelt, mühsam errichtete Funkmasten verrotten, Frequenzen erlöschen, im Bestehenden nichts mehr zu regeln ist - ähnlich wie in den Urzeiten der Neuen Medien die Fernsehhaushalte von direkten Fernseh-Satelliten beschickt wurden. Eliten von heute erledigen sich vielleicht, wenn die innige Beziehung zwischen den Leitmedien und den politischen Spitzen der Gesellschaft zerfällt. Folgt dann die Fortsetzung in gesteuerten Verhältnissen? Überziehen in ferner Zukunft smart Cities nach chinesischem Muster die Bundesrepublik? Es wäre vermessen, aus der Skizze einer Krise einen Albtraum entstehen zu lassen, für den Orwells 1984 eine Blaupause sein könnte. Das machte aus dem Abriss eines deutschen Journalistenlebens eine zu unendliche Geschichte.

Als die Säulenheiligen der Klassik zu wanken, die Verhältnisse sich zu verschieben begannen, stieß ich auf Rainer Maria Rilkes „Aufzeichnungen des Malte Laurids Brigge". Auch der prophetisch begabte Beobachter einer früheren Zeitenwende hat sich nicht auf Goethe verlassen können, aber früh mit dem Dichterfürsten befasst. Während der Vorbereitungen auf sein Abitur las er „Wilhelm Meister ..." Mein Stellungswechsel von Goethe zu Rilke kam also nicht von ungefähr. „Aufklärung heißt nichts anderes, als die Unschuld messen mit dem Maße der Schuld!" Diese Sentenz aus dem Briefwechsel mit Anita Forrer, einer von Rilkes Wahltöchtern, kann als Gegenbild zu Verdrängung verstanden werden.
Und eine „Zueignung" aus den „Duineser Elegien" lässt sich als elegischer Schluss auf das Ende „meines" Journalismus verstehen:

Und wir: Zuschauer, immer, überall,
dem allen zugewandt und nie hinaus!
Uns überfüllts. Wir ordnens. Es zerfällt.
Wir ordnens wieder und zerfallen selbst.